REFERENCE TO CRIMINAL TRIAL

刑事审判参考

中华人民共和国最高人民法院
刑事审判第一、二、三、四、五庭 主办

总第108集

法律出版社
LAW PRESS·CHINA
—— 北京 ——

图书在版编目(CIP)数据

刑事审判参考. 总第108集 / 最高人民法院刑事审判第一、二、三、四、五庭主办. -- 北京 : 法律出版社, 2017(2023.7重印)

ISBN 978-7-5197-1656-1

Ⅰ. ①刑… Ⅱ. ①最… Ⅲ. ①刑事诉讼-审判-中国-参考资料 Ⅳ. ①D925.218.2

中国版本图书馆CIP数据核字(2017)第286465号

刑事审判参考(总第108集)
XINGSHI SHENPAN CANKAO
(ZONG DI-108 JI)

最高人民法院刑事审判
第一、二、三、四、五庭 主办

责任编辑 聂 颖 李 群
装帧设计 李 瞻

出版发行 法律出版社
编辑统筹 司法实务出版分社
责任校对 朱轶佳
责任印制 胡晓雅
经　　销 新华书店

开本 710毫米×1000毫米 1/16
印张 17 **字数** 260千
版本 2017年11月第1版
印次 2023年7月第5次印刷
印刷 唐山玺诚印务有限公司

地址:北京市丰台区莲花池西里7号(100073)
网址:www.lawpress.com.cn
投稿邮箱:info@lawpress.com.cn
举报盗版邮箱:jbwq@lawpress.com.cn

销售电话:010-83938349
客服电话:010-83938350
咨询电话:010-63939796

书号:ISBN 978-7-5197-1656-1
定价:38.00元

编辑说明

《刑事审判参考》系最高人民法院刑事审判庭主办的业务指导和研究性出版物，自1999年4月创办以来，秉承立足实践、突出实用、重在指导、体现权威的编辑宗旨，在编辑委员会成员、作者和读者的共同努力下，密切联系刑事司法实践，为刑事司法人员提供了有针对性和权威性的业务指导和参考，受到刑事司法工作人员和刑事法律教学、研究人员的广泛肯定和欢迎。

《刑事审判参考》作为最高人民法院用以指导全国各级人民法院刑事审判工作的唯一出版物，由最高人民法院刑事审判第一、二、三、四、五庭共同主办。

根据《刑事审判参考》主编会的决定，自2012年始，《刑事审判参考》由原32开改版为特16开。改版后的《刑事审判参考》仍为双月出版，全年共出版六集，设有以下栏目：

【指导案例】选择在认定事实、采信证据、适用法律和裁量刑罚等方面具有研究价值的典型案例，详细阐明裁判理由，为刑事司法工作人员处理类似案件提供具体的指导和参考。

【立法、司法规范】收录与刑事司法工作密切相关的法律、行政法规、部门规章、司法解释及其他规范性文件。

【刑事政策】最新的刑事司法政策，如最高人民法院院领导在刑事审判工作会议上的讲话、刑事审判工作会议讨论的问题等。

【审判实务释疑】最高人民法院刑事审判庭解答在刑事审判工作中具有普遍指导价值的法律适用问题。

【司法理论前沿】摘要登载近期刑事理论界、实务界最新研究成果，及时跟踪研究刑事审判中出现的新问题，为刑事司法人员提供最新理论参考。

【经验交流】地方司法机关制定的刑事司法规范性文件及其背景说明；地方各级人民法院在刑事审判工作中对于某些问题的处理政策和意见等。

【实务探讨】针对刑事司法工作中必须解决的疑难、复杂问题，登载相关学者与司法人员的研究文章，为刑事司法工作人员提供解决相关问题的思路。

【大案传真】登载在社会上影响较大的案件的有关裁判文书，及时传递大要案、热点案件的审判信息。

【疑案争鸣】针对实践中发生的疑难案例，对其中争议问题进行分析，给读者提供参与交流探讨的平台，推动相关问题的深入研究。

【裁判文书评析】选择典型裁判文书进行评析，展现法官智慧，指出不足，促进裁判文书制作水平的不断提高。

最高人民法院刑事审判第一、二、三、四、五庭

目　录

指导案例

[非法证据排除专栏]

【编者按】

党的十八届三中全会提出，严禁刑讯逼供、体罚虐待，严格实行非法证据排除规则。近年来各地法院在适用非法证据排除规则时经常面临一些疑难争议问题，影响了排除规则的适用效果。本期开设专栏精选若干代表性案例，围绕非法证据的范围、认定标准和排除程序，以及排除非法证据后落实疑罪从无原则等问题进行针对性解读，以期为司法实务和理论探讨提供办案参考和研究素材。

[第 1164 号]

郑建昌故意杀人案

——对于被告方提出的排除非法证据申请，法庭应当如何审查并依法作出处理

一、基本案情

被告人郑建昌，男，1978 年 11 月 2 日出生。2013 年 6 月 21 日因涉嫌犯故意杀人罪被逮捕。

福建省福州市人民检察院以被告人郑建昌犯故意杀人罪，向福州市中级人民法院提起公诉。

被告人郑建昌否认起诉书指控的犯罪事实。其辩护人作无罪辩护，并提出，即使郑建昌构成故意杀人罪，但本案系家庭矛盾引发，属激情犯罪，建议从轻处罚。

福建省福州市中级人民法院经审理查明：被告人郑建昌与妻子严淑娟感情不和，经常争吵。2013年5月23日7时许，郑建昌在福建省福州市晋安区福飞北路362号小康佳园5号楼501室家中与严淑娟争吵后，持铁锤猛砸严淑娟头部，后用手猛掐严淑娟颈部直至严淑娟死亡。事后，郑建昌为掩盖罪行，肢解严淑娟的尸体，用高压锅等容器烹煮尸块，驾车将尸块、作案工具等丢弃于鼓岭一带的山路和闽江内。

福建省福州市中级人民法院认为，被告人郑建昌故意非法剥夺他人生命，致一人死亡，其行为已构成故意杀人罪。据此，依照《中华人民共和国刑法》第二百三十二条、第五十七条第一款之规定，以故意杀人罪判处被告人郑建昌死刑，剥夺政治权利终身。

一审宣判后，被告人郑建昌不服，提出上诉。

被告人郑建昌的上诉理由是：其与被害人严淑娟感情好，没有杀人动机；有罪供述系刑讯逼供所得，在案证据不足以证实其杀害严淑娟；即便认定构成犯罪，因本案是临时起意，又是家庭矛盾引发，请求予以改判。其辩护人提出，原判认定郑建昌杀妻的证据不足，请求改判，宣告郑建昌无罪。

福建省高级人民法院经审理认为，原判认定上诉人郑建昌故意杀人的事实清楚，证据确实、充分，定罪准确，量刑适当，审判程序合法。据此，依照《中华人民共和国刑法》第二百三十二条、第五十七条第一款、《中华人民共和国刑事诉讼法》第二百二十五条第一款第一项之规定，驳回上诉人郑建昌对刑事部分的上诉，维持原判对上诉人郑建昌的刑事判决。

最高人民法院复核认为，被告人郑建昌因家庭纠纷而采取锤击头部等方式将妻子杀害，其行为已构成故意杀人罪，犯罪手段残忍，情节恶劣，后果特别严重，应依法惩处。第一审判决、第二审判决认定的事实清楚，证据确实、充分，定罪准确，量刑适当，审判程序合法。依照《中华人民共和国刑事诉讼法》第二百三十五条、第二百三十九条和《最高人民法院关于适用〈中华人民共和国刑事诉讼法〉的解释》第三百五十条第一项的规定，裁定核准被告人郑建昌死刑，剥夺政治权利终身的刑事判决。

二、主要问题

1. 被告方提供的相关线索或材料达到何种标准，法院才能启动证据收集合法性的调查程序?

2. 被告方申请排除非法证据,应当提供相关线索或材料,如何理解被告方的提供证据责任?

三、裁判理由

(一)对于被告方提出非法证据排除申请的情形,法院并非一律启动证据收集合法性调查程序

在司法实践中,一些案件的被告方基于诉讼策略等方面的考虑,经常会以有罪供述系刑讯逼供所得为由,向法庭提出排除非法证据申请。对此,法院应当进行审查,只有经审查后对证据收集的合法性存在疑问,才有必要启动专门调查程序。根据2012年刑事诉讼法及相关司法解释的规定,被告方申请排除非法证据,应当提供涉嫌非法取证的人员、时间、地点、方式、内容等材料或者线索。之所以规定被告方承担提供材料或线索的责任,主要是基于以下考虑:

首先,基于司法成本考虑。控诉方的证据体系涉及诸多证据,并非每个案件都会发生非法取证问题。考虑到控诉方在审查起诉时已经对证据收集的合法性进行了审查,如果要求控诉方逐一证明每个证据的合法性,既浪费诉讼资源,也没有现实必要。这既是检察机关客观公正义务的要求,也是提高诉讼效率的内在要求。相比之下,从提供有关非法取证的证据的便利程度看,被告人亲历取证过程,如侦查人员确有违法取证行为,被告人可以有针对性地提供相关的线索或者材料;同时,基于辩护的考虑,被告人及其辩护人会注意收集关于非法取证的线索或者材料,因此,要求被告方提供相关线索或者材料较为便利。

其次,基于平衡控辩双方诉讼权利考虑。司法实践中,被告方有时基于辩护策略的需要,可能会随意提出排除非法证据申请。如果被告方动辄以侦查人员采用刑讯逼供等非法方法取得供述为由申请排除有关证据,而不承担任何提供线索或材料的责任,将导致控诉方疲于应付,增加不必要的诉讼证明成本,同时也将导致法庭的精力主要用于证据收集合法性的审查,不利于集中审理定罪量刑等核心争议问题。鉴于此,要求被告方在申请排除

非法证据时承担初步的提供证据责任,有助于督促被告方依法行使诉讼权利,防止其随意提出申请,避免浪费司法资源,兼顾司法的公正和效率。

最后,基于明确争点、解决争议考虑。被告方申请排除非法证据时,要求其承担提供相关线索或者材料的责任,有助于确保检察机关的举证和法庭的审理更加具有针对性,提高诉讼效率。

综上,对于被告方提出的排除非法证据申请,法庭并非一律启动证据收集合法性调查程序,而是首先要对被告方的申请及其提供的相关线索或者材料进行审查,经审查认为,被告方提供的相关线索或者材料有据可查,召开庭前会议听取控辩双方意见后,对证据收集的合法性有疑问的,应当进行调查;对证据收集的合法性没有疑问,且没有新的线索或者材料表明可能存在非法取证的,可以决定不再进行调查。

在司法实践中,法庭对被告方提出的排除非法证据申请及其提供的相关线索或者材料,可从以下方面进行审查:一是看是否存在刑讯逼供等非法取证行为的可能性。例如,被告人是否杜撰非法取证人员姓名,是否虚构根本不可能发生刑讯逼供的时间、地点、方式和相关情节等。二是看被告人的申请理由和相关线索、材料是否有据可查。例如,被告人对非法取证行为的描述是否具体和详细,尤其是要注意被告人所描述的非法取证细节,并注意审查其所提供的线索或者材料是否能够得到其他证据的印证等。法庭经审查认为,被告方提出的非法取证情形或者提供的线索、材料明显不成立,就可以决定不再进行调查。

(二)被告方承担提供相关线索或者材料的责任,只需使法庭对证据收集合法性产生疑问即可,不同于检察机关承担取证合法性的举证责任

2012年刑事诉讼法规定,在对证据收集的合法性进行法庭调查的过程中,人民检察院应当对证据收集的合法性加以证明。在非法证据排除程序中,由检察机关承担取证合法性的举证责任,符合刑事诉讼领域证明责任分配的基本原理。

需要指出的是,根据法律要求,被告方提出排除非法证据申请时,需要承担提供相关线索或者材料的责任,该责任不同于检察机关证明被告人有罪的证明责任,而仅仅是争点形成责任,或者称为初步的提供证据责任。具

体言之,证明责任是指检察机关提供相应的证据来证明被告人有罪的法定负担,一旦举证不能,或举证达不到法定的证明标准,则要承担指控的犯罪不能成立的法律后果。相比之下,争点形成责任或者初步的提供证据责任,则是指被告方申请排除非法证据后,提供相关线索或者材料促使法庭对有关指控证据的合法性产生怀疑,进而使证据收集合法性争议成为诉讼的争点。进一步来讲,被告方不承担证明侦查人员刑讯逼供的证明责任,其所提交的线索或者材料只需要使法庭对有关证据的合法性产生怀疑即可,不要求达到"事实清楚,证据确实、充分"的证明标准。

被告方申请排除非法证据,并提供相关线索或者材料,促使法庭对有关指控证据收集的合法性产生疑问,并依法启动专门调查程序的,检察机关需要承担证据收集合法性的证明责任。基于证据裁判原则的要求,指控的犯罪事实必须有证据证实,犯罪事实与指控犯罪的证据之间具有直接对应关系,而证明证据收集合法性的事实又与指控犯罪的证据直接相关,据此,证据收集合法性事实可以被视为指控的犯罪事实所附带的事实。鉴于法律要求对犯罪事实的证明需要达到"证据确实、充分"的证明标准,检察机关对证据收集合法性的证明也应当达到这一证明标准。鉴于此,法庭启动证据收集合法性调查程序后,检察机关未能提供证据证明取证合法性,或者提供的证据未能达到法定证明标准,不能排除以非法方法收集证据情形的,对有关证据应当依法予以排除。

此外需要明确的是,被告方提出排除非法证据申请后,其所提供的线索或者材料应当有具体的指向性。所谓"相关线索",主要是指被告方提供的涉嫌刑讯逼供等非法取证情形的人员、时间、地点、方式等细节信息,例如,被告人明确提出讯问人员于特定时间在看守所以外的特定场所对其实施刑讯逼供,或者提供能够证明非法取证的在场人员、同监羁押人员信息等。所谓"相关材料",主要指被告方提供的反映被告人因刑讯逼供致伤的病历、看守所体检证明、被告人体表损伤及衣物损坏情况;反映被告人遭受刑讯逼供的看守所看管人员及被告人同监羁押人员的书面证言;反映讯问程序违反法律规定的讯问笔录和录音录像等。如果被告方仅是泛泛辩称自己受到刑讯逼供,而不能提供涉嫌对其刑讯逼供的人员、时间、地点、方式等线索或者材料,就意味着其未能履行争点形成责任或者初步的提供证据责任,法庭应当依法驳回其申请。

本案中,被告人郑建昌辩称其有罪供述系刑讯逼供所得,但其对刑讯逼供的时间、地点、参与人员及刑讯逼供的方式、手段等相关问题无法作出清楚说明,不能提供相关的线索或者材料。同时,法庭经审查发现,被告人郑建昌到案后作出多次有罪供述,相关讯问笔录均经其本人签名确认,在案的审讯光盘亦证实讯问过程中没有发现诱供、逼供情形。综上,郑建昌提出的其有罪供述系刑讯逼供所得的辩解理由不能成立,法庭不予采纳,并结合在案证据依法作出判决。

(撰稿:北京市高级人民法院 温小洁
审编:最高人民法院刑三庭 罗国良)

[第 1165 号]

黄金东受贿、陈玉军行贿案

——非法限制被告人人身自由期间取得的供述能否作为诉讼证据使用

一、基本案情

被告人黄金东，曾用名黄金栋，男，1955 年 12 月 11 日出生，原系宁夏跃进渠管理处处长兼宁西供水公司副总经理。2012 年 1 月 19 日因涉嫌犯受贿罪被逮捕。

被告人陈玉军，男，1964 年 2 月 10 日出生。2012 年 4 月 9 日因涉嫌犯行贿罪被取保候审。

宁夏回族自治区银川市西夏区人民检察院以被告人黄金东犯受贿罪、被告人陈玉军犯行贿罪，向银川市西夏区人民法院提起公诉。

被告人黄金东辩称，起诉书指控其收受干股 231 798 元及索贿 100 000 元与事实不符。黄金东的辩护人指出，黄金东在侦查期间的有罪供述存在取证程序不合法等问题，属非法证据，应当予以排除，不能作为诉讼证据使用；黄金东的行为不构成犯罪。

被告人陈玉军辩称，其与黄金东、魏光辉等人属于正当合伙经营，没有谋取不正当利益，其不构成行贿罪。陈玉军的辩护人指出，指控陈玉军构成行贿罪的事实不清，定性不准。

开庭审理前，被告人黄金东及其辩护人提出，办案单位未经合法传唤手续，于 2012 年 1 月 9 日至 13 日将黄金东传唤至银川市人民检察院接受调查，采用变相体罚的方式逼取口供，黄金东患有高血压、心脏病，近 90 个小时没有休息，办案人员在黄金东多次出现胸闷且不让其吃药的情形下，连续制作了7份讯问笔录,上述证据应当作为非法证据予以排除。对此,公诉机关提交了看守所体检记录、医院检查病历资料、讯问录音录像、讯问笔录、破案经过等证据,证实黄金东隐瞒人大代表身份,从而导致银川市人民检察院向人大报批迟延;黄金东在接受调查期间,侦查人员没有对其刑讯逼供,不存在对其非法取证的情况,不应将其在银川市人民检察院所作的供述作为非法证据予以排除。银川市西夏区人民法院认为,银川市人民检察院于2012年1月9日至1月13日期间传唤黄金东违反了刑事诉讼法相关规定,其间收集的被告人供述应依法排除,黄金东及其辩护人提出的将黄金东在银川市人民检察院的供述作为非法证据予以排除的辩解理由和辩护意见,予以采纳。

银川市西夏区人民法院经公开审理查明:

(一)2002年年底,宁夏跃进渠管理处将职工集资购买的卡特320型挖掘机对外拍卖,宁夏水利厅盐环定扬水管理处停薪留职职工被告人陈玉军以其妻兄强生贤的名义购得该挖掘机,强生贤于2002年11月29日与跃进渠管理处签订了挖掘机转让协议,双方约定转让价格为57万元,首付款为30万元,剩余款项分四个月三次交清。强生贤根据协议将购买挖掘机的首付款30万元交给跃进渠管理处财务人员,剩余款项27万元由陈玉军分三次交给跃进渠管理处财务人员。后陈玉军与时任宁夏跃进渠管理处副处长的被告人黄金东及魏光辉商议,由三人共同出资57万元购买该挖掘机,魏光辉支付陈玉军购买挖掘机款10万元。2004年至2009年,陈玉军经营的该挖掘机在黄金东任职的宁夏跃进水利水电工程有限公司承揽了银新干沟开挖工程、景观水道三标工程、渠口太阳梁防洪工程、跃进渠清淤工程,获取利润79 230元。黄金东在未支付购机款,也未参与经营的情况下,获取分红款23 769元。2011年7月,在宁夏水利厅纪委调查此事期间,黄金东找到陈玉军和强生贤,让强生贤向宁夏水利厅纪委调查组作假证说黄金东在2003年4月给过强生贤10万元购机款,企图掩盖其未出资的事实。2011年9月7日,黄金东将分红赃款上缴宁夏水利厅。

(二)被告人陈玉军自2003年起在被告人黄金东任领导的宁夏跃进渠管理处及下属单位承包工程,2010年2月,陈玉军请黄金东帮忙承包工程及催要拖欠的工程款,并向黄金东表示如有事可找其帮忙,黄金东随即提出儿子买房缺10万元。陈玉军于同年3月13日向黄金东的工商银行卡存入10万元。同年3月14日,黄金东让其朋友杨庆芳将此款转入杨庆芳个人账户,后用于个人购房。同年3月21日,陈玉军与宁夏跃进水利水电工程有限公司签订中卫市兴仁综合供水工程施工合同,合同标的为2 598 838元。同年4月6日,宁夏跃进水利水电工程有限公司支付陈玉军工程款659 103元。

银川市西夏区人民法院认为,被告人黄金东在先后担任宁夏跃进渠管理处副处长、处长期间,对下属公司宁夏跃进水利水电工程有限公司具有主管职权,其明知被告人陈玉军经营的挖掘机在本单位下属公司承揽工程,在既未出资,亦未参与经营的情况下,以与陈玉军、魏光辉合伙经营挖掘机为名,承揽其职权范围内工程,收受陈玉军给予的人民币23 769元;黄金东明知陈玉军有请托事项,向陈玉军索要现金10万元,其行为已构成受贿罪。起诉书还指控,被告人陈玉军经营的该挖掘机在内蒙古自治区、宁夏回族自治区石嘴山市、盐池县、青铜峡市、贺兰县等地承揽工程,黄金东参与分红20余万元,因公诉机关提供的证据不足以证实黄金东所分的上述利润系利用职务之便为陈玉军谋取的利益所得,故对该部分受贿金额不予认定。陈玉军在黄金东任职单位的下属公司承揽工程,其在明知黄金东既不出资,亦不参与经营的情况下,以利润分红的方式,送给黄金东钱款23 769元,系为谋取不正当利益而给予国家工作人员财物,其行为已构成行贿罪。黄金东具有索贿情节,依法应从重处罚。黄金东将涉案赃款80 727元上缴宁夏水利厅,应视为其具有退赃情节,可酌情从轻处罚。据此,依照《中华人民共和国刑法》第三百八十五条第一款,第三百八十六条,第三百八十三条第一款第一项、第二款,第三百八十九条第一款,第三百九十条第一款,第七十二条第一款,第七十三条第二款、第三款,第六十四条,以及《中华人民共和国刑事诉讼法》第五十四条第一款之规定,以受贿罪判处黄金东有期徒刑十年;以行贿罪判处陈玉军有期徒刑一年,缓刑二年。

宣判后,被告人黄金东、陈玉军未提出上诉,检察机关亦未抗诉,该判决已发生法律效力。

二、主要问题

非法限制被告人人身自由期间取得的供述能否作为定案的根据?

三、裁判理由

本案审理过程中,关于被告人供述的合法性,主要存在以下两个具有关联性的问题:一是办案单位传唤被告人黄金东到案后持续羁押90个小时的做法是否符合法律规定;二是非法限制被告人人身自由期间取得的供述能否作为诉讼证据使用。

(一)办案单位传唤被告人到案后持续羁押超过法定期限的行为不符合法律规定,属于非法限制人身自由

本案办理过程中,被告人黄金东于2012年1月9日被传唤至银川市人民检察院,因其未如实告知人大代表身份,2012年1月12日,银川市人民检察院才委托中宁县人民检察院按照规定向中宁县人民代表大会常务委员会报请许可刑事拘留、逮捕并获批准。尽管黄金东最初未如实告知人大代表身份,但这只是影响办案单位向人大常委会报告的问题,与传唤的法定期限无关。根据刑事诉讼法规定,传唤持续的时间不得超过12小时;案情特别重大、复杂,需要采取拘留、逮捕措施的,传唤持续的时间不得超过24小时。法律还要求不得以连续传唤的方式变相拘禁犯罪嫌疑人。在2013年1月13日银川市人民检察院对黄金东宣布刑事拘留前,已经将其传唤到案并限制人身自由达90个小时,该做法明显违反法律对传唤期限的规定,超出法定传唤期间对黄金东的羁押属于非法限制人身自由。

(二)采用非法限制被告人人身自由的方法取得供述,属于刑事诉讼法第五十条规定的"其他非法方法",由此取得的供述应当予以排除,不得作为诉讼证据使用

刑事诉讼法第五十条规定,严禁刑讯逼供和以威胁、引诱、欺骗以及其他非法方法收集证据,不得强迫任何人证实自己有罪。在司法实践中,有的办案单位未经依法批准就对犯罪嫌疑人、被告人采取强制措施,或者在采取强制措施超过法定期限后仍然非法羁押犯罪嫌疑人、被告人,通过非法限制

人身自由的方法取得供述,明显违反法定程序,且严重侵犯犯罪嫌疑人、被告人的人权,应当被视为刑事诉讼法第五十条规定的与刑讯逼供和威胁、引诱、欺骗并列的“其他非法方法”。①

本案中,被告人黄金东及其辩护人提出,黄金东于2012年1月9日至13日被传唤至银川市人民检察院接受调查期间,采用变相体罚的方式逼取口供,黄金东患有高血压、心脏病,近90个小时没有休息,办案人员在黄金东多次出现胸闷且不让其吃药的情形下,连续制作了7份讯问笔录,有关供述应当作为非法证据予以排除。从该辩解理由反映的情况来看,本案既存在超出法定传唤期限非法限制被告人人身自由的情形,也包括长时间疲劳讯问以及在被告人患病情况下不让其吃药等情形,其中,超出法定传唤期限非法限制被告人人身自由居于主导地位,是长时间疲劳讯问等情形的前提。针对被告人及其辩护人提出的排除非法证据申请,公诉机关虽然提交了讯问录音录像、体检记录、破案经过等证据证实没有对黄金东刑讯逼供,但由于办案单位传唤黄金东的时间违反了刑事诉讼法相关规定,存在非法限制被告人人身自由的情形,故有关供述应当予以排除,不得作为诉讼证据使用。

(撰稿:最高人民法院刑三庭　刘静坤
重庆市高级人民法院　王　彪
审编:最高人民法院刑三庭　罗国良)

① 对此,2017年最高人民法院、最高人民检察院、公安部、国家安全部、司法部联合出台的《关于办理刑事案件严格排除非法证据若干问题的规定》第四条明确规定:“采用非法拘禁等非法限制人身自由的方法收集的犯罪嫌疑人、被告人供述,应当予以排除。”

[第 1166 号]

王平受贿案

——对仅存部分讯问录音录像的案件,如何结合讯问录音录像审查判断讯问笔录的证据能力,以及如何把握疲劳讯问的认定标准

一、基本案情

被告人王平,女,1956 年 9 月 15 日出生,原系贵州省黔东南苗族侗族自治州文化体育局副局长。2011 年 5 月 3 日因涉嫌犯受贿罪被逮捕。

贵州省黔东南苗族侗族自治州人民检察院以被告人王平犯受贿罪,向黔东南苗族侗族自治州中级人民法院提起公诉。

黔东南苗族侗族自治州中级人民法院经审理查明:2008 年 6 月至 2010 年 5 月间,被告人王平利用职务之便,同意或指使他人采取规避手段,违规审批发放网络文化经营许可证和娱乐经营许可证,收受他人贿赂人民币(以下币种同)31.9 万元。2010 年 12 月 4 日,贵州省凯里市发生化学品仓库爆炸波及网吧致人死亡事件,贵州省黔东南苗族侗族自治州人民检察院针对全州文化市场及网吧存在的问题开展专项调查后,王平于 2011 年 1 月、3 月分别退还相关人员共计 24.7 万元,并向检察机关退缴赃款 14.7 万元。

黔东南苗族侗族自治州中级人民法院认为,被告人王平在担任贵州省黔东南苗族侗族自治州文化体育局副局长期间,利用管理、监督、审批网络文化经营许可证和娱乐经营许可证的职务之便,以及利用本人职权或者地位形成的便利条件,通过其他国家工作人员职务上的行为,违规审批或指使他人违规审批网络文化经营许可证和娱乐经营许可证,收受他人贿赂共计 31.9 万元,为他人谋取利益,其行为已构成受贿罪。鉴于被告人王平在案发

前退缴部分赃款，可酌情从轻处罚。据此，依照《中华人民共和国刑法》第三百八十五条、第三百八十八条、第三百八十六条、第三百八十三条第一款第一项、第六十四条之规定，以受贿罪判处被告人王平有期徒刑十年。

宣判后，被告人王平不服，向贵州省高级人民法院提出上诉。

被告人王平的上诉理由是：侦查机关办案程序严重违法，没有初查报告、立案报告、审结报告等相关法律文书；2011 年 4 月 22 日第 11 次讯问属疲劳审讯且有明显的逼供行为；在其患重病准备赴外省就医的情况下，侦查机关没有合法手续连续讯问 53 个小时，属于非法取证，所获得的相关证据材料系非法证据。一审法院没有对侦查机关办案程序、取证方法等问题进行审查，被告人及其辩护人就证据收集合法性提出异议后，公诉机关未加以证明，相关证据依法不能作为定案的根据。

二审庭审中，上诉人王平对证据收集合法性问题另提出以下辩解理由：第一，侦查机关未依法对讯问过程进行全程录音录像，仅对两次讯问进行录音录像，未进行全程录音录像的讯问笔录应依法予以排除，有录音录像的两次讯问也有记录不实的情形，相关笔录亦应当排除。第二，2011 年 4 月 22 日 9 时 55 分至 16 时 30 分侦查机关进行的第 11 次讯问为连续长时间的疲劳讯问，系明显的逼供行为。第三，侦查人员对证人进行刑讯逼供，关键证人均处于被采取强制措施期间，本案证人所作证言的合法性、真实性存在严重瑕疵。

上诉人王平的辩护人提出，一审开庭前的讯问笔录，依法应予以排除，不能采信。

检察机关认为，一审判决认定上诉人王平犯受贿罪的事实清楚，证据确实、充分，定罪准确，量刑适当。建议驳回上诉，维持原判。

贵州省高级人民法院经审理认为，上诉人王平在担任贵州省黔东南苗族侗族自治州文化体育局副局长期间，利用职务之便，以及利用本人职权或者地位形成的便利条件，通过其他国家工作人员职务上的行为，违规审批或指使他人违规审批网络文化经营许可证和娱乐经营许可证，收受他人贿赂款共计 30.4 万元，为他人谋取利益，其行为已构成受贿罪。关于上诉人王平提出的“侦查机关没有初查报告、立案报告、审结报告等相关法律文书，属程序严重违法”的上诉理由,经查,本案卷内有侦查机关初查报告、立案报告、立案决定书、侦查终结报告等相关法律文书,侦查机关程序合法,该上诉理由不能成立,不予采纳。关于上诉人王平提出的“未进行全程录音录像的讯问笔录系非法证据,应依法予以排除;两次进行录音录像但记录不实的笔录也属违法,应当排除”的上诉理由及其辩护人提出的“一审开庭前的讯问笔录,应依法予以排除”的辩护意见,经查,侦查机关在立案之前对上诉人王平所作的调查笔录不符合法律关于证据种类的规定,不属于诉讼证据,该上诉理由和辩护意见合理,予以采纳;侦查机关在立案后对王平的讯问笔录,其中没有同步录音录像的2011年4月21日1份、4月22日1份、4月28日1份、4月29日9时30分至11时55分1份、5月4日1份,不符合《最高人民检察院讯问职务犯罪嫌疑人实行全程同步录音录像的规定(试行)》[①]第二条“每次讯问犯罪嫌疑人时,应当对讯问全过程实施不间断的录音录像”的规定,不得作为定案的根据,该上诉理由和辩护意见合理,予以采纳;对有同步录音录像的2011年4月20日15时08分至17时13分、4月29日14时50分至16时49分的讯问笔录,同步录音录像证明侦查机关不存在取证不合法的情形,对讯问笔录个别内容与同步录音录像不一致的部分,由于不影响该讯问笔录的真实性,对讯问笔录与同步录音录像内容相一致部分与其他证据相互印证的,可以作为定案的证据,不一致的部分不予采用。关于上诉人王平提出的“关键证人均处于被采取强制措施期间,本案证人所作证言的合法性、真实性存在严重证据瑕疵”的辩解理由,经查,由于本案中向王平行贿的相关人员的行为均涉嫌犯罪,司法机关对相关人员采取强制措施系依法作出,上述证人所作的证言没有证据证明存在不合法、不真实的问题,故该辩解理由不能成立,不予采纳。上诉人王平及其辩护人提出的其他辩解理由和辩护意见亦不成立(具体分析略)。鉴于上诉人王平及其亲属积极退清全部赃款,可依法酌情从轻处罚。原判定罪准确,量刑适当,审判程序合法。据此,依照《中华人民共和国刑法》第三百八十五条第一款、第三百八十八条、第三百八十六条、第三百八十三条第一款第一项、第六十四条和《中华人

① 《最高人民检察院讯问职务犯罪嫌疑人实行全程同步录音录像的规定》已于2014年3月17日正式通过。

民共和国刑事诉讼法》第二百二十五条第一项、第二项的规定，贵州省高级人民法院判决维持原判对上诉人王平的定罪量刑。

二、主要问题

1. 对仅存部分讯问录音录像的案件，如何结合讯问录音录像审查判断讯问笔录的证据能力？

2. 如何把握疲劳讯问的认定标准？

三、裁判理由

（一）对仅存部分讯问录音录像的案件，如何结合讯问录音录像审查判断讯问笔录的证据能力

在职务犯罪案件中，被告人供述通常是关键的定案证据，为确保被告人供述的合法性和真实性，《最高人民检察院讯问职务犯罪嫌疑人实行全程同步录音录像的规定》（2014 年修订）第二条规定："讯问犯罪嫌疑人时，应当对每一次讯问的全过程实施不间断的录音、录像。讯问录音、录像是人民检察院在直接受理侦查职务犯罪案件工作中规范讯问行为、保证讯问活动合法性的重要手段。讯问录音、录像应当保持完整，不得选择性录制，不得剪接、删改。"有的案件，办案单位仅提交部分讯问录音录像，此种情况下，如何结合讯问录音录像审查判断讯问笔录的证据能力，值得深入研究。

实践中，审查讯问笔录的证据能力，首先应当关注讯问笔录自身。讯问笔录应当符合法律规定的形式要求，体现讯问程序的合法性。对讯问笔录自身的审查，应当注意以下内容：讯问是否在刑事立案之后进行；讯问笔录是否明确载明讯问时间、地点；讯问是否违反规定较长时间持续进行（是否存在疲劳讯问）；讯问过程中是否保证犯罪嫌疑人饮食和必要的休息时间；讯问场所是否符合法律规定；讯问人员是否符合法律规定；讯问时是否告知如实陈述自己罪行可以从轻或者减轻处罚的法律规定；讯问笔录是否交犯罪嫌疑人核对或者向其宣读；讯问笔录是否由犯罪嫌疑人签名捺指印；讯问过程是否进行录音录像，等等。如果讯问笔录的形式不符合法律规定的要求，反映出可能存在非法讯问情形，或者讯问笔录的真实性存疑，就需要结

合讯问录音录像审查讯问笔录的合法性和真实性。

本案中,侦查机关所作的讯问笔录存在以下三类问题:

第一,侦查机关在立案之前对上诉人王平所作的调查笔录,不符合法律规定的证据种类,不能作为诉讼证据使用。

第二,侦查机关在立案后对上诉人王平的讯问笔录,其中没有同步录音录像的2011年4月21日1份、4月22日1份、4月28日1份、4月29日9时30分至11时55分1份、5月4日1份,不符合《最高人民检察院讯问职务犯罪嫌疑人实行全程同步录音录像的规定》第二条的规定,在王平对此提出质疑的情况下,无法确保讯问笔录的合法性,亦无法确保讯问笔录内容的真实性,故不得作为定案的根据。需要指出的是,王平并未辩称遭到刑讯逼供,如其辩称遭到刑讯逼供,并提供相关线索或者材料,办案单位不能提供证据证明取证合法性,又不能提供讯问录音录像的,由于相关供述不能排除以非法方法收集的情形,应当作为非法证据予以排除。此外,基于重复性供述排除规则,除了要依法排除未对讯问录音录像的供述外,后续的重复性供述可能要予以排除。①

第三,对本案中有同步录音录像的2011年4月20日15时08分至17时13分、4月29日14时50分至16时49分的讯问笔录,虽然讯问笔录与讯问录音录像内容存在部分不一致,但讯问录音录像内容证明侦查机关不存在取证不合法的情形,对讯问笔录个别内容与同步录音录像不一致的部分,由于不影响该讯问笔录的真实性,两者并不存在重大实质性差异,故对有关讯问笔录可以采纳。有关讯问笔录与讯问录音录像内容相一致部分,能与其他证据相互印证,可以作为定案的根据。但如果讯问笔录与讯问录音录像的内容有重大实质性差异的,该讯问笔录相关内容则不得作为证据使用。

① 对此,2017年最高人民法院、最高人民检察院、公安部、国家安全部、司法部联合出台的《关于办理刑事案件严格排除非法证据若干问题的规定》第五条规定:"采用刑讯逼供方法使犯罪嫌疑人、被告人作出供述,之后犯罪嫌疑人、被告人受该刑讯逼供行为影响而作出的与该供述相同的重复性供述,应当一并排除,但下列情形除外:(一)侦查期间,根据控告、举报或者自己发现等,侦查机关确认或者不能排除以非法方法收集证据而更换侦查人员,其他侦查人员再次讯问时告知诉讼权利和认罪的法律后果,犯罪嫌疑人自愿供述的;(二)审查逮捕、审查起诉和审判期间,检察人员、审判人员讯问时告知诉讼权利和认罪的法律后果,犯罪嫌疑人、被告人自愿供述的。"

（二）如何把握疲劳讯问的认定标准

上诉人王平辩称，2011 年 4 月 22 日 9 时 55 分至 16 时 30 分侦查机关进行的讯问为连续长时间的疲劳讯问，系明显的逼供行为。尽管二审法院以该次讯问没有同步录音录像为由，已对该次讯问笔录予以排除，但如何界定疲劳讯问，值得进一步研究。

关于讯问时间，刑事诉讼法未作专门规定，但刑事诉讼法第一百一十七条第二款规定，传唤、拘传持续的时间不得超过 12 小时，特殊情况不得超过 24 小时。一般认为，长时间、连续不断的疲劳讯问是一种变相肉刑的恶劣取证手段，实践中对疲劳讯问构成非法取证方法这一点已经基本达成共识。2013 年最高人民法院印发的《关于建立健全防范刑事冤假错案工作机制的意见》第八条将疲劳讯问明确规定为非法取证方法。但是难点在于如何认定疲劳讯问，即讯问持续多长时间才能认定为疲劳讯问？实务部门普遍反映，有必要明确疲劳讯问的时间界限。

根据法律规定，讯问犯罪嫌疑人，应当保证犯罪嫌疑人的饮食和必要的休息时间。尽管法律没有对讯问持续的时间作出明确规定，但如果长时间连续讯问超出合理的限度，没有为犯罪嫌疑人、被告人提供必要的休息时间，使犯罪嫌疑人、被告人遭受难以忍受的痛苦而违背意愿作出供述，就应当认定为疲劳讯问，并依法排除有关供述。

（撰稿：最高人民法院刑三庭　刘静坤
浙江省高级人民法院　冯喜恒
审编：最高人民法院刑三庭　罗国良）

[第 1167 号]

黄志坚等贩卖、运输毒品案

——二审法院经审查认为原判据以定案的证据系非法证据，依法排除有关证据后应当如何处理

一、基本案情

被告人黄志坚，男，1982 年 4 月 25 日出生。2004 年 11 月 11 日因犯故意伤害罪被判处有期徒刑四年零六个月，2008 年 2 月 28 日刑满释放。2011 年 9 月 23 日因涉嫌犯贩卖毒品罪被逮捕。

被告人卢寒文，男，1976 年 11 月 21 日出生。2002 年 5 月 28 日因犯故意伤害罪被判处拘役五个月。2005 年 6 月 20 日因犯抢劫罪、敲诈勒索罪被判处有期徒刑四年，并处罚金人民币六千元，2008 年 5 月 1 日刑满释放。2011 年 9 月 23 日因涉嫌犯贩卖毒品罪被逮捕。

被告人陈乐，男，1995 年 10 月 2 日出生。2011 年 9 月 23 日因涉嫌犯贩卖毒品罪被逮捕。

江西省南昌市人民检察院指控被告人黄志坚犯贩卖、运输毒品罪，被告人卢寒文、陈乐犯贩卖毒品罪，向南昌市中级人民法院提起公诉。

被告人黄志坚及其辩护人提出，黄志坚在侦查机关所作的有罪供述系刑讯逼供所得，起诉书指控贩卖、运输毒品的证据不足。

被告人卢寒文及其辩护人提出，卢寒文在侦查阶段所作的有罪供述系刑讯逼供所得，起诉书指控的毒品不能认定系卢寒文伙同他人贩卖，在卢寒文租住处查获的毒品应认定为非法持有，且卢寒文有坦白情节。

被告人陈乐及其辩护人提出，陈乐在侦查机关所作的被告人黄志坚、卢寒文参与贩卖毒品的有罪供述系刑讯逼供所得，起诉书指控陈乐与卢寒文

贩卖100粒麻古的事实证据不足。

江西省南昌市中级人民法院经审理查明：

2011年五六月份，被告人黄志坚、卢寒文开始合伙贩毒，同年7月中旬租用江西省南昌市上沙窝97号1栋1单元102室储藏间作为贩毒窝点，后黄志坚指使被告人陈乐到南昌市参与贩毒，多次从江西省抚州地区购买毒品运输至南昌市，由卢寒文和陈乐在南昌市贩卖，其中卢寒文负责联系毒品买家，陈乐负责送货。

2011年8月17日左右，被告人卢寒文、陈乐在南昌市省委加油站附近以29元一粒的价格将100粒麻古卖给付军号（另案处理）。

2011年8月19日上午，被告人黄志坚独自驾车至江西省新干县，从“新干人”（另案处理）处购买42 000粒麻古，后驾车返回其在江西省崇仁县的住处。当日13时许，黄志坚携带上述毒品驾车前往南昌市。当日15时许，黄志坚在被告人陈乐租住的南昌市海棠明月小区附近与陈乐联系，指使陈乐将上述毒品取走。陈乐取走毒品后，前往南昌市上沙窝97号1栋1单元102室储藏间存放毒品。同时，黄志坚驾车前往被告人卢寒文租住的南昌市东湖区银色星座小区2栋205房间和卢寒文会面。随后，公安机关在南昌市上沙窝路97号附近将已存放好毒品准备离开的陈乐抓获，并从储藏间内查获大量可疑白色结晶状物以及大量可疑圆形片剂状物；在卢寒文租住处将黄志坚和卢寒文抓获，当场查获卢寒文另行购买的可疑圆形片剂状物若干和少量可疑白色结晶状物。经鉴定，从上沙窝97号1栋1单元102室储藏间内查获的可疑白色结晶状物总计3029.5973克，查获的可疑圆形片剂状物总计6658.6127克，均含甲基苯丙胺成分。从卢寒文租住的南昌市东湖区银色星座小区2栋205房间查获的可疑圆形片剂状物总计103.3507克，查获的可疑白色结晶状物总计2.6044克，均含甲基苯丙胺成分。

南昌市中级人民法院认为，被告人黄志坚单独或伙同他人贩卖、运输甲基苯丙胺类毒品9688.2100克、麻古100粒，其行为已构成贩卖、运输毒品罪。被告人卢寒文伙同他人贩卖甲基苯丙胺类毒品9794.1651克、麻古100粒；被告人陈乐伙同他人贩卖甲基苯丙胺类毒品9688.2100克、麻古100粒，其行为均已构成贩卖毒品罪。黄志坚、卢寒文系累犯，且利用未成年人贩毒,应从重处罚。黄志坚、卢寒文均系主犯。卢寒文在共同犯罪中的作用与黄志坚相比略小,有部分坦白情节,对其判处死刑,可不立即执行。陈乐系从犯,犯罪时未满十六周岁,应减轻处罚。依照《中华人民共和国刑法》第三百四十七条第一款、第二款第一项、第六款、第七款,第十七条第二款、第三款,第二十五条第一款,第二十六条,第二十七条,第四十八条第一款,第五十七条第一款,第六十五条第一款,第六十七条第三款之规定,南昌市中级人民法院对被告人黄志坚以贩卖、运输毒品罪判处死刑,剥夺政治权利终身,并处没收个人全部财产;对被告人卢寒文以贩卖毒品罪判处死刑,缓期二年执行,剥夺政治权利终身,并处没收个人全部财产;对被告人陈乐以贩卖毒品罪判处有期徒刑十年,并处罚金人民币五万元。

一审宣判后,被告人黄志坚、卢寒文、陈乐均不服,提出上诉。

被告人黄志坚上诉提出:第一,原判认定其参与贩卖、运输毒品的事实不清,证据不足。第二,一审审判程序违法。一是其多次申请对其被刑讯逼供的事实进行调查,并排除其因刑讯逼供所作的有罪供述,但一审法院未依法启动证据收集合法性调查程序;二是其进入看守所时曾向体检医生刘某某反映其伤是刑讯逼供所致,但一审法院未依法通知刘某某出庭作证。综上,请求二审法院查明事实,撤销一审判决,改判其无罪。被告人黄志坚的辩护人提出:第一,黄志坚的有罪供述系侦查机关刑讯逼供所得,属非法证据,不得作为定案根据。第二,手机通话记录、手机短信、银行卡存取款记录与本案无关,不能据此认定黄志坚与卢寒文、陈乐共同贩卖毒品。第三,原判对证人张某某证明黄志坚有罪证言的认定违反法律规定。第四,储藏间查获的9000余克毒品与黄志坚无关。综上,请求二审法院改判上诉人黄志坚无罪。

被告人卢寒文上诉提出:第一,原判认定其伙同他人贩卖麻古的证据不足。第二,原判认定在储藏间查获的冰毒及麻古系其伙同他人贩卖的证据不足。第三,在其住处查获的麻古应认定非法持有毒品,该毒品是其自购自吸,与被告人黄志坚、陈乐无关。第四,陈乐受黄志坚直接指使和安排,其主要是帮助黄志坚贩卖毒品,其和陈乐同由黄志坚控制与指挥,不能认定其具有利用未成年人贩毒的情节。第五,其认罪供述系刑讯逼供所得,请求二审法院启动证据收集合法性调查程序。综上，请求撤销原判，以非法持有毒品罪对其定罪量刑。被告人卢寒文的辩护人另提出：第一，没有证据证实卢寒文与黄志坚共同贩卖毒品。第二，卢寒文在一审庭审时反映其被侦查人员逼供，侦查人员取来黄志坚的材料，让卢寒文照着黄志坚的材料供述。第三，办案机关违反法律规定，对卢寒文羁押超过48小时。对侦查人员违反法定程序取得的供述，依法应予排除。第四，卢寒文持有的毒品没有流入社会造成危害。综上，卢寒文构成非法持有毒品罪，且应减轻处罚。

被告人陈乐上诉提出：其在侦查机关所作的认罪供述是被逼作出的虚假供述。侦查人员对其讯问期间曾将其带到讯问被告人黄志坚的讯问室，黄志坚请求其指控给了黄志坚42 000粒麻古。被告人陈乐的辩护人提出：第一，陈乐是受黄志坚指使藏匿毒品，其不参与分配贩毒所得，系从犯。第二，三名被告人是在藏匿毒品途中被抓获，贩卖毒品的行为尚未完成，系犯罪未遂。第三，陈乐系未成年人，没有前科。综上，请求二审法院再予减轻处罚。

江西省高级人民法院经审理认为，原判认定事实的证据不足。依照《中华人民共和国刑事诉讼法》第二百二十五条第一款第三项之规定，裁定撤销原判，发回重审。

二、主要问题

二审法院经审查认为原判据以定案的证据系非法证据，依法排除有关证据后应当如何处理？

三、裁判理由

（一）被告方不服原判对排除非法证据申请的处理结果，在上诉中再次申请排除非法证据的，二审法院应当对证据收集的合法性进行审查

根据2012年刑事诉讼法及相关司法解释的规定，对证据收集合法性的审查应当贯穿刑事诉讼的始终。控辩双方不服第一审人民法院作出的有关证据收集合法性的调查结论，提出抗诉、上诉的，第二审人民法院应当进行

审查,并依法作出处理。①

本案中,三名被告人及其辩护人在一审程序中均提出认罪供述系刑讯逼供所得,申请排除非法证据,并提供了身体存在损伤、办案人员非法取证的相关线索。一审法院对证据收集的合法性进行了审查,公诉机关提交了讯问录音录像、入所健康检查登记表和办案机关情况说明等证据材料。一审法院认为,讯问录音录像并非讯问时制作,不能证明取证过程的合法性,但办案单位情况说明和入所健康检查登记表证明对被告人卢寒文、陈乐的讯问合法;被告人黄志坚入所时虽然身体有伤,但办案单位情况说明及刘某某的证言等证明对黄志坚的讯问合法,最终采信了三名被告人的有罪供述,进而结合其他证据认定三名被告人有罪。

三名被告人对一审判决不服,在上诉中再次提出排除非法证据申请,并提供了相关的线索。二审法院对证据收集的合法性进行了审查,发现取证程序存在以下问题:

一是关于讯问录音录像的制作问题。办案单位先后出具了多份说明材料,但办案单位有关讯问录音录像的制作说明与讯问笔录的记载内容以及光盘制作时间不一致,不具有真实可靠性。被告人黄志坚在二审庭审中辩称,讯问录音录像系作假,讯问过程没有同步录音录像。经查,黄志坚的讯问录音录像时长10分43秒,黄志坚的12次讯问笔录中只有第二次是认罪供述,但第二次讯问笔录记载的讯问时长为1小时22分,与讯问录音录像的时长不一致,且录音录像内容与第二次讯问笔录差异极大。被告人卢寒文在二审庭审中辩称,办案单位对其讯问过程没有做过录像,录像是其被送交看守所收押前按侦查人员的要求做的,录像时没有做笔录。经查,卢寒文的讯问录音录像时长为21分8秒,而其当日讯问笔录记载的讯问时长为2小时4分,与讯问录音录像的时长不一致,且该次讯问笔录记载的内容与讯问录音录像完全不符。被告人陈乐在二审庭审中辩称,对其讯问过程的同步

① 对此,2017年最高人民法院、最高人民检察院、公安部、国家安全部、司法部联合出台的《关于办理刑事案件严格排除非法证据若干问题的规定》第三十八条规定:"人民检察院、被告人及其法定代理人提出抗诉、上诉,对第一审人民法院有关证据收集合法性的审查、调查结论提出异议的,第二审人民法院应当审查。"

录音录像系作假,录像时侦查人员让其按照做好的笔录照着念。经查,陈乐的讯问录音录像时长21分43秒,而讯问笔录记载的讯问时长1小时,与讯问录音录像的时长不一致,且讯问录音录像的内容与各次讯问笔录差异极大;讯问录音录像中可明显看到陈乐手中持有一叠材料,回答问题非常书面化,陈述作案过程或内容较多时有低头动作,头部、眼睛反复从左至右来回移动,陈述完即抬头看着讯问人员,大段内容一气呵成,顺畅、完整,回答简单问题时始终抬头看着讯问人员,回答时常不顺畅、不连续。综上,办案单位提交的三名被告人讯问过程录音录像并非是对实际讯问过程的录音录像,不排除系事后补录,不能作为证明讯问程序合法的证据。

二是关于被告人黄志坚身体损伤的成因问题。在押人员入所健康检查登记表及伤情照片显示,黄志坚入所时头脸、手、脚有擦伤,左、右上臂外侧有多条长条形伤痕,头额、下唇、右前肩胛区有多处伤痕。黄志坚入监时的亲笔字条写明:"有些是打的,头部、手、脚,有些是摔的,左脚膝盖、右脚膝盖",押送民警熊某、朱某某在该字条上签字并附警号。二审庭审中,黄志坚辩称损伤是在刑侦队审讯室讯问过程中被讯问人员殴打造成的,摔伤是其在被告人卢寒文租住处被抓时摔倒造成的。对此,办案单位出具情况说明称黄志坚的身体损伤系其脱逃被抓捕时扭打造成的。经查,看守所医生刘某某的证言证明黄志坚的伤是擦伤,"是很轻微的体表伤",但刘某某并未出庭作证;而黄志坚同监室的胡某、李某的证言则证明,"看到黄志坚手、脚都肿了";看守所协防员汪某、李某的证言证明黄志坚在讯问中脱逃,在被抓捕过程中受伤,但办案单位并未提供该时段的监控录像,因此,证明黄志坚的身体损伤系脱逃被抓捕时扭打所形成的相关证据关联性、真实性均存疑。

综上,对于三名被告人提出的排除非法证据申请,检察机关并未提供有效的证据证明取证合法性,二审法院经审查认为,现有证据材料不能排除刑讯逼供的可能性。根据法律规定,对于不能排除采用刑讯逼供等非法方法收集情形的,有关证据应当依法予以排除。

此外,被告人陈乐系未成年人,办案单位对其讯问时未通知法定代理人或其他成年亲属到场,讯问程序违反法律规定,尽管这并不属于法律规定的采用刑讯逼供等非法方法收集证据的情形,但上述违反法定程序取得的供述因客观真实性无法保障，亦不能作为定案的根据。

（二）二审法院经审查认为原判据以定案的证据系非法证据应当予以排除的，需要区分情形对案件作出处理

被告人在上诉中提出排除非法证据申请，二审法院经审查认为原判据以定案的证据系非法证据，依法应当予以排除的，应当区分情形对案件作出相应的处理：①

一种情形是被告方在一审程序中提出排除非法证据申请，但一审法院未予审查，径行驳回被告方的申请。如果被告方申请排除的证据系关键定案证据，而一审法院对该申请未予审查，并以有关证据作为定案根据，可能影响公正审判的，二审法院可以将其作为违反法律规定的诉讼程序的情形，裁定撤销原判，发回重审。

另一种情形是被告方在一审程序中提出排除非法证据申请，一审法院经过审查后对证据收集合法性进行调查，最终认定取证合法，进而驳回被告方的申请。如果二审法院经审查认为，一审法院有关证据收集合法性的处理结果并不准确，有关证据应当作为非法证据予以排除的，则需要进一步区分案件情况作出处理：排除有关证据后其他证据仍然能够证明被告人有罪的，二审法院可以依法排除有关证据，并在认定被告人有罪的基础上维持原判；排除有关证据后，案件事实不清，证据不足的，二审法院可以裁定撤销原判，发回重审。

本案中，被告方在一审期间申请排除非法证据，一审法院经过审查后对证据收集合法性进行调查，认定取证合法，驳回了被告方的申请。被告方在上诉中再次提出排除非法证据申请，二审法院经审查认为，对有关证据应当予以排除，而排除有关证据后，其他证据不足以认定案件事实，且办案单位

---

① 对此，2017年最高人民法院、最高人民检察院、公安部、国家安全部、司法部联合出台的《关于办理刑事案件严格排除非法证据若干问题的规定》第四十条规定：“第一审人民法院对被告人及其辩护人排除非法证据的申请未予审查，并以有关证据作为定案根据，可能影响公正审判的，第二审人民法院可以裁定撤销原判，发回原审人民法院重新审判。第一审人民法院对依法应当排除的非法证据未予排除的，第二审人民法院可以依法排除非法证据。排除非法证据后，原判决认定事实和适用法律正确、量刑适当的，应当裁定驳回上诉或者抗诉，维持原判；原判决认定事实没有错误，但适用法律有错误，或者量刑不当的，应当改判；原判决事实不清楚或者证据不足的，可以裁定撤销原判，发回原审人民法院重新审判。”

获取本案线索、锁定三名被告人的证据材料以及办案场所的监控录像等关键证据有待进一步查证,故裁定撤销原判,发回重审。

需要指出的是,为了强化裁判说理,二审法院对于证据收集合法性的审查处理结果,以及案件的最终处理结果,都应当充分说明理由。

(撰稿:最高人民法院刑三庭　刘静坤
北京市高级人民法院　温小洁
审编:最高人民法院刑三庭　罗国良)

［第 1168 号］

杨增龙故意杀人案

——被告方申请排除非法证据的情形，
如何把握证据收集合法性的证明责任，
以及二审法院如何贯彻疑罪从无原则

一、基本案情

被告人杨增龙，又名杨龙，男，1976 年 1 月 11 日出生。2005 年 12 月 28 日因犯收购赃物罪被判处罚金人民币三千元。2009 年 2 月 18 日因涉嫌犯故意杀人罪被逮捕。

河北省保定市中级人民法院审理保定市人民检察院指控被告人杨增龙犯故意杀人罪一案，于 2010 年 8 月 30 日以故意杀人罪判处被告人杨增龙无期徒刑，剥夺政治权利终身。宣判后，附带民事诉讼原告人提出上诉。河北省高级人民法院于 2010 年 12 月 15 日裁定撤销原判，发回重审。保定市中级人民法院依法重新审理后，于 2011 年 9 月 14 日以故意杀人罪判处被告人杨增龙无期徒刑，剥夺政治权利终身。宣判后，附带民事诉讼原告人提出上诉。河北省高级人民法院于 2012 年 3 月 29 日再次裁定撤销原判，发回重审。保定市中级人民法院于 2013 年 1 月 30 日对该案依法重新审理。

保定市人民检察院指控被告人杨增龙的行为构成故意杀人罪。

被告人杨增龙当庭否认杀害被害人，辩称其有罪供述系侦查人员对其刑讯逼供所得。杨增龙的辩护人提出，本案事实不清、证据不足，被告人供述与现场勘查笔录、尸检报告等证据相互矛盾，请求宣告杨增龙无罪。

保定市中级人民法院经审理认定的事实与前两次审理认定的事实基本相同，具体如下：被告人杨增龙与被害人郭某某有不正当男女关系。2009 年

1月13日19时许，杨增龙因欲与前妻复婚，约郭某某到河北省定州市韩家庄村西砖窑西侧谈分手之事，二人因此发生争执，杨增龙将郭某某打晕，后用刀将郭某某头颅割下，埋到附近小麦田里。

保定市中级人民法院认为，被告人杨增龙故意非法剥夺郭某某生命，其行为已构成故意杀人罪。关于杨增龙提出的有罪供述系侦查人员对其刑讯逼供所得的辩解理由，经查，杨增龙在侦查阶段所作的有罪供述和其主动向公安机关提交的悔过书相同；杨增龙当庭承认作出有罪供述时对其讯问的两名侦查人员郝某某、陆某未对其刑讯逼供，并有庭审录像为证；杨增龙所称刑讯逼供的侦查人员均出庭作证，并称没有对其实施刑讯逼供；看守所体检记录记载杨增龙入所时体表无外伤；除杨增龙供述外，无其他证据证实侦查人员对其有刑讯逼供行为；综上，对该辩解理由不予采纳。杨增龙故意杀害郭某某的事实，有其在侦查阶段的供述及尸检报告、现场勘查笔录、证人证言等证据证实，证据之间能相互印证，本案基本事实清楚，基本证据确实、充分。据此，依照《中华人民共和国刑法》第二百三十二条、第五十七条第一款之规定，保定市中级人民法院以故意杀人罪判处被告人杨增龙无期徒刑，剥夺政治权利终身。

一审宣判后，被告人杨增龙不服，提出上诉。其上诉理由及其辩护人的辩护意见如下：原判认定事实不清，证据不足，现有证据不能形成完整证据链条；公安机关存在刑讯逼供，有罪供述不能作为定案的证据，应当宣告杨增龙无罪。

河北省人民检察院认为，上诉人杨增龙有作案动机；有罪供述部分细节与现场勘查笔录、尸检报告、手机通话记录及基站信息显示一致，无罪辩解与基站信息及手机通话记录不符。但讯问录像没有同步，指认现场过程不完整，没有提取到指向杨增龙实施犯罪的相关物证。综上，除供述以外的间接证据达不到法律规定的证据确实、充分的证明标准，建议二审法院依法判决。

河北省高级人民法院经审理认为，原判据以定案的证据主要是上诉人杨增龙的有罪供述，杨增龙写的悔过书虽明确承认实施了犯罪，但悔过书从证据分类来看也属于被告人供述的一种方式。杨增龙在侦查期间曾作过有罪供述，但对检察机关推翻有罪供述，称有罪供述系侦查人员刑讯逼供取得，现公安机关讯问录像和指认现场录像均存在瑕疵，讯问录像不是同步录制，指认现场录像中显示指认过程也不完整，未能体现杨增龙指示侦查人员寻找杀人现场和掩埋被害人头颅的地点，指认过程的客观性存疑。杨增龙的有罪供述没有其他客观物证印证，间接证据也未能形成完整的证明体系，二审期间检察机关亦没有补充证明杨增龙犯罪的新证据。原判认定杨增龙于2009年1月13日杀害被害人郭某某的事实不清，证据不足，不能认定杨增龙有罪。据此，依照《中华人民共和国刑事诉讼法》第二百二十五条第一款第三项、第二百三十三条之规定，河北省高级人民法院判决撤销原判，宣告上诉人杨增龙无罪。

二、主要问题

1. 被告方申请排除非法证据的情形，如何把握证据收集合法性的证明责任？

2. 二审法院如何贯彻疑罪从无原则？

三、裁判理由

（一）被告方申请排除非法证据的情形，应当由人民检察院承担证据收集合法性的证明责任，不能让被告人变相承担证明责任

本案一审期间，被告人杨增龙提出其有罪供述系侦查人员刑讯逼供所得，并提供了讯问人员的姓名、相关情况等线索。一审法院对证据收集的合法性启动了专门调查程序，但在某种程度上让被告方承担了证明侦查人员刑讯逼供的证明责任，这种做法并不符合法律规定由人民检察院证明取证合法性的要求，也不符合非法证据排除规则的基本原理。例如，首先，一审法院指出，杨增龙在侦查阶段所作的有罪供述和其主动向公安机关提交的悔过书相同；杨增龙当庭承认作出有罪供述时对其讯问的两名侦查人员郝某某、陆某未对其刑讯逼供，并有录像为证，这实际上是通过杨增龙的有罪供述本身来证明取证合法性，但这些有罪供述恰恰是杨增龙申请排除的证据，并不能作为证明取证合法性的根据。其次，一审法院指出，杨增龙所称

对其刑讯逼供的侦查人员均出庭作证,并称没有对其实施刑讯逼供。实践中,侦查人员出庭鲜有承认非法取证的情形,但侦查人员出庭作证并不能仅是简单地否定没有刑讯逼供,而是应当阐述取证细节,并对被告人提供的线索或者材料作出合理的解释。如果被告人与侦查人员对取证合法性问题各执一词,在缺乏其他证据特别是讯问录音录像等客观证据佐证的情况下,简单地采信侦查人员的供述并不妥当。再次,一审法院指出,看守所体检记录记载杨增龙入所时体表无外伤,但实际上,2009 年 1 月 16 日 1 时的讯问录像显示,杨增龙额头上有明显的伤痕,这与看守所体检记录记载的情况存在矛盾,对于该问题,应当由侦查人员作出合理的解释。最后,一审法院指出,除杨增龙供述外,无其他证据证实侦查人员对其有刑讯逼供行为,这明显是要求被告人承担侦查人员刑讯逼供的证明责任。

被告人杨增龙提出上诉后,再次提出有罪供述系侦查人员刑讯逼供取得,申请排除非法证据。二审法院经审查后,启动了证据收集合法性调查程序,要求检察机关提供证明取证合法性的证据材料。检察机关向法庭出示了讯问笔录、羁押记录、体检记录等材料,有针对性地播放了相关讯问过程的录音录像,提请法院通知侦查人员出庭说明证据收集的合法性。二审法院对证据收集的合法性进行调查过程中,上诉方和检察机关对供述取得的合法性问题进行了质证、辩论,经过法庭调查,发现取证工作存在以下问题:

一是有关被告人供述的录音录像不完整。从被告人杨增龙第一次供述的讯问笔录记载来看,讯问时间为 2009 年 1 月 15 日 22 时 30 分至 2009 年 1 月 16 日 1 时 0 分,而相关录像的讯问时长仅为 47 分 18 秒,录音录像不完整。

二是相关指认录像不完整。经审查,被告人杨增龙对现场的指认录像未能完整还原指认经过,特别是缺失了杨增龙对杀人现场和掩埋被害人头颅地点的指认细节,指认过程的客观性存疑,使得指认的证明价值大打折扣。

三是被告人杨增龙的健康检查笔录与相关讯问录像存在矛盾。据看守所健康检查笔录记载,2009 年 1 月 16 日及同年 1 月 20 日对杨增龙健康检查,体表无外伤。而在 2009 年 1 月 16 日 1 时 0 分的讯问录像中,则显示杨增龙额头上有明显的伤痕,二者存在明显矛盾。

四是取证工作存在其他违反法定程序的行为。例如,在提讯证上没有写明提讯的时间、事由,侦查人员也未签字。

基于上述问题,检察机关对供述合法性的证明未能达到证据确实、充分的证明标准,不能排除存在以非法方法收集证据的情形,上诉人杨增龙的有罪供述应当予以排除,不得作为定案的根据。

需要指出的是,二审法院并未就证据收集合法性问题作出明确的结论,而是在裁判文书中指出,上诉人杨增龙在公安机关侦查期间曾作过有罪供述,但对检察机关推翻有罪供述,称有罪供述系侦查人员刑讯逼供取得,现讯问录像和指认现场录像均存在瑕疵,讯问录像不是同步录制,指认现场录像中显示指认过程也不完整,未能体现杨增龙指示侦查人员寻找杀人现场和掩埋被害人头颅的地点,指认过程的客观性存疑。同时,杨增龙的有罪供述没有得到客观物证印证,一是其供述作案用的凶器刀子和拿走被害人的手机没有提取在案;二是根据杨增龙供述提取的其作案时所穿衣服上没有检出血迹;三是上诉人杨增龙所作有罪供述中提到的砖坯和烟蒂,现场勘查中均没有提取在案;四是在现场没有提取到和杨增龙特征相吻合的足迹、指纹等痕迹物证。

二审法院的上述意见实际上表明取证的合法性存在疑问,但并没有明确写明排除非法证据,最终是从供述及指认过程客观性存疑的角度决定不将有关证据作为定案的根据。需要指出的是,此前法院基于各种考虑一般未对证据收集合法性问题作出明确的结论,而是将证据合法性与客观性捆绑到一起加以分析,进而通常以证据不具有客观性为由不将其作为定案的根据。在非法证据排除规则确立前,这种做法具有一定的合理性。对于2012年刑事诉讼法施行后的案件,如果有关证据被认定为非法证据,就应当予以排除,即使其可能是客观真实的,也不能作为定案的根据。换言之,法院认定有关证据属于应当排除的非法证据后,不应再继续讨论其客观真实性问题。

(二)二审法院依法排除非法证据后,其他证据达不到法定证明标准的,应当坚持疑罪从无原则,依法宣告上诉人无罪

为了避免二审法院反复发回重审导致案件久拖不决,造成超期羁押,

2012年刑事诉讼法规定，二审法院以事实不清、证据不足为由发回重审的案件，原审法院作出判决后，被告人提出上诉或者人民检察院提出抗诉的，二审法院应当依法作出判决或者裁定，不得再发回原审法院重新审判。根据该规定，二审法院对于事实不清、证据不足的案件，要严格贯彻疑罪从无原则，不得二次发回重审，对于曾发回重审的案件，二审法院依法排除非法证据后，其他证据不足以认定上诉人有罪的，或者是检察机关补充证据材料后仍不足以认定上诉人有罪的，应当依法宣告上诉人无罪。

需要强调的是，被告人供述通常是公诉机关指控和一审法院定案的关键证据，一旦二审法院将被告人供述认定为非法证据并依法排除，其他证据就达不到事实清楚，证据确实、充分的证明标准，针对此类案件，二审法院此前往往会选择将案件发回重审。为了依法保障当事人合法权益，避免超期羁押，对于二审法院经审查后认为事实不清、证据不足的案件，如果不具备补查补正条件，发回重审亦无助于查清案件事实的，就应当严格落实疑罪从无原则，依法宣告上诉人无罪。

本案中，原判据以定案的证据主要是被告人杨增龙的有罪供述，但该有罪供述不能排除非法取证的可能性，依法应当予以排除（二审法院表述为，被告人杨增龙的有罪供述没有其他客观证据加以印证），间接证据未能形成完整的证明体系，二审期间检察机关亦没有补充证明杨增龙犯罪的新证据，在案证据达不到法定的定罪标准。二审期间，检察机关也认为，讯问录像没有同步，指认现场过程不完整，没有提取到指向杨增龙的相关物证，除口供以外的以上间接证据达不到法律规定的证据确实、充分的证明标准，建议二审法院依法判决。

综上，二审法院依法排除上诉人杨增龙的有罪供述后，其他证据达不到法定的证明标准，不能认定杨增龙有罪。二审法院贯彻疑罪从无原则，依法宣告上诉人杨增龙无罪，是妥当的。

（撰稿：最高人民法院刑三庭　刘静坤
北京市高级人民法院　温小洁
审编：最高人民法院刑三庭　罗国良）

[第1169号]

赵双江故意杀人、赵文齐交通肇事案

——车辆所有人在交通肇事后将被害人隐藏致使被害人无法得到救助而死亡的，如何定性

一、基本案情

被告人赵双江，男，1992年1月29日出生。因涉嫌犯故意杀人罪于2013年11月14日被逮捕。

被告人赵文齐，男，1995年3月2日出生。因涉嫌犯交通肇事罪于2014年7月2日被逮捕。

河北省保定市人民检察院以被告人赵双江犯故意杀人罪、被告人赵文齐犯交通肇事罪，向保定市中级人民法院提起公诉。

被告人赵双江对公诉机关的指控予以供认，未提辩解意见。其辩护人提出，赵双江向公安机关提供赵文齐的联络方式和地址，构成立功；赵双江积极赔偿被害方的经济损失，得到了被害方的谅解。

被告人赵文齐对公诉机关的指控予以供认，未提辩解意见。

保定市中级人民法院经审理查明：2013年10月29日22时30分许，被告人赵文齐驾驶被告人赵双江所购二手摩托车（牌照号为冀RMY929）并搭载赵双江沿容贾公路由南向北行驶，车行驶到河北省贾光乡贾光网通营业厅门口处时，撞倒行人徐占齐，摩托车倒地，赵文齐亦当场昏迷。赵双江拨打120急救电话后，将徐占齐拽入路边沟中，后驾驶该摩托车载着赵文齐逃离现场。后抢救人员到达现场，因没发现被害人而拨打赵双江报警时所用手机号码，赵双江明知可能是医生所打电话而不接听。经鉴定，徐占齐因交通事故所致颅脑损伤死亡。案发后，被告人赵双江亲属、赵文齐亲属分别与

被害人亲属达成调解协议，被害人亲属对二被告人的犯罪行为予以谅解。

保定市中级人民法院认为，被告人赵双江作为肇事车辆所有者，明知被撞倒在地的徐占齐伤势严重，仍将徐占齐拽入沟中，使徐占齐得不到救治而死亡，其行为已构成故意杀人罪；被告人赵文齐违反交通运输管理法规，造成徐占齐死亡的重大交通事故，且负事故全部责任，其行为构成交通肇事罪。公诉机关指控二被告人的罪名成立。赵文齐被公安机关抓获前，能报警而未报警，其行为构成肇事后逃逸。事故发生后，赵双江曾拨打120急救电话，但因赵双江的行为，使急救人员到达现场后，未能找到被害人，从而无法对被害人进行救治。本案中，赵双江归案后如实供述赵文齐的藏匿地点从而使公安机关及时抓获在医院治疗的赵文齐，属于如实供述同案被告人的基本情况，不构成立功。辩护人所提赵双江具有立功情节的意见，不予采纳。案发后，被告人赵双江亲属、赵文齐亲属分别与被害人亲属达成调解协议，被害人亲属对二被告人的犯罪行为予以谅解。据此，依照《中华人民共和国刑法》第二百三十二条、第一百三十三条、第五十六条第一款、第五十五条第一款之规定，判决如下：

1. 被告人赵双江犯故意杀人罪，判处有期徒刑十年，剥夺政治权利一年。

2. 被告人赵文齐犯交通肇事罪，判处有期徒刑三年。

宣判后，赵双江提出上诉称，其具有立功情节，且犯罪情节较轻，应在三至十年有期徒刑的幅度内量刑。赵文齐提出上诉称，其不构成逃逸，其对被害人进行了民事赔偿，应适用缓刑。

河北省高级人民法院经审理查明的事实与一审相同。

河北省高级人民法院认为，上诉人赵双江作为肇事车辆的所有者，在明知被害人徐占齐有呼吸的情况下，仍将徐占齐拽入沟中，使徐占齐得不到及时救治而死亡，其行为已构成故意杀人罪。上诉人赵文齐违反交通运输管理法规，无证驾驶摩托车造成徐占齐死亡的重大交通事故，负事故全部责任，其行为构成交通肇事罪。赵文齐被公安机关抓获前，能报警而未报警，其行为构成肇事后逃逸。本案中，公安机关根据赵双江供述将赵文齐抓获，赵文齐的藏匿地点属于赵双江在犯罪中掌握的同案犯藏匿地址，不能认定为协助司法机关抓捕同案犯，赵双江依法不构成立功。案发后，赵双江、赵文齐有悔罪表现，被害人亲属对二上诉人的犯罪行为予以谅解，对此情节原判决在量刑时已予考虑。上诉人赵双江、赵文齐上诉请求从轻处罚的理由，不予采纳。原判决认定事实清楚，证据确实、充分，定罪准确，量刑适当，审判程序合法。依照《中华人民共和国刑事诉讼法》第二百二十五条第一款第一项、第二百三十三条之规定，于2015年6月15日裁定如下：

驳回赵双江、赵文齐的上诉，维持原判。

二、主要问题

1. 如何理解和适用"交通运输肇事后逃逸"中"为逃避法律追究而逃跑"的要件？

2. 车辆所有人在交通肇事后将被害人隐藏致使被害人无法得到救助而死亡的，如何定性？

三、裁判理由

（一）认定"交通运输肇事后逃逸"，应当定位于为"逃避法律追究而逃跑"，且"逃跑"并不限于"当即从现场逃跑"

"交通运输肇事后逃逸"是1997年刑法修订时增加规定的加重处罚情节。实践中，交通肇事后逃逸的行为具有较大的危害性，往往导致被害人无法得到救助、损失无法得到赔偿、案件查处难度增大等。

刑法第一百三十三条规定了构成交通肇事罪的一般情形、"交通运输肇事后逃逸或者有其他特别恶劣情节"和"因逃逸致人死亡"两种特殊情形。根据《最高人民法院关于审理交通肇事刑事案件具体应用法律若干问题的解释》（以下简称《解释》）第三条的规定，"交通运输肇事后逃逸"，是指行为人具有该解释第二条第一款规定和第二款第一至五项规定的情形之一，在发生交通事故后，为逃避法律追究而逃跑的行为。

据此，构成交通肇事后逃逸的条件包括以下几方面：一是有交通肇事行为的发生，且符合《解释》第二条第一款规定和第二款第一至五项规定的情形之一。二是为逃避法律追究而逃逸。这里的法律追究包括刑事追究、民事追究、行政追究。实践中,肇事人逃跑的目的大多是想逃避法律追究,但也有少数肇事人逃跑的目的是怕受害方或者其他围观群众因激愤而对其进行报复、殴打等。如果是后者,在逃离现场后,通常能够通过报告单位领导或者报警等方式,自愿接受法律处理。因此,不能推定所有逃离现场的行为都是为逃避法律追究。对逃跑行为作出上述必要的限制,是为了保证准确适用法律,不枉不纵。三是《解释》规定的"逃跑",并没有固定时间和场所的限定。有意见认为,交通肇事后逃逸,应当理解为"逃离事故现场"的行为,实践中大多也属于这种情况。但是,有的肇事人并未在肇事后立即逃离现场(有的是不可能逃跑),而是在将伤者送到医院后或者在等待交通管理部门处理的时候逃跑,类似的情形有很多。如果仅将逃逸界定为当即逃离现场,那么性质同样恶劣的逃避法律追究的行为就得不到相应的追责,可能会影响对这类犯罪行为的惩处。因此,只要是在肇事后为逃避法律追究而逃跑的行为,都应视为"交通肇事后逃逸"。

从刑法和《解释》的意图来看,立足点在于鼓励行为人在发生交通事故后,采取积极措施对被害人进行救助。如果没有逃逸,因被害人救治及时,行为人则存在不构成犯罪的可能性。但如果行为人在交通事故后逃逸,致被害人因得不到救助而死亡,则行为人构成交通肇事罪(特殊情形的重罪)。简言之,如果交通事故发生后,被害人已经死亡,行为人逃逸的,则只构成《解释》第三条规定的法定加重情节,对行为人应当在三年以上七年以下有期徒刑的法定刑范围内处罚;如果被害人没有死亡,但由于行为人的逃逸而致使被害人因得不到救助而死亡的,则行为人的行为构成交通肇事罪的重罪情形,应在七年以上有期徒刑的法定刑范围内处罚。

就本案而言,被告人赵文齐无证驾驶摩托车并载人,发生交通事故,致行人徐占齐被撞倒而造成颅脑损伤死亡,应负事故的全部责任,其行为构成交通肇事罪。存在争议的问题是,赵文齐在肇事后,是否属于为逃避法律责任而逃跑?按照赵文齐自己的供述,其"在去西各庄村的公路上发生了交通事故,当时不知道撞的什么,在医院醒来才知道撞了人。当时撞了人之后,就没意识了"。也就是说,其离开现场不具有主动性,而是被动的。但是,同案被告人赵双江供述,事故发生后,"赵文齐脸部受伤了,也流了很多血。我叫了几次才把赵文齐叫醒，赵文齐问怎么回事，我告诉赵文齐撞了一个人”；“我提议把被撞的人弄到公路旁边，赵文齐同意，由于赵文齐受伤动不了，我把被撞的人拽到公路西侧坑边的坡上”；“我和赵文齐商量后，就骑摩托车载着赵文齐逃跑了”。如果按照赵双江的供述认定，那么赵文齐的行为是典型的肇事后逃逸行为。但是由于赵文齐不承认此节，而现场又没有其他证人，因此，就证据的充分性层面而言，无法认定赵文齐在肇事后与赵双江共同商量逃逸。但是，如前所述，“交通运输肇事后逃逸”中的“逃逸”没有严格的时间和场所的限制。即使如赵文齐所言，其肇事后在医院醒来才知道撞了人，也应当在知情后立即报警，但其醒来后有条件报警却未选择报警，而是选择继续在医院接受治疗，其治疗所在的医院系同案被告人赵双江供述后公安机关才掌握。因此，应当认定赵文齐在肇事后实施了“为逃避法律追究而逃逸”的行为。

此外，被害人的死亡原因系“因交通事故致颅脑损伤死亡”。被害人的死亡是否系“因逃逸致人死亡”？按照《解释》第五条第一款的规定，“因逃逸致人死亡”，是指行为人在交通肇事后为逃避法律追究而逃逸，致使被害人因得不到救助而死亡的情形。本案中，被害人徐占齐即使得到及时救治，被救活的可能性也很小，其死亡原因主要是交通肇事所致。特别是就被告人赵文齐而言，其逃逸行为在前期不具有主动性，而是被赵双江搭载离开现场。其在医院醒来后，即使报了警，也已经无法救活被害人。据此，我们认为，对赵文齐而言，其逃逸行为与被害人的死亡结果之间没有因果关系，因而对赵文齐不能认定“因逃逸致人死亡”，而只能就低认定为“交通运输肇事后逃逸”。也就是说，认定赵文齐构成“交通肇事逃逸”是因为其在醒来后有条件报警而不报警，但其醒来后的报警对已经死亡的被害人徐占齐而言没有“救助”的意义，不属于“因逃逸致人死亡”的情形。

（二）车辆所有人在交通肇事后将被害人隐藏致使被害人无法得到救助而死亡的，应当以故意杀人罪论处

本案在审理过程中，对被告人赵双江的行为如何定罪，有两种意见：

第一种意见认为，被害人徐占齐的死亡原因是交通事故所致颅脑损伤，而不是赵双江将徐占齐拖拽到沟里而使其得不到救治而死亡，因此，赵双江

的行为不构成犯罪。理由是:(1)赵双江将徐占齐拖拽到沟里的行为与徐占齐的死亡结果之间没有必然因果关系。(2)赵双江藏匿被害人的行为不属于交通肇事逃逸致人死亡而转化为故意杀人罪的情形。《解释》第五条规定,“因逃逸致人死亡”,是指行为人在交通肇事后为逃避法律追究而逃逸,致使被害人因得不到救助而死亡的情形。交通肇事后,单位主管人员、机动车所有人、承包人或者乘车人指使肇事人逃逸,致使被害人因得不到救助而死亡的,以交通肇事罪的共犯论处。赵双江没有指使赵文齐逃逸的行为,因而不构成交通肇事罪的共犯。既然赵双江不构成交通肇事罪,也就不能适用《解释》第六条规定的交通肇事逃逸转化为故意杀人罪的规定。

第二种意见认为,赵双江的行为构成故意杀人罪。理由是:(1)赵双江作为肇事车辆所有者,虽然没有指使肇事人逃逸,但其载搭交通肇事直接行为人赵文齐逃逸,应当以交通肇事罪的共犯论处。(2)由于被害人徐占齐的死亡主要是由于交通肇事所致,徐占齐即使得到及时救助,也基本没有被救活的可能性,因此,赵双江藏匿被害人的行为并不必然造成被害人死亡结果的发生。赵双江只是实施了法律拟制的“故意杀人”行为,但依法仍应构成故意杀人罪。鉴于被害人死亡主要是交通事故所致,可对赵双江在量刑上酌予考虑。

我们同意第二种意见。

首先,赵双江的行为应当认定为交通肇事罪的共犯。《解释》第五条对单位主管人员、机动车辆所有人、承包人或者乘车人(以下简称主管人员等)设置了一个特别义务,即不得指使肇事人逃逸,否则,致使被害人因得不到救助而死亡的,以交通肇事论。这里,对主管人员等构成交通肇事罪规定了两个前因条件:(1)指使肇事人逃逸。本案中,赵双江自己供述和赵文齐商量过将被害人拽到公路边,但没有得到赵文齐供述的印证。但是,赵双江实施了主动搭载赵文齐逃离现场的行为。举轻以明重,既然指使逃逸的行为都可认定为共犯,那么,比指使逃逸性质更严重的搭载肇事人逃逸的行为,更应以交通肇事的共犯论处。(2)致使被害人因得不到救助而死亡。如前所述,虽然本案中,被害人死亡的原因主要是交通事故,被害人即使得到救助也可能死亡,但是被害人得不到救助是肯定存在的,而且,即使徐占齐因得到救助而没有死亡的概率极低，也不等于绝对没有。赵双江与发生交通事故后已经昏迷的赵文齐不同，其是在明知徐占齐还有呼吸的情况下，将徐占齐拽入沟中从而使其完全失去了被抢救的可能。因此，对赵双江而言，可以认定为“致使被害人因得不到救助而死亡”。

其次，对赵双江可以适用《解释》第六条的规定，以“交通肇事”转化为“故意杀人”论，主要原因就是其在构成交通肇事罪的共犯后，必然随之产生行政法上对交通肇事行为人规定的一些附随义务，主要是抢救的义务。《解释》第六条也是针对这一附随义务而作出禁止性规定的，即行为人不得将被害人带离事故现场隐藏或者遗弃，否则，就要转化为故意杀人罪或者故意伤害罪（转化为何罪以结果论）。但赵双江正是实施了《解释》第六条规定的禁止性行为，将徐占齐拽入沟中，致救护人员到事故现场后找不到被害人。更为恶劣的是，在救护人员因找不到被害人而打赵双江电话时，赵双江明知可能是救护人员的电话，却不接听。

综上，法院认定赵文齐的行为构成交通肇事逃逸，并考虑到其逃离肇事现场是被赵双江搭载离开，具有一定的被动性，其逃逸行为与被害人徐占齐的死亡结果之间没有必然因果关系，因而不认定其具有“逃逸致人死亡”情节；认定赵双江的行为构成交通肇事共犯，并且因为其实施了将被害人拽入路边沟中，致被害人得不到救助，因而依法转化为故意杀人罪，在定性上是正确的。在量刑上，考虑到被害人的死亡原因主要不是两被告人的逃逸行为所致，而是交通事故所致，且被害人亲属分别与赵双江亲属、赵文齐亲属达成调解协议，被害人亲属对二被告人的犯罪行为予以谅解；赵双江在交通肇事后曾打过120急救电话，客观上有利于案件的侦破，因而均予以从轻处罚，是适当的。

（撰稿：最高人民法院刑四庭　陆建红
河北省保定市中级人民法院　郭宏伟　詹　勇
审编：最高人民法院刑四庭　周　峰）

[第 1170 号]

曹显深、杨永旭、张剑等故意伤害案

——被告人投案后,委托家属动员同案人投案的,能否认定为立功

一、基本案情

被告人曹显深,男,1983 年 9 月 28 日出生,无业。2015 年 7 月 17 日被逮捕。

被告人杨永旭,男,1984 年 2 月 12 日出生,无业。2015 年 7 月 17 日被逮捕。

被告人张剑,男,1986 年 9 月 23 日出生,无业。2015 年 7 月 17 日被逮捕。

(其他被告人基本情况略)

广西壮族自治区防城港市人民检察院以被告人曹显深、杨永旭、张剑等人犯故意伤害罪,向防城港市中级人民法院提起公诉。

被告人曹显深对公诉机关指控的罪名无异议,辩称被害人卢德福曾叫人对其殴打,其一时冲动才找人去教训卢德福;对民事赔偿部分,表示尽力赔偿。辩护人提出以下辩护意见:(1)被害人卢德福多次无端殴打被告人曹显深是本案发生的诱因,卢德福对本案的发生存在过错;(2)被害人卢德福的死亡结果系多因导致,不能排除医院抢救不及时的合理怀疑;(3)被告人曹显深主观上没有报复被害人的故意,且愿意尽力赔偿被害人的经济损失,该案的发生具有一定的偶然性;(4)被告人曹显深具有自首和立功情节,请求对曹显深从轻、减轻处罚。

被告人杨永旭对公诉机关指控的犯罪事实和罪名均无异议;对民事赔

偿部分,表示尽力赔偿。辩护人提出以下辩护意见:(1)被告人杨永旭具有自首情节;(2)被害人卢德福的死亡是多处刀伤所致,不能直接认定是被告人杨永旭所为,请求对杨永旭从轻、减轻处罚。

被告人张剑对公诉机关指控的犯罪事实和罪名均无异议,辩称其不是主犯;对民事赔偿部分,表示尽力赔偿。辩护人提出以下辩护意见:(1)被害人卢德福对本案发生存在过错;(2)被告人张剑不是犯意提起者和策划者,张剑砍了一刀后没有继续追砍被害人,应认定为从犯;(3)被害人卢德福的致命伤不是张剑所致;(4)被告人张剑具有自首情节,请求对张剑从轻、减轻处罚。

防城港市中级人民法院经审理查明:

2015年6月11日凌晨,被告人曹显深看见与其有矛盾的卢德福(被害人,男,殁年34岁)在东兴市V12娱乐城玩耍,遂产生报复的念头,随后纠集被告人杨永旭、张剑等人守候。当日6时许,卢德福从V12娱乐城出来后,曹显深驾车搭乘同案被告人尾随其至东兴市安得花园六区大门附近。杨永旭、张剑分别从杨永旭带上车的纸箱内拿出砍刀并戴上头套后下车追打卢德福。杨永旭持砍刀砍卢德福的背部、腿部各一刀,张剑持砍刀砍卢德福右腿一刀,后逃离现场。卢德福受伤后被送往医院经抢救无效于当日死亡。经鉴定,被害人卢德福系被锐器暴力砍击全身多处并造成左腘动脉静脉完全断裂致失血性休克而死亡。

2015年6月14日曹显深到公安机关投案,并让其哥哥曹显林寻找、劝说在逃人员张剑和杨永旭归案,其亲属还代为赔偿了被害人亲属经济损失并取得谅解。张剑和杨永旭分别于同年6月14日和7月9日到公安机关投案自首。

防城港市中级人民法院认为,被告人曹显深、杨永旭、张剑故意伤害他人身体,致人死亡,其行为已构成故意伤害罪,均应对各自行为造成被害人卢德福死亡的结果承担刑事责任。案件的发生系曹显深主动寻仇所致,被害人并无过错。但鉴于本案事出有因,在量刑时酌情予以考虑。在共同犯罪中,曹显深纠集同伙,指认被害人,是犯意提出者和组织指挥者;杨永旭提供作案工具,持砍刀砍击卢德福的背部和腿部;张剑持砍刀砍击卢德福的右腿,作案后藏匿处理作案工具,三人均起主要作用,系主犯。曹显深、杨永旭、张剑自动投案并如实供述自己的罪行,是自首。曹显深投案自首后,请求其兄曹显林协助动员同案犯张剑和杨永旭投案,仅是一种协助抓捕的意思表示,不属具体协助公安机关抓获同案犯的行为,不应认定为立功,但该行为反映出其将功赎罪的主观意愿,在量刑上可酌情从轻处罚。曹显深积极赔偿被害人家属经济损失并取得谅解,依法可以酌情从轻处罚。根据各被告人的犯罪事实、性质、情节和对于社会的危害程度,决定对曹显深、杨永旭、张剑从轻处罚。据此,依照《中华人民共和国刑法》第二百三十四条第二款、第二十五条第一款、第二十六条第一款和第四款、第六十七条第一款和第三款,《中华人民共和国民法通则》第一百一十九条、第一百三十条和《最高人民法院关于适用〈中华人民共和国刑事诉讼法〉的解释》第一百三十八条、第一百五十五条第一款、第二款之规定,判决如下:

1. 被告人曹显深犯故意伤害罪,判处有期徒刑十五年,剥夺政治权利四年。

2. 被告人杨永旭犯故意伤害罪,判处有期徒刑十五年,剥夺政治权利四年。

3. 被告人张剑犯故意伤害罪,判处有期徒刑十三年,剥夺政治权利三年。

宣判后,三被告人提出上诉,均认为被害人存在过错。曹显深还提出其投案后委托其兄动员在逃同案犯杨永旭、张剑投案自首系立功表现的上诉意见。

广西壮族自治区高级人民法院经审理后认为,上诉人曹显深纠集上诉人杨永旭、张剑等人持械对被害人卢德福追砍殴打,致其死亡,各上诉人的行为已构成故意伤害罪,均应依法惩处。曹显深组织他人伺机报复,在共同犯罪中罪责最为严重;杨永旭为帮曹显深出气,准备犯罪工具、持砍刀暴力砍击卢德福,其行为与卢德福的死亡具有直接因果关系,系致死卢德福的直接凶手;张剑接受曹显深的指派,持砍刀严重伤害卢德福,案发后又藏匿作案凶器,其行为与被害人死亡亦有一定的因果关系;上述三人均系主犯。上诉人曹显深、杨永旭、张剑作案后能自首,依法可以从轻或减轻处罚。虽然卢德福两次殴打曹显深,是本案的诱因,但被害人卢德福在本案案发时,不存在刑法上的过错,仅属事出有因。曹显深归案后确有委托其兄曹显林动员上诉人杨永旭、张剑投案自首的行为,对张、杨二人先后到公安机关自首起了一定的作用。该行为表明曹显深有悔罪表现,但曹显深并不知道杨永旭、张剑的藏匿地点等具体信息,而是其兄曹显林及杨永旭、张剑的亲属代为找到此二上诉人并动员他们投案的,故不属刑法上的立功行为。因此,曹显深亲属曹显林代为动员同案犯归案的行为,不能视为曹显深的立功表现。故曹显深不具有立功表现,原判对该行为不认定为立功,但酌情从轻处罚正确,对其判处有期徒刑十五年,已充分体现从宽。杨永旭直接致死卢德福,张剑严重伤害卢德福,原判虽未查明直接致死者,但对二人分别判处有期徒刑十五年、十三年,罪罚相当,应予维持。根据《中华人民共和国刑法》第二百三十四条第二款、第二十六条第一款和第四款、第二十七条、第六十七条第一款、第五十五条第一款、第五十六条第一款和《中华人民共和国刑事诉讼法》第二百二十五条第一款第一项、第二百三十三条之规定,判决维持原审对曹显深、杨永旭、张剑的定罪量刑。

二、主要问题

被告人投案以后,委托亲属动员在逃的同案犯投案自首,该行为能否认定为立功?

三、裁判理由

本案中,被告人曹显深犯罪以后逃到越南,其兄曹显林找到其并讲明“跑得了一时,逃不了一世”,曹显深遂到公安机关投案自首。之后,曹显深让曹显林去找杨永旭、张剑回来投案。经曹显林寻找,张、杨二人的亲属协助寻找并动员,张、杨二人先后投案。据此,曹显深是否属于《最高人民法院关于处理自首和立功具体应用法律若干问题的解释》(以下简称《解释》)第五条中的“协助司法机关抓捕其他犯罪嫌疑人”的情形,从而认定为立功呢?有以下两种不同的意见:

第一种意见认为,《最高人民法院关于处理自首和立功若干具体问题的意见》(以下简称《意见》)对《解释》第五条规定的“协助司法机关抓捕其他犯罪嫌疑人”提供了具体认定的标准，并列举了四种主要情形。虽然本案中曹显深委托亲属动员同案犯前来投案不属于这四种具体情形，但是《意见》对“协助”的情形是列举式的，并不排除其他情形，且在第四种情形“提供司法机关尚未掌握的其他案件犯罪嫌疑人的联络方式、藏匿地址的”之后，写有“等等”二字。该“等”无疑是“等外等”之意。这表明协助的具体方式包括但不限于上述四种，只要确实起到了协助作用就应当认定为立功。那么，在具体认定的时候，可以“举轻以明重”，即协助的情形比《意见》明确的四种主要协助情形所起作用要大的，就应当认定为“协助司法机关抓捕其他犯罪嫌疑人”，从而认定为立功。本案中，杨永旭、张剑二人作案后跑到山上藏匿，司法机关一时半会难以抓获二人。曹显深因为本人已投案，无法直接动员杨、张二人投案自首，故委托其兄代为寻找。其兄前往寻找，并成功动员了二名在逃同案犯前来投案，确实节省了司法资源，相比“带领侦查人员抓获其他犯罪嫌疑人（包括同案犯）的”和“提供司法机关尚未掌握的其他案件犯罪嫌疑人的联络方式、藏匿地址的”这两种协助情形，对案件的侦破工作所起作用更大，应当鼓励这种行为。因此，可以认定曹显深具有立功表现。

第二种意见则认为，本案中杨永旭、张剑系在曹显深亲属曹显林的动员、规劝下投案，不能认定为曹显深本人立功。

我们同意第二种意见，理由如下：

（一）立功的主体原则上应限定为犯罪嫌疑人、被告人本人

无论是刑法还是《解释》《意见》，所规定的立功的主体都是“犯罪分子”。如果是在侦查、审查起诉阶段检举、揭发他人犯罪行为的，立功的主体就是犯罪嫌疑人；如果是在审判阶段提供重要线索从而得以侦破其他案件的，立功的主体就是被告人。因此，刑法上的立功的主体，原则上应限定为犯罪嫌疑人、被告人本人。这就是学理上讲的立功具有“亲为性”的特征。犯罪分子的亲属“协助立功”的，不符合立功的主体要件，因此，不能认定为犯罪分子具有立功表现。

（二）对《意见》所列举的“协助抓捕其他犯罪嫌疑人”的理解与适用，应当采取缩小解释

《意见》虽然在列举了四种常见“协助抓捕其他犯罪嫌疑人”的情形后，

加上了“等等”二字,但对“等等”应当进行严格的限制解释,不能认为凡是对侦破案件起到一定的协助作用,节约了一定的司法资源就一律认定为立功。在具体情形的认定上,应当坚持两点:一看是否按照司法机关的安排而配合作出相应行为;二看将重要信息提供的对象是否是司法机关。前者的要点是,提供的协助行为是依照司法机关的安排所为,表明其有配合司法机关侦破案件的意愿和行为,如《意见》列举的第一、第二种协助方式,即“按照司法机关的安排,以打电话、发信息等方式将其他犯罪嫌疑人(包括同案犯)约至指定地点的”和“按照司法机关的安排,当场指认、辨认其他犯罪嫌疑人(包括同案犯)的”,无不强调是按照司法机关的安排而为。后者的要点是将重要信息向司法机关提供,如《意见》列举的第三、第四种协助方式,即“带领侦查人员抓获其他犯罪嫌疑人(包括同案犯)的”和“提供司法机关尚未掌握的其他案件犯罪嫌疑人的联络方式、藏匿地址的”,均要求是将重要信息向司法机关提供,之后由司法机关前往抓获。这体现出对立功持谨慎认定的态度,一方面,立法不鼓励“私力缉凶”这一冒险方式,以免发生新的悲剧;另一方面,也是为了防止饱受诟病的“串通买功”现象发生,人为制造不公正的量刑。

本案中,被告人曹显深规劝同案犯投案,既非是在司法机关的安排下进行,也非是将杨永旭、张剑二人的藏匿信息告知司法机关,由司法机关前往抓获。曹显深是将该想法告诉其兄长曹显林,由曹显林与张剑、杨永旭的亲属共同寻找、动员,之后,张剑、杨永旭才先后投案的。曹显深供述,其不知道杨永旭在哪里,仅猜测张剑躲在附近的山上。张剑则供述,曹显林与其父亲张某某一起找到其后,共同做其思想工作,之后才自动投案的。杨永旭亦供述,其哥哥杨某某找到其后,动员其去自首。之后,其哥哥拨打曹显林先前留下的纸条上的电话号码,由曹显林陪同投案。曹显林则对上述动员经过进行了证实。可见,曹显深并不能提供杨永旭、张剑的详细、具体、准确的藏匿地址,其仅仅是有规劝杨、张二人投案的意愿。杨永旭、张剑的投案,系曹显林与杨、张的亲属共同寻找、动员的结果,并非曹显深直接动员所致,不能认定为曹显深具有立功表现。

试想,假若将本案中曹显深的协助动员同案犯投案的意思表示认定为立功表现,则曹显深、杨永旭、张剑三人均有自首情节,曹显深还另有立功表现,且是重大立功表现,三人均可从轻甚至减轻处罚。但如果曹显深将杨永旭、张剑的准确藏匿地址提供给司法机关,由司法机关抓获杨、张,则杨、张二人不可能成立自首,仅有曹显深一人能得到减轻处罚。因此,不宜对曹显深提供信息的对象不加区分,认为只要是起到了一定的协助抓捕作用,就一律认定为立功。否则,将导致量刑失衡,也不符合宽严相济刑事政策的要求。

（三）曹显深的行为虽不认定立功,但可作为悔罪表现,酌情从轻处罚

如前所述,被告人曹显深的行为虽然不构成立功,但考虑到曹显深在投案以后,人身自由受限,确实不能亲自前往动员同案犯投案,其委托亲属代为动员的行为,表明了其将功赎罪的意愿,应认定为具有悔罪表现,可以酌情从轻处罚。

综上,一审法院不认定曹显深委托亲属代为动员在逃同案犯投案的行为为立功是准确的,同时考虑到曹显深有自首情节,本案事出有因,案发后又积极赔偿了被害人亲属经济损失并取得谅解,对其从轻处罚,以故意伤害罪判处有期徒刑十五年,剥夺政治权利四年是适当的。

（撰稿:广西壮族自治区高级人民法院　唐玉迪
审编:最高人民法院刑四庭　陆建红）

[第 1171 号]

庞易浑等故意伤害案

——附带民事诉讼原告人因部分被告人赔偿而对其撤诉后，其余被告人尚应承担赔偿责任的，应如何处理

一、基本案情

被告人庞易浑，男，1993 年 1 月 29 日出生。2010 年 10 月 26 日因犯盗窃罪被判处有期徒刑一年，并处罚金人民币一千元，2011 年 1 月 29 日刑满释放。2012 年 11 月 24 日因涉嫌犯故意伤害罪被逮捕。

被告人庞盛文，男，1988 年 12 月 3 日出生。2006 年 2 月 7 日因犯抢劫罪被判处有期徒刑九个月，并处罚金人民币一千元，2006 年 4 月 19 日刑满释放；2007 年 5 月 25 日又因犯抢劫罪被判处有期徒刑四年，并处罚金人民币四千元，2010 年 6 月 2 日刑满释放。2012 年 11 月 24 日因涉嫌犯故意伤害罪被逮捕。

被告人李奉君，男，1994 年 1 月 29 日出生。2012 年 6 月 20 日因犯抢劫罪被判处有期徒刑三年，并处罚金人民币五千元，2012 年 9 月 24 日因病暂予监外执行。2012 年 11 月 24 日因涉嫌犯故意伤害罪被逮捕。

同案人暨附带民事诉讼被告人许某某（系未成年人，分案审理）。

附带民事诉讼原告人陈秀英，女，1932 年 1 月 21 日出生，系被害人郑中看之母。

附带民事诉讼原告人暨被害人杨宜杰，男，1987 年 8 月 7 日出生。

广东省湛江市人民检察院以被告人庞易浑、庞盛文、李奉君犯故意伤害罪，向湛江市中级人民法院提起公诉。因许某某系未成年人，由湛江市赤坎区人民检察院以许某某犯故意伤害罪，分案向赤坎区人民法院提起公诉。

湛江市中级人民法院经审理查明:2012年11月6日16时许,被害人郑中看与杨宜杰到湛江市赤坎区军民堤水闸买鱼时与被告人庞盛文发生争执打斗,后被旁人劝开。随后庞盛文离开水闸并打电话给其胞弟庞易浑告知其被打伤之事,让庞易浑帮忙报复对方。庞易浑随即驾驶一辆摩托车搭载被告人李奉君和许某某与庞盛文会合,一起商量报复之事。在商量过程中,庞盛文发现郑中看正好驾驶电动车搭载杨宜杰经过,庞易浑即提议殴打报复郑、杨两人,其他三人均表示同意。随后,由李奉君驾车搭载庞盛文、庞易浑、许某某追赶郑中看和杨宜杰,后将郑、杨二人拦停。接着庞易浑持向许某某要来的一把弹簧刀先后刺了杨宜杰肩背部一刀,腰腹部两刀;追赶并刺中郑中看胸腹部两刀。庞盛文则殴打郑中看一拳,并持李奉君给的另一把弹簧刀追赶杨宜杰,但没追上。许某某徒手追上杨宜杰并踢其腰部一脚。然后三人搭乘李奉君驾驶的摩托车逃离现场。经鉴定,郑中看系被他人用单刃锐器刺伤左胸部致心脏破裂死亡;杨宜杰的损伤程度为重伤,伤残等级为九级。

案件审理过程中,经法院主持调解,附带民事诉讼原告人陈秀英与被告人李奉君及其亲属达成调解协议,被告人李奉君的亲属自愿代李奉君赔偿陈秀英经济损失人民币35 000元,已当场履行完毕。陈秀英向法院提出申请撤回对李奉君的附带民事诉讼的起诉,并表示愿意对李奉君予以谅解。此外,李奉君亲属还自愿代李奉君赔偿杨宜杰经济损失人民币5000元。

同案人许某某及其亲属与杨宜杰达成谅解协议,同案人许某某的亲属一次性赔偿杨宜杰经济损失人民币45 000元,已当场履行完毕。杨宜杰向法院提出申请撤回对许某某及其父母的附带民事诉讼的起诉,并表示愿意对许某某予以谅解。

湛江市中级人民法院认为,被告人庞易浑、庞盛文、李奉君结伙故意伤害他人身体,致一人死亡,一人重伤,其行为均已构成故意伤害罪。在共同故意伤害犯罪中,被告人庞易浑纠集被告人李奉君及同案人许某某,提起犯意,并直接实施持刀捅刺两名被害人的行为,起最主要作用,是主犯;被告人庞盛文纠集被告人庞易浑,并积极实施追打两名被害人的行为,亦起主要作用,亦是主犯之一,对该两名被告人应根据其各自所参与的全部犯罪处罚。

被告人李奉君在共同故意伤害犯罪中起次要作用，是从犯，且其亲属积极代为赔偿被害方经济损失，并取得被害人郑中看亲属的谅解，依法可减轻处罚。被告人庞易浑有前科，具有酌定从重情节；被告人庞盛文、庞易浑是累犯，依法应从重处罚；被告人李奉君是在犯抢劫罪因病暂予监外执行期间重新犯罪，应对其实行数罪并罚。被告人庞易浑、庞盛文、李奉君及同案人许某某因共同故意伤害行为造成附带民事诉讼原告人陈秀英、杨宜杰经济损失，应依法承担相应赔偿责任。根据各被告人犯罪的事实，犯罪的性质、情节及对社会的危害程度，并结合部分被告人、同案人赔偿，部分原告人撤回对部分被告人附带民事诉讼的情况，依法作出如下判决：

1. 被告人庞易浑犯故意伤害罪，判处死刑，缓期二年执行，剥夺政治权利终身。

2. 被告人庞盛文犯故意伤害罪，判处有期徒刑十五年，剥夺政治权利五年。

3. 被告人李奉君犯故意伤害罪，判处有期徒刑五年；犯抢劫罪余刑二年三个月零二十四天，并处罚金人民币5000元；数罪并罚，决定执行有期徒刑六年，并处罚金人民币5000元。

4. 被告人庞易浑、庞盛文与同案人许某某共同赔偿附带民事诉讼原告人陈秀英经济损失人民币655 131.05元的90%，即589 617.95元，其中被告人庞易浑承担赔偿总额655 131.05元的50%，即327 565.53元，被告人庞盛文承担赔偿总额655 131.05元的30%，即196 539.32元，被告人庞易浑、庞盛文与同案人许某某对589 617.95元（扣除被告人李奉君应承担的10%，即65 513.11元）互负连带赔偿责任。

5. 被告人庞易浑、庞盛文、李奉君与同案人许某某共同赔偿附带民事诉讼原告人杨宜杰经济损失人民币107 810.03元，其中被告人庞易浑承担赔偿总额107 810.03元的50%，即53 905.02元，被告人庞盛文承担赔偿总额107 810.03元的30%，即32 343.01元，被告人李奉君承担赔偿总额107 810.03元的10%，即10 781元，同案人许某某亦承担赔偿总额107 810.03元的10%，即10 781元，四人互负连带赔偿责任；因同案人许某某已赔偿45 000元，被告人李奉君已赔偿5000元，且原告人杨宜杰放弃对许某某附带民事部分的追诉,故被告人庞易浑、庞盛文、李奉君尚应赔偿 57 810.03 元给原告人杨宜杰;各人赔偿超出自己应承担份额的,可向其他被告人追偿。

6. 驳回附带民事诉讼原告人陈秀英、杨宜杰其他诉讼请求。

一审宣判后,在法定期限内没有上诉、抗诉,湛江市中级人民法院就判决判处被告人庞易浑死刑,缓刑二年执行的部分依法报请广东省高级人民法院核准。广东省高级人民法院经复核查明的事实与原审一致,并裁定核准湛江市中级人民法院以故意伤害罪判处被告人庞易浑死刑,缓期二年执行,剥夺政治权利终身的刑事判决。

二、主要问题

在共同犯罪案件的附带民事诉讼审理中,部分被告人赔偿并与附带民事诉讼原告人达成调解协议,当该部分被告人赔偿数额与其应承担份额不符时,该如何认定其他被告人应承担的具体赔偿数额?

三、裁判理由

本案在附带民事诉讼案件审理过程中,被告人李奉君、许某某分别与附带民事诉讼原告人陈秀英、杨宜杰达成调解协议,且当场履行完毕,陈秀英申请法院对与之达成调解协议的李奉君撤回要求赔偿经济损失的起诉,杨宜杰申请法院对与之达成调解协议的许某某撤回要求赔偿经济损失的起诉。尽管同为达成调解协议,原告人申请撤诉,但本案中,根据过错责任大小等所决定的应当赔偿的份额,李奉君实际支付给陈秀英的赔偿款达不到其应当承担的赔偿份额,而许某某支付给杨宜杰的赔偿款则已超出其应当承担的赔偿份额。李奉君亲属自愿代李奉君赔偿杨宜杰部分经济损失,但未能达成调解协议。在这种情况下,对同案其他被告人应承担赔偿额的计算方法是否一样,如何裁判,在审理中存在以下两种不同意见:

第一种意见认为,根据意思自治原则,只要和附带民事诉讼原告人达成调解协议,附带民事诉讼原告人放弃对其诉讼请求,则不论被告人赔偿是否超出其应承担的份额,均应视为被告人自愿所赔,计算其他被告人应承担赔偿额,一律按赔偿总额扣减该被告人赔偿所占份额。

第二种意见，即原审法院认为，由于各被告人与附带民事诉讼原告人达成调解协议的实际赔偿数额各不相同，从而对同案其他被告人赔偿额所适用的计算方法亦相应不同，不能一概而论。即就陈秀英而言，其所实际获得的赔偿数额，因其放弃对李奉君的诉讼请求，应小于应当获得的赔偿数额。就杨宜杰而言，其虽然放弃了对许某某的诉讼请求，但因许某某已经承担了超过其应当承担的份额，故杨宜杰所实际获得赔偿的总数额，仍然等于其应当获得的赔偿总数额。

我们同意第二种意见。

本案所涉及的法律问题是《中华人民共和国侵权责任法》（以下简称《侵权责任法》）中的连带责任问题。这里的连带责任，是指受害人（被侵权人）有权向共同侵权人或共同危险行为人等责任主体中的部分或全部请求赔偿损失，而责任主体中的任何一员均有对外向被侵权人承担赔偿全部损失的责任和义务；若部分责任人向被侵权人承担了全部赔偿责任，则其他责任人对被侵权人应负的赔偿责任相应予以免除。《侵权责任法》第八条、第十四条第一款和《最高人民法院关于审理人身损害赔偿案件适用法律若干问题的解释》（以下简称《侵权解释》）第五条规定，二人以上共同侵权致人损害的，应当承担连带责任；而各连带责任人赔偿的数额则是根据各自责任大小按份划分确定的；如赔偿权利人在诉讼中放弃对部分共同侵权人的诉讼请求的，其他共同侵权人对被放弃诉讼请求的侵权人应当承担的赔偿份额不承担连带责任。

就本案而言，被告人庞易浑、庞盛文、李奉君伙同同案人许某某共同故意伤害他人，致郑中看死亡、杨宜杰重伤达九级伤残。郑中看之母陈秀英、杨宜杰均提起附带民事诉讼，要求三被告人及同案人许某某承担共同侵权赔偿责任。经审理查明，三被告人及同案人许某某应共同赔偿陈秀英经济损失655 131.05元，赔偿杨宜杰经济损失107 810.03元，并互负连带赔偿责任。同时，根据各被告人及同案人在共同犯罪中的地位、作用，庞易浑、庞盛文、李奉君、许某某均应分别承担死、伤者赔偿总额的50%、30%、10%、10%的赔偿责任。在部分被告人、同案人赔偿，部分原告人撤回对部分被告人附带民事诉讼起诉的情况下，各被告人对陈秀英、杨宜杰的赔偿数额及连带责

任的承担,应区分以下三种情形:

(一)被告人李奉君与附带民事诉讼原告人陈秀英达成调解协议,在李奉君的实际赔偿额不足其应承担的赔偿份额的情形下,其他被告人赔偿数额和连带责任的范围确定

根据法律规定,李奉君应按份赔偿给陈秀英65 513.11元,并应对赔偿总额655 131.05元负连带赔偿责任。但在案件审理过程中,李奉君及其亲属与附带民事诉讼原告人陈秀英达成调解协议,赔偿陈秀英经济损失35 000元,陈秀英向法院申请撤回对李奉君附带民事诉讼的起诉。李奉君及其亲属赔偿之数额虽然不足李奉君按份应承担的数额,但鉴于陈秀英已对其表示谅解,并向法院申请撤诉,根据意思自治的原则及《侵权解释》第五条的规定,该情形可视为陈秀英在诉讼中放弃对李奉君的诉讼请求,则庞易浑、庞盛文、许某某可对李奉君应当承担的10%的赔偿份额不再承担连带责任,只需共同赔偿陈秀英经济损失655 131.05元的90%,即589 617.95元,并互负连带赔偿责任即可。

同样,由于陈秀英放弃对李奉君的诉讼请求,在执行程序中,如果其他被告人无能力赔偿自己应承担的赔偿份额,则侵权人李奉君也不再对其他被告人应承担的赔偿份额承担赔偿责任。

(二)被告人许某某与附带民事诉讼原告人杨宜杰达成调解协议,在许某某的实际赔偿额超出其应承担的赔偿份额的情形下,其他被告人赔偿数额和连带责任的范围确定

我们认为,如果某个被告人与原告人达成调解协议,且该被告人实际赔偿数额已超出其应承担的赔偿总额中的份额的,根据该被告人对超出其应承担份额的部分的不同意思表示,对其他被告人的赔偿数额确定亦应有两种不同处理结果:

1. 该被告人没有明确放弃对超出其本人应承担份额的追偿权的,对其赔偿超出其应承担份额的部分,可视为代其他被告人赔偿,其支付赔偿款后有权就超出本人应担份额的部分向其他被告人追偿;其他被告人则应就扣除该被告人已赔偿部分后的赔偿余额承担赔偿责任,并互负连带责任。

《侵权责任法》第十四条第二款明确规定:“支付超出自己赔偿数额的连

带责任人,有权向其他连带责任人追偿。”这里虽然未明确是否包括部分连带责任人在调解中支付超出其本人应赔偿份额的情形,但我们认为,该规定同样适用于本文所述情形。理由如下:首先,民事侵权赔偿的主要目的是恢复原状,弥补被害人的损失,即权利人实际损失多少,侵权人就赔偿多少,理论上称之为“填平原则”,附带民事赔偿亦遵循该原则,民事赔偿权利人不能因为损害赔偿而获利。其次,由于被告人赔偿被害人物质损失的情况直接影响到被告人悔罪表现的认定,法院在量刑时需结合赔偿情况予以考虑,故部分被告人的亲属往往争取在一审判决前与被害方达成调解协议,希望法院在对被告人量刑时能够予以从轻处罚。而此时由于判决未下,民事赔偿总额以及各被告人应承担的赔偿份额均未明确,部分被告人及其亲属对被告人应承担的赔偿权利义务也不一定了解,但为了能够与被害方达成调解协议,可能实际赔偿的数额超出被告人自己应承担的份额。这种情况不能一概视为被告人自由处分了自己的权益,仍应保障该部分被告人对赔偿超出其本人应承担份额的部分享有对其他被告人的追偿权,至于该部分被告人是否行使该追偿权,则属于其自由处分的权利。最后,保障该部分被告人的追偿权,亦是为了防止其他被告人逃避其应承担的民事赔偿责任。

本案中,同案人暨附带民事诉讼被告人许某某应按份赔偿给杨宜杰10 781元,并应对赔偿总额107 810.03元负连带赔偿责任。在案件审理过程中,许某某亲属自愿代许某某赔偿给杨宜杰经济损失人民币45 000元,杨宜杰放弃对许某某的附带民事部分的追诉,双方达成调解协议。此时,许某某所赔偿的数额已超出其本人应承担的赔偿份额,对其他被告人的民事赔偿额的处理就应适用上述方法。即许某某虽然赔偿超出其本人承担的份额,但因其并没有明确放弃追偿权,可视为许某某代庞易浑、庞盛文、李奉君所赔,许某某可就超出其本人承担份额部分的赔偿款向庞易浑、庞盛文、李奉君追偿,庞易浑、庞盛文、李奉君应就给杨宜杰造成的损失总额减去许某某已赔偿额的剩余部分承担共同赔偿责任,并互负连带赔偿责任。

2. 被告人如明确放弃对超出其本人应承担份额赔偿款的追偿权,则对其他被告人赔偿数额的计算与本文(一)相同,即其他被告人对该被告人应当承担的赔偿份额不再承担连带责任,只需共同赔偿给附带民事诉讼原告人赔偿总额扣除该被告人已赔偿额的剩余部分，并互负连带赔偿责任即可。

（三）被告人李奉君对附带民事诉讼原告人杨宜杰赔偿其本人应承担份额的一部分后，没有取得杨宜杰谅解而放弃对其追诉的，李奉君及其他被告人赔偿数额和连带责任范围的确定

本案中，李奉君亲属自愿代李奉君赔偿杨宜杰经济损失人民币5000元，但未能与杨宜杰达成调解协议，在这种情况下，其应与其他被告人继续共同赔偿剩余部分，并对该剩余部分互负连带赔偿责任。即先以赔偿总额107 810.03元减去许某某赔偿的45 000元，再减去李奉君所赔5000元，得57 810.03元，即为被告人李奉君与庞易浑、庞盛文应共同赔偿给杨宜杰的经济损失，且三被告人对该57 810.03元互负连带赔偿责任。综上，一审裁判适当。

（撰稿：广东省湛江市中级人民法院　李非白　武丹莉
审编：最高人民法院刑四庭　陆建红）

[第 1172 号]

郑师武非法拘禁案

——吸毒致幻挟持他人，不具有真实的绑架犯罪目的，不应认定构成绑架罪

一、基本案情

被告人郑师武，男，1988 年 8 月 5 日出生，汉族，2011 年 12 月 29 日因犯贩卖毒品罪被广东省广州市白云区人民法院判处有期徒刑二年，2013 年 3 月 20 日刑满释放。因本案于 2014 年 6 月 12 日被逮捕。

广州市越秀区人民检察院以被告人郑师武犯绑架罪，向越秀区人民法院提起公诉。

被告人郑师武辩称：其因吸食大量冰毒产生幻觉，进而导致后续行为。其实施涉案行为时，意识混乱。其辩护人的主要辩护意见是：郑师武因吸毒过量而产生幻觉，导致发生本案，其在作案时的意识与正常人的认识不同。郑师武并未向被害人提出任何非法要求，故其行为只构成非法拘禁罪，不构成绑架罪。

越秀区人民法院经审理查明：2014 年 6 月 1 日 17 时许，被告人郑师武吸食甲基苯丙胺（冰毒）后，出现被警察追捕的幻觉，便闯入广州市越秀区瑶池大街 20 巷 7 号首层 10 号白氏化妆品有限公司的仓库，手持一把西瓜刀劫持了仓库管理员被害人李文珍，将仓库卷闸门锁上，企图“躲避警察追捕”，并恐吓李文珍不要报警。群众发现上述情况后，将李文珍被劫持的消息通知该公司负责人白霜。白霜到场后询问郑师武有无需求。郑师武提出让白霜开车护送其与李文珍到广州市海珠区的要求，遭到了白霜的拒绝。当日 22 时，民警接到白霜报警后到达现场与郑师武谈判，一直用刀劫持、殴打李

文珍的郑师武与民警陷入对峙。次日1时30分许,白霜寻机将卷闸门打开,民警立即冲入仓库将郑师武制服并抓获归案,缴获其西瓜刀,解救出李文珍。在上述过程中,郑师武造成李文珍背部、左中指、右肘部受伤,经鉴定属轻微伤。案发后经法医鉴定,郑师武案发时患"精神活性物质(甲基苯丙胺)所致精神障碍"。

越秀区人民法院认为,被告人郑师武非法拘禁他人,非法剥夺他人人身自由,其行为构成非法拘禁罪。公诉机关指控郑师武犯罪的事实清楚,证据确实、充分,法院予以支持。指控郑师武构成绑架罪不当,法院予以纠正。郑师武因吸毒患"精神活性物质(甲基苯丙胺)所致精神障碍",作案时无辨认能力并产生幻觉,其持刀挟持李文珍的绑架犯罪目的不具有客观真实性,故郑师武的行为不构成绑架罪,依法只构成非法拘禁罪。辩护人所提的郑师武只构成非法拘禁罪的辩护意见成立,法院予以采纳。郑师武非法拘禁他人,依法应当对其适用"三年以下有期徒刑、拘役、管制或者剥夺政治权利"的量刑幅度予以处罚。郑师武曾因故意犯罪被判处有期徒刑,刑罚执行完毕后五年内再犯罪,是累犯,依法应当从重处罚。郑师武在非法拘禁被害人李文珍过程中,殴打李文珍,依法应予从重处罚。综合考虑郑师武作案的具体事实、性质、情节、对社会的危害程度及认罪态度等因素,根据前述法定刑幅度、法定的量刑情节,依照《中华人民共和国刑法》第二百三十八条第一款、第六十五条第一款之规定,判决如下:

被告人郑师武犯非法拘禁罪,判处有期徒刑二年六个月。

一审宣判后,被告人郑师武没有提出上诉,检察院亦未抗诉,判决已发生法律效力。

二、主要问题

行为人吸毒致幻,产生精神障碍,在幻觉下挟持他人意图逃避"警察抓捕",是否可以认定其"绑架他人作为人质",从而构成绑架罪?

三、裁判理由

在本案中,被告人郑师武因吸毒患"精神活性物质(甲基苯丙胺)所致精神障碍”,在作案时郑师武并无辨认能力,且产生了与现实情况不相符的“被警察追捕”的幻觉。郑师武在幻觉的影响下,为“躲避警察追捕”而进入案发地仓库、持刀挟持李文珍,并试图向他人“索车逃离现场”。对于郑师武吸毒致幻后实施的上述行为如何处理,在司法实践中存在三种不同观点:

第一种观点认为,被告人郑师武作案时因吸毒患“精神活性物质所致精神障碍”,其所实施的行为完全系幻觉所致,郑师武并无辨认能力,不应承担刑事责任。第二种观点认为,郑师武在客观上已经实施了挟持他人作为人质的绑架行为,理应构成绑架罪,吸毒致幻并不影响对该罪的认定。第三种观点认为,郑师武因吸毒致幻实施的挟持他人的行为,并不具有实施绑架犯罪的真实目的,不构成绑架罪而构成非法拘禁罪。上述的“绑架犯罪目的”并不具有客观真实性,故不能认定郑师武绑架他人作为人质是出于某种“绑架犯罪的目的”,其行为不构成绑架罪,依法应认定为非法拘禁罪。

我们同意第三种观点,理由如下:

(一)吸毒致幻实施犯罪的行为人应承担刑事责任

被告人郑师武在作案时处于丧失实质性辨认及控制能力的精神病性障碍状态,按照我国刑法规定的主客观相统一原则,责任能力必须存在于行为之时,不能追究行为人在无责任能力状态下所实施行为的刑事责任,那么追究被告人刑事责任的依据何在?此处需要引入刑法上的“原因自由行为”理论。原因自由行为,是指具有责任能力的行为人,故意或者过失使自己一时陷入丧失或者尚未完全丧失责任能力的状态,并在该状态下实施了符合犯罪构成要件的行为。该理论认为,如果是故意或者过失使自己处于无责任能力或限定责任能力状态,则行为人应承担刑事责任,且不能适用从轻或者减轻处罚的规定。其依据在于,“行为人在实施与结果的发生具有因果关系的行为时具有责任能力,而且具有故意或者过失,就具有非难可能性”。[①]

我国刑法虽然没有规定原因自由行为,但刑法第十八条第四款规定“醉酒的人犯罪,应当负刑事责任”,可视为肯定原因自由行为理论的类似规定。司法部《精神障碍者刑事责任能力评定指南》第4.2.5条规定:“对毒品所致

① 参见张明楷:《刑法学》(第4版),法律出版社2011年版,第287页。

精神障碍者,如为非自愿摄入者按4.1条款评定其刑事责任能力;对自愿摄入者,暂不宜评定其刑事责任能力,可进行医学诊断并说明其案发时精神状态。”这也反映出从刑事责任能力评定角度讲,我国司法实务界是承认原因自由行为理论的,并没有将吸毒致幻者视为无刑事责任能力或限制刑事责任能力的病理性精神病人。

根据原因自由行为理论,对于自愿吸毒者,其有正常的辨认能力和控制能力,明知吸食毒品可以导致自身出现精神活动的变化,在吸食前本可以自由决定自己是否陷入丧失或不完全丧失辨认、控制能力状态,而仍然放纵自己的吸毒行为,其理应对吸毒后实施的犯罪行为承担刑事责任。被告人郑师武在犯罪时,由于吸毒导致精神障碍,作案时无辨认能力,但由于其出于自由选择吸食毒品,其吸毒时知道或应该知道可能会有其他不良后果发生,故其吸毒后产生的精神障碍状态不能阻却罪责,其应对自己随后实施的犯罪行为负刑事责任。前述第一种不应承担刑事责任观点的理由不成立。

（二）依据主客观相一致的原则,被告人郑师武的行为不构成绑架罪

根据刑法第二百三十九条第一款的规定,绑架罪是指行为人以勒索财物或者满足其他不法要求为目的,使用暴力、胁迫或者其他方法,挟持或拘禁他人的行为。该罪的犯罪主体是一般主体,客体是他人的人身权利;主观方面是行为人主观上具有以勒索财物或者满足其他不法要求的目的而扣押他人为人质的故意;客观方面是行为人使用暴力、胁迫或者其他方法,绑架他人的行为。绑架罪要求行为人主观上不仅要有侵害他人人身安全与行动自由的犯罪故意,还需要特定的犯罪目的,即以“勒索财物”或“以人质安全为挟,谋取财物之外利益”之犯罪目的。“勒索财物”或“以人质安全为挟,谋取财物之外利益”是认定绑架罪不可或缺的构成要件要素。

从主观方面来看,被告人郑师武为了躲避警察追捕,进入案发仓库持刀挟持被害人李文珍,意图通过绑架被害人作为人质来向他人索要车辆,从而驾驶车辆逃避追捕,其主观方面形式上似乎符合绑架罪所要求的“以人质安全为挟,谋取财物之外利益”的特定犯罪目的。但根据我国刑法主客观相一致原则,构成要件要素中的每一个要素都应该是客观存在的,故“绑架他人作为人质,谋取财物之外利益”应为真实明确之目的而非虚构之目的。郑师

武因吸毒产生精神障碍,作案时产生了与现实情况不相符的幻觉,其被警察追捕的状态是不真实、非客观存在的,仅存在于其自己的幻觉中,故此引起的为了“躲避警察追捕”而进入案发仓库、持刀挟持李文珍欲“逃避追捕”并向他人“索车逃离现场”的所谓犯罪目的并不具有客观真实性,即郑师武事实上并不具备绑架李文珍作为人质以满足其不法要求的目的。故前述第二种观点仅凭郑师武在不真实的“犯罪目的”支配之下所产生的挟持他人的拘禁行为,便武断地认定郑师武具备绑架罪的主观方面构成要件的理由不充分。

(三)被告人郑师武的行为符合非法拘禁罪的构成要件

绑架罪的主观方面要件是一个复合要件,行为人既有非法拘禁他人而限制人身自由的主观故意,又有通过控制人质而企图实现勒索钱财或者其他目的的主观故意。本案中,被告人郑师武的行为虽然在客观上符合绑架罪的特征,但因其不具有绑架罪所要求的特定犯罪目的,即其犯绑架罪的主观方面构成要件不存在,因而不构成绑架罪。但是对郑师武所实施的挟持他人并将他人囚禁控制在仓库中的行为仍然能够进行刑法意义上的评价,因为该行为符合刑法第二百三十八条“非法拘禁他人或者以其他方法非法剥夺他人人身自由”的规定。郑师武非法剥夺了他人的人身自由,客观上实施了非法拘禁他人的行为,其主观上虽然是为了“躲避警察追捕”而持刀挟持人质欲“索车逃离现场”,但该主观故意中包含非法拘禁罪的故意内容,即郑师武亦具备非法剥夺他人人身自由的故意,符合非法拘禁罪的构成要件,构成非法拘禁罪。

综上,法院认定被告人郑师武的行为不构成绑架罪而构成非法拘禁罪,结合郑师武系累犯,在非法拘禁被害人的过程中有殴打被害人的行为等情节,判处其有期徒刑二年六个月是适当的。

(撰稿:广东省广州市越秀区人民法院　林旭群
中山大学法学院硕士研究生　林子淇
审编:最高人民法院刑四庭　陆建红)

[第 1173 号]

钟某抢劫案

——被告人前次犯罪跨越十八周岁且被判处有期徒刑，在刑罚执行完毕后五年内再犯应当判处有期徒刑以上刑罚之罪的，是否构成累犯

一、基本案情

被告人钟某，男，1991 年 12 月 14 日出生，农民。2012 年 1 月 19 日因涉嫌犯抢劫罪被逮捕。

江苏省吴江市人民检察院以被告人钟某犯抢劫罪，向江苏省吴江市人民法院提起公诉。

江苏省吴江市人民法院经审理查明：

2012 年 1 月 11 日 22 时许，被告人钟某至吴江经济技术开发区城南花苑×号住房门前的小巷子内，采用卡脖子、拳打脚踢等手段，劫取被害人石媛媛现金 400 余元及总价值 420 元的数码相机、MP4、挎包及钱包等财物，并致石媛媛轻微伤。案发后，公安机关追回全部赃款（物），并已发还给石媛媛。归案后，钟某如实供述了自己的犯罪事实。

另查明，被告人钟某于 2009 年 2 月至 2009 年 9 月间（作案时已满十六周岁不满十八周岁），在吴江市平望镇、横扇镇等地，先后盗窃作案 7 起，窃得财物共计 3580 元；于 2010 年 7 月 8 日（作案时已满十八周岁）在吴江市平望镇入户窃得其伯父钟某某现金 2280 元。吴江市人民法院于 2010 年 12 月 6 日以盗窃罪判处被告人钟某有期徒刑九个月，并处罚金人民币一千元，2011 年 4 月 17 日刑满释放。

江苏省吴江市人民法院认为，被告人钟某以非法占有为目的，采取暴力

手段,强行劫取他人财物,其行为已构成抢劫罪,应依法惩处。钟某归案后如实供述自己的罪行,依法可以从轻处罚。钟某赔偿了被害人石媛媛的经济损失,并获得谅解,酌情从轻处罚。据此,依照《中华人民共和国刑法》第二百六十三条、第六十七条第三款的规定,以抢劫罪判处被告人钟某有期徒刑三年三个月,并处罚金人民币三千元。

宣判后,被告人钟某未提出上诉,检察机关亦未抗诉,判决已发生法律效力。

二、主要问题

被告人前次犯罪跨越十八周岁且被判处有期徒刑,在前罪判处的刑罚执行完毕以后五年以内再犯应当判处有期徒刑以上刑罚之罪的,是否构成累犯?

三、裁判理由

2011年5月1日起施行的《中华人民共和国刑法修正案(八)》第六条对累犯的认定条件作了修改,即“被判处有期徒刑以上刑罚的犯罪分子,刑罚执行完毕或者赦免以后,在五年以内再犯应当判处有期徒刑以上刑罚之罪的,是累犯,应当从重处罚,但是过失犯罪和不满十八周岁的人犯罪的除外”。与此前规定相比,不满十八周岁的人犯罪被排除在累犯之外。本案中,被告人钟某曾因多次盗窃被判处有期徒刑,而前次犯罪时年龄跨越十八周岁,其刑满释放后,在五年内故意再犯应当判处有期徒刑以上刑罚之罪,其行为是否构成累犯?审理中,存在两种不同意见:

第一种意见认为,被告人钟某的前科盗窃犯罪已被判处有期徒刑九个月,尽管前七起盗窃均系其不满十八周岁时实施,但其在实施第八起盗窃时已满十八周岁,盗窃数额达到2280元,无论从该八起盗窃事实整体所判处的刑罚,还是就第八起盗窃事实本身应当判处的刑罚来看,均属判处有期徒刑以上刑罚的故意犯罪,符合累犯的成立条件。

第二种意见认为,被告人钟某在前罪中共实施八起盗窃行为,不满十八周岁时实施的七起盗窃行为数额总计为3580元,钟某在实施第八起盗窃行为时已满十八周岁,数额达到2280元。故无论从盗窃次数还是数额来看,钟某不满十八周岁时所实施的犯罪行为所占的比例较大,同时具有认罪悔罪、退赃等从轻处罚情节,其十八周岁后实施的盗窃犯罪不是必然判处有期徒刑。从有利于被告人的原则出发,应当认定其前罪系不满十八周岁的人犯罪,继而不能认定其构成累犯。

我们原则上同意第二种意见,同时认为,判决依据的理由及其分析可进一步细化,即对于在十八周岁前后实施数罪或持续性的犯罪行为(包括连续犯、继续犯等情形),其中,十八周岁后实施的故意犯罪不是应当判处有期徒刑以上刑罚的,不构成累犯;十八周岁后实施的故意犯罪处于可能判处有期徒刑与拘役、管制、单处罚金等刑罚的临界点的,在前罪判处的刑罚执行完毕或者赦免以后五年内,再故意犯应当判处有期徒刑以上刑罚之罪的行为人,一般不认定为累犯。具体理由如下:

从刑法第六十五条第一款所体现的立法精神来看,是否构成累犯,一般需要符合罪质(即前后罪均须为故意犯罪)、刑度(即前后罪均应判处有期徒刑以上刑罚)、时间条件(即刑罚执行完毕后五年以内)三个方面的要求。同时,为体现对未成年犯罪人的特殊保护,即使符合构成累犯所要求的罪质、刑度和时间条件,如果前罪系不满十八周岁时实施的,也不能认定为累犯。实践中争议较大的一种情形是,被告人所犯前罪跨越了十八周岁年龄段,宣告刑或数罪并罚合并决定执行的刑罚系有期徒刑,那么,被告人是否属于前罪系不满十八周岁时实施、可不以累犯论处的例外情况?

我们认为,既不能因为前罪中有十八周岁前实施的犯罪,就一概认为不构成累犯,也不能完全不考虑十八周岁前后数罪的罪质及应判处的刑罚,只根据宣告刑或合并执行的刑罚是否是有期徒刑以上刑罚,来认定是否构成累犯。应当坚持刑法第六十五条第一款体现的对未成年人犯罪尽量从宽处罚的精神,兼顾便于司法实践操作,以十八周岁后实施的犯罪的罪质及应判处的刑罚为判断的侧重点,结合十八周岁前所犯之罪合并执行的刑罚执行完毕的期限,判断是否构成累犯。

试举例说明:甲于十八周岁前实施抢劫,十八周岁后实施盗窃,其中所犯抢劫罪被判有期徒刑三年,盗窃罪被判处拘役五个月,合并决定执行有期徒刑三年二个月。如果甲在刑罚执行完毕以后五年以内又实施了新的故意犯罪被判有期徒刑,那么,鉴于甲在十八周岁后实施的盗窃罪仅判处拘役,就不能简单以前罪合并执行的刑罚系有期徒刑为依据,认定甲构成累犯。

如果前罪即十八周岁前后实施的数罪为同种数罪或连续犯,即使最终判处的刑罚不体现每起犯罪独立的宣告刑,也可以根据其数罪情节分别对应的量刑幅度,确定十八周岁后实施的犯罪是否应当判处有期徒刑以上刑罚。如果应当判处有期徒刑的,在其他条件也符合的情况下,可以认定被告人系累犯。如果综合考虑被告人十八周岁前后所实施的全部罪行而对其判处有期徒刑,但单独考虑十八周岁后实施的部分犯罪行为的性质、情节,或者被告人具有自首、立功、从犯等从轻、减轻处罚情节,处于可判处有期徒刑与拘役或者管制、单处罚金等刑罚的临界点的,那么,从存疑有利于被告人及特殊保护未成年人的原则考虑,一般不宜认定为累犯。

本案中,被告人钟某2010年7月8日(作案时已满十八周岁)在吴江市平望镇入户盗窃现金2280元(即前罪中第八起盗窃);钟某还于2009年2月至2009年9月间(作案时已满十六周岁不满十八周岁),先后盗窃作案七起,窃得财物共计3580元,法院综合考虑盗窃事实、情节,判处钟某有期徒刑九个月。本案审理时最高人民法院于2010年发布的《人民法院量刑指导意见(试行)》规定,构成盗窃罪,达到数额较大起点的,可以在三个月拘役至六个月有期徒刑幅度内确定量刑起点。就第八起盗窃犯罪而言,钟某具有全部退赃、自愿认罪、盗窃亲属财物等从轻情节,以及入户盗窃等从重情节,钟某应判处的刑罚为有期徒刑六个月以下,或者拘役六个月以下。鉴于钟某实施的多起盗窃跨越十八周岁年龄段,而十八周岁后实施的盗窃犯罪应判处的刑罚处于有期徒刑与拘役的临界点,不是必然应当判处有期徒刑,因此,法院从刑法第六十五条排除不满十八周岁的人犯罪构成累犯的规定精神出发,在审理其后犯抢劫罪时,未认定钟某构成累犯,是适当的。

(撰稿:最高人民法院刑一庭　彭　锐

江苏省苏州市吴江区人民法院　沈　丽

审编:最高人民法院刑一庭　冉　容)

[第 1174 号]

丁晓君诈骗案

——以借用为名取得信任后非法占有他人财物行为的定性

一、基本案情

公诉机关上海市长宁区人民检察院。

被告人丁晓君,男,1983 年 6 月 10 日出生。2008 年 11 月因犯盗窃罪被判处有期徒刑一年,2010 年 3 月刑满释放。2015 年 1 月 5 日因本案被逮捕。

上海市长宁区人民检察院以被告人丁晓君犯诈骗罪向长宁区人民法院提出公诉。

上海市长宁区人民法院经公开审理查明:2014 年 9 月至 11 月间,被告人丁晓君在上海市长宁区、静安区、普陀区、徐汇区等地,多次冒充帮助民警办案的工作人员,专门搭识未成年人,以发生案件需要辨认犯罪嫌疑人、需向被害人借手机拍照等为由,借得被害人侯某、李某、王某、秦某、王某某、谈某、徐某的手机等财物,在让被害人原地等候时逃离。之后,丁晓君将赃物销售,所得赃款挥霍殆尽。

上海市长宁区人民法院认为,被告人丁晓君以非法占有为目的,多次秘密窃取他人财物,数额较大,其行为已构成盗窃罪。丁晓君在刑罚执行完毕之后,五年内再犯应当判处有期徒刑以上刑罚之罪,系累犯,应当从重处罚;丁晓君到案后如实供述自己的罪行,且主动供述了公安机关尚未掌握的同种罪行,在庭审中自愿认罪,可以从轻处罚。据此,依照《中华人民共和国刑法》第二百六十四条、第六十五条第一款、第六十七条第三款、第五十三条、第六十四条之规定,以盗窃罪判处丁晓君有期徒刑一年六个月,并处罚金人民币三千元;责令被告人退赔违法所得后分别发还被害人。

一审宣判后,上海市长宁区人民检察院以原判定性错误、量刑畸重为由提出抗诉。理由是,被告人以虚构事实的方式取得被害人信任,被害人自愿交出手机等财物并在原地等候,被告人系在被害人同意下公然离开现场,没有实施趁人不备、秘密逃离的盗窃行为,故本案应认定诈骗罪;原判因定性错误导致量刑失当。

上海市人民检察院第一分院支持抗诉,认为在被害人同意被告人离开时,财物已经交付,且脱离被害人的控制,被害人已经实施了处分行为,被告人的行为应构成诈骗罪;原判定性错误但量刑并无不当,建议二审法院变更罪名、维持量刑。

上海市第一中级人民法院经审理认为,原审被告人丁晓君以非法占有为目的,多次骗取他人财物,数额较大,其行为已构成诈骗罪。丁晓君系累犯,依法应当从重处罚;到案后如实供述自己的罪行,且主动供述了公安机关尚未掌握的同种罪行,在庭审中自愿认罪,可以从轻处罚。经查,七名被害人的陈述及相关辨认笔录证实,丁晓君冒充帮助民警办案的工作人员,编造理由骗得被害人手机等财物离开案发现场时,被害人均是知晓的,并非趁被害人不备逃逸,一审判决对丁晓君的行为定性有误,应予纠正。虽二审定性发生变化,但并不导致量刑畸重,一审判决量刑仍在法定幅度之内。据此,依照《中华人民共和国刑法》第二百六十六条、第六十五条第一款、第六十七条第三款、第五十三条、第六十四条,《中华人民共和国刑事诉讼法》第二百二十五条第一款第三项之规定,改判被告人丁晓君犯诈骗罪,判处有期徒刑一年六个月,并处罚金人民币三千元。

二、主要问题

被告人以借用为名非法占有他人财物的行为,构成盗窃罪还是诈骗罪?

三、裁判理由

关于诈骗罪与盗窃罪的区分,理论界和实务界的多数观点认为,“二者的区别在于被害人是否基于认识错误而处分财产。如果不存在被害人处分财产的事实,则不可能成立诈骗罪"。[1] 我们认为,盗窃罪与诈骗罪应从行为人采取的主要手段和被害人有无处分财物等方面综合加以区分。

从犯罪手段来看,诈骗罪主要以欺诈手段骗取财物,盗窃罪通常以秘密手段窃取财物。在一般的以借用为名非法占有他人手机等侵财案件中,被害人与行为人并不存在密切的信任关系,被害人出借财物后多在旁边密切关注着手机等财物的使用状况,行为人"借用"后,多是趁被害人不备,秘密携带财物离开现场,进而实现对他人财物的非法占有。因行为人取得财物的主要手段是秘密窃取,所以才存在成立盗窃罪的空间。本案情形与此不同。被告人丁晓君冒充帮助警察办案的工作人员获得了被害人的充分信任,从被害人处骗得了手机等财物,又以去拍照、开警车等欺骗手段使被害人产生错误认识,同意丁晓君带着手机等财物离开现场,并在原地等候财物被归还。从整个过程来看,丁晓君获取被害人财物的主要方式是欺诈而非窃取,丁晓君的行为不符合盗窃罪的构成要件。

从被害人是否因认识错误而处分财物来看,诈骗罪是以欺诈手段使被害人受骗后而"自愿"处分财物,即诈骗罪是将财物交由行为人占有、支配的犯罪,盗窃罪是违反被害人意志窃取财物的犯罪。处分行为是财物支配关系的变化,作为一个法律概念,并不完全等同于日常生活中的交付动作。在借用财物的情形下,被害人将财物交给行为人时,如果被害人仍在现场监督行为人对财物的使用情况,则财物的占有、支配关系在法律上并未转移,亦即被害人并未对财物作出处分。但是,如果行为人在借得财物后,将财物带离现场,被害人不加阻止的,则应当认为财物的占有、支配关系已发生变化,被害人实际已因受骗而对财物作出错误处分。就本案而言,被害人将手机交给被告人丁晓君,只是财物的交付行为,丁晓君将手机等财物带离现场,被害人未采取有效的措施保持对财物的支配,此时才完成了财物的处分行为。本案系因被害人错误认识而导致财物的损失,符合诈骗罪的本质特征。

反对将本案认定为诈骗罪的观点认为,被害人基于受骗仅仅处分了对手机等财物的"占有",而不是其所有权,故不宜认定为诈骗罪。我们认为,

---

① 张明楷:《刑法学》(第3版),法律出版社2007年版,第739页。

此观点不够准确。对于刑法意义上的诈骗,应当从处分的对象、占有处分等方面来具体认定。

1. 诈骗罪中的处分对象

关于诈骗罪中的处分对象是占有还是所有权,理论界和实务界存在两种不同意见。多数意见认为,在诈骗罪的场合,只要被害人将财物或者财产性利益转移给行为人或者第三人占有就可以认定被害人有处分行为,即占有转移说。① 少数意见认为,只有当被害人自己将相应财物排除出自身所有权的范围并使之成为他人所有的财产时,才能认定被害人是自我损害地进行了财产处分。②

我们理解,处分的对象可以是所有权,也可以是占有。首先,占有可以成为诈骗罪中处分行为的对象。虽然在通常情况下,所有权人享有处分财物的权利,但是在特殊情况下,占有人也享有处分财物的权利。如在行为人冒充出借人的受托人从借用人处取走财物、行为人冒充失主从遗失物拾得者处冒领财物等诈骗情形中,借用人、遗失物拾得者只是临时占有财物,并不享有所有权,其处分的对象只能是占有,但是这并不影响诈骗罪的成立。其次,所有权人仅处分占有的情形下也可以成立诈骗罪的处分行为。虽然在通常情况下,所有权人因受骗而处分所有权,但是在特殊情形下,所有权人仅处分占有也可以成立诈骗罪中的处分行为。如甲基于诈骗的目的从乙处借得汽车后将汽车低价出售、丙基于诈骗目的从丁处租赁汽车后将汽车低价出售等情形中,所有权人出借、出租财产时处分的对象仅限于财物的占有权,并非所有权。即使所有权人仅处分了财物的占有,这也不影响诈骗罪的成立。最后,将占有视为处分行为对象的观点并不背离诈骗罪侵犯财物所有权的传统观点。处分是基于被害人的角度而言的,行为人完全可以通过被害人的占有处分而达成对所占有财物的所有权的整体侵害。

在本案中,被害人处分的对象仅仅是占有,并不是所有权。本案的各被

---

① [日]大谷实:《刑法讲义各论》(新版第2版),黎宏译,中国人民大学出版社2008年版,第243页。

② Vgl. Backmann, Die Abgrenzung des Betrugs von Diebstahl und Unterschlagung, 1974, S. 65 ff. 转引自王钢:《盗窃与诈骗的区分——围绕最高人民法院第27号指导案例的展开》,载《政治与法律》2015年第4期。

害人对手机等财物享有所有权,其可以向被告人转移财物的所有权,也可以向被告人仅仅转移财物的占有。在犯罪行为发生时,各被害人并未向被告人转移财物的所有权,仅仅转移了财物的占有。即便如此,被告人丁晓君的行为也已经侵犯了被害人财物所有权的完整性,侵犯了刑法所保护的法益。所以,被害人未转移财物的所有权,仅仅转移财物的占有,这并不影响诈骗罪的成立。

2. 诈骗罪中的占有处分

关于刑法意义上的占有,理论界和实务界也存有观点分歧。有观点认为,只要此物处于主体的管有之下就属于占有。[①] 也有观点认为,占有是指事实上的支配,不仅包括物理支配范围内的支配,而且也可以包括社会观念上可以推知财物支配人的状态。[②]

我们赞同第二种观点。刑法意义上的占有与民法意义上的占有不完全相同,刑法意义上的占有不但包括现实的物理管有、支配,更强调社会一般观念上的财物管有、支配。在根据社会一般观念判断占有时,应当综合考虑占有意思、时间、地点等因素综合认定。特别值得注意的是,占有弛缓并非处分占有。占有弛缓,是指占有从紧密支配状态舒缓为松散支配状态的情形,尤其是指从物理的现实支配状态舒缓为社会观念上支配状态的情形。如咖啡店店员将咖啡和杯子交给顾客后,虽然顾客在物理上直接支配杯子,但是从一般的社会观念来看,顾客在咖啡店内使用杯子喝咖啡时,咖啡店仍然占有杯子,这便是占有弛缓。在判断占有弛缓时,尤其应当注重审视被害人主观上是否还具有占有的意思。可以说,在被害人和被告人同时在场的情形下,即使被告人直接持有财物,但是从一般的社会观念判断,仍然可以认为被害人占有财物,只是属于占有弛缓的情形。此时,财物的占有、支配关系在法律上并未转移,亦即被害人并未对财物作出处分。但是,如果行为人将财物带离现场,被害人不加阻止的,则应当认为财物的占有、支配关系已发生变化。

---

① 陈朴生:《论侵占罪之持有关系》,载蔡墩铭:《刑法分则论文选集》(下),台北,五南图书出版股份有限公司1984年版,第755页。

② 张明楷:《刑法学》(第3版),法律出版社2007年版,第724页。

就本案而言,被害人将手机等财物交给被告人丁晓君之后,被害人仍然在场占有着财物,被害人可以随时要求被告人归还财物,恢复对财物的物理支配,这仅仅是占有弛缓的情形。在丁晓君虚构去拍照、开警车等理由携带被害人财物离开现场时,被害人并未要求恢复对财物的物理支配或者保持占有弛缓的状态,而是默认同意被告人离开现场,致使被告人得以实现对财物的完全支配,这时应当认定被告人取得了法律上的占有。而被害人之所以同意被告人携其财物离开,是因为被告人虚构事实致使其产生错误认识,进而对财物占有作出了错误处分。换言之,本案损失系因被害人受骗产生错误认识而"自愿"处分财物所致,故丁晓君的行为应构成诈骗罪。

综上,被害人基于被骗在将手机等财物交给被告人时,并不能认为其已经处分了财物,因为从一般的社会观念来看,被害人仍然占有财物,属于占有弛缓。此时,如果被告人携带财物秘密逃走的,宜认定为盗窃罪;如果被告人公然携带财物逃走的,可以认定为抢夺罪;如果被告人采用暴力手段使被害人不敢或者不能反抗后离开的,可以认定为抢劫罪;只有在被害人明知被告人携带财物离开却不反对或者明确表示同意的情况下,才可以认定被告人的行为构成诈骗罪。本案中,被告人将财物带离现场时,被害人之所以没有表示反对或者采取积极措施保持对财物的占有,而是默认、同意被告人完全取得对财物的占有,其"自愿"处分财物是基于被告人欺骗所致,符合诈骗罪的本质特征,故二审改判定性是正确的。

(撰稿:上海市第一中级人民法院刑二庭　任素贤　秦现锋

审编:最高人民法院刑二庭　刘为波)

[第 1175 号]

巫建福盗窃案

——利用入户盗窃所得车钥匙在户外窃取摩托车的行为,是否属于“入户盗窃”

一、基本案情

被告人巫建福,男,1975 年 4 月 8 日出生。1990 年 9 月因犯盗窃罪被判处有期徒刑四年;1995 年 2 月因犯盗窃罪被判处有期徒刑二年;2005 年 2 月因犯盗窃罪被判处有期徒刑一年六个月,并处罚金二千元;2006 年 12 月因犯盗窃罪被判处有期徒刑一年,并处罚金三千元;2008 年 6 月 3 日因犯盗窃罪被判处有期徒刑一年,并处罚金四千元;2009 年 8 月 11 日因犯盗窃罪被判处有期徒刑二年,并处罚金八千元。2011 年 7 月 2 日刑满释放。因涉嫌犯盗窃罪于 2015 年 10 月 17 日被刑事拘留,同年 10 月 24 日被监视居住,2016 年 3 月 23 日被逮捕。

浙江省江山市人民检察院以被告人巫建福犯盗窃罪向江山市人民法院提起公诉。

被告人巫建福对公诉机关的指控予以供认,未提辩解意见。

江山市人民法院经审理查明:2015 年 10 月 15 日 14 时许,被告人巫建福经过江山市虎山街道孝子村花露亭 33 号被害人应素妹家时,见大门未关,产生盗窃念头,进入室内窃得摩托车钥匙一把、一字起子一把,并用窃得的车钥匙在门口试开车辆,在打开浙 HDK162 二轮摩托车的电门锁后,因认为当时盗窃摩托车易被发现,遂先行离开。当晚 21 时许,巫建福再次到该处,使用窃得的车钥匙将摩托车偷走。经鉴定,涉案起子价值人民币 1 元、摩托车价值人民币 800 元。

江山市人民法院认为,被告人巫建福以非法占有为目的,入户盗窃他人财物,其行为已构成盗窃罪。巫建福能如实供述自己的罪行,依法可以从轻处罚。据此,依照《中华人民共和国刑法》第二百六十四条、第六十七条第三款、第五十二条之规定,以盗窃罪判处被告人巫建福拘役三个月,并处罚金人民币一千元。

一审宣判后,检察机关未提出抗诉,被告人巫建福亦未提出上诉,判决已发生法律效力。

二、主要问题

入户盗窃摩托车钥匙,其后利用车钥匙在“户”外窃取摩托车的行为,是否属于“入户盗窃”?

三、裁判理由

本案在审理中,对被告人巫建福行为的定性有以下三种观点:

第一种观点认为,巫建福的行为不构成盗窃罪。理由是,巫建福前后行为有明显间隔,应属两次行为。其入户行窃窃得财物价值极其低廉,应根据刑法第十三条的规定,不以犯罪论。后在“户”外窃取摩托车的行为,因价值达不到“数额较大”的标准,亦不构成盗窃罪。本案中巫建福的入户行为,可认定为非法侵入住宅罪。

第二种观点认为,巫建福的行为构成盗窃罪。理由是:“入户盗窃”无犯罪数额要求,故不应仅从财物价值考量,而应从社会危害性角度分析。巫建福“入户”窃得的车钥匙价值极其低廉,但其后又利用钥匙再次实施了窃取摩托车行为,虽仍不构成“数额较大”,却证明了前次“入户”盗窃行为的社会危害性之大,应认定为盗窃罪。

第三种观点认为,巫建福的行为构成盗窃罪。理由是:巫建福“入户盗窃”钥匙的目的是盗窃“户”外的摩托车,两者系一行为的两个阶段。车钥匙作为控制和使用摩托车的载体,“入户盗窃”车钥匙的行为在整个盗窃行为中起决定性作用,故巫建福在户外窃取摩托车的价值应计入“入户盗窃”数额,整体行为属“入户盗窃”。

我们同意第三种观点。理由如下:

(一)"入户盗窃"作为入罪标准,并非仅由犯罪对象的客观价值决定

前两种观点在"入户盗窃"的入罪标准上存在分歧。《中华人民共和国刑法修正案(八)》在刑法第二百六十四条原有规定上增加了"入户盗窃""携带凶器盗窃""扒窃"三种情节,与"多次盗窃"和"数额较大"并列,作为盗窃罪的五种入罪情节。从立法目的上看,随着我国社会经济的发展,盗窃犯罪手段日益多样,一些盗窃行为虽然达不到数额较大的标准,但其社会危害很大,如果拘泥于传统的"数额"或者"次数"标准,便不能有效预防、打击此类违法犯罪行为①。故为严密法网,加强对人民群众住宅及人身安全的保护,对"入户盗窃"等类型盗窃的认定没有规定起点数额。因此,理论上只要存在入户窃取财物的行为,不论财物数额大小,都应被评价为"入户盗窃"。不过,为避免扩大刑事打击范围,实践中还应结合规定,对"入户盗窃"情节显著轻微危害不大的,不以犯罪论,这里的"情节",自然也包括犯罪数额,所以,在入户盗窃数额较小的情况下,是否入罪存在争议。

同时,《最高人民法院、最高人民检察院关于办理盗窃刑事案件适用法律若干问题的解释》(以下简称《解释》)第十二条以部分列举的方式对盗窃未遂的打击范围进行了限定:(1)以数额巨大的财物为盗窃目标的;(2)以珍贵文物为盗窃目标的;(3)其他情节严重的情形。前两项规定都着重于盗窃物品的价值,第三项属于兜底条款。这就在实践中产生了入户盗窃未遂是否应予入罪的争议。如前所述,刑法之所以未对"入户盗窃"犯罪数额有要求,是因为"入户盗窃"同时侵犯了住宅安宁权和财产权,不论既未遂,入户盗窃行为均已侵犯了住宅安宁权,其既未遂的社会危害性差距并不如"数额较大"类盗窃罪大,这在入户窃取廉价财物与其未遂相较时尤为明显。因此,在"入户盗窃"已经成为入罪情节的情况下,不能因为前述《解释》列明的两项均以盗窃价值为参考,就对"入户盗窃"未遂一律不予入罪,而应将"入户盗窃"未遂认定为"其他情节严重情形",结合刑法第十三条之规定,原则

① 张军主编:《〈刑法修正案(八)〉条文及配套司法解释理解与适用》,人民法院出版社2011年版,第266页。

上予以入罪考量。[①] 全国人大常务委员会法制工作委员会作出《关于对最高人民法院办公厅〈关于被告人何珍才盗窃案征求意见的函〉的意见》(法工办发〔2012〕251号)指出:"刑法修正案(八)增加入户盗窃、携带凶器盗窃、扒窃等三类特定的盗窃犯罪,是考虑到这三类盗窃行为本身的社会危害性较大,构成犯罪不受'数额较大'的限制。在司法实践中,对于入户盗窃被当场抓获的,在量刑上应根据个案的实际社会危害去掌握,不宜一律以未遂从轻处罚。"同时,因"入户盗窃"已被明确为盗窃罪的入罪情节,其未遂形态以盗窃未遂入罪处理,可以理顺罪名关系,一般情况下也不宜再沿用之前的司法惯例,以非法侵入住宅罪论处了。

综上,"入户盗窃"数额较小和未遂的入罪与否都受制于"情节显著轻微危害不大"这一条件,我们认为,实践中可以从人身危险性、犯罪行为方式、后果等方面把握适用标准。对于人身危险性较大的惯犯,以及采用深夜翻窗、撬门等方式潜入住宅或者携带凶器等手段入户、入户窃取孤寡老人等特定人员财物、窃取救灾救济款等特定财物、造成其他严重后果等情形的,即使窃得数额较小或未遂,应作入罪处理。相反,对于因饥饿难忍等原因入户盗窃或窃取少量财物救急的、进入忘记锁门的院内窃取少量瓜果蔬菜等物品或盗窃未遂的、窃取少量财物后主动予以补偿并得到谅解等后果较轻的情况,可以考虑作出罪处理。

本案中,被告人巫建福见他人房门未锁而入户行窃,虽在户内仅窃得价值低廉的摩托车钥匙和起子,但基于以下原因,不能认定为情节显著轻微:(1)钥匙的价格远远低于其实际能够发动的摩托车的使用价值;(2)巫建福窃取钥匙意在盗窃摩托车,且其后确实用入户窃得的摩托车钥匙窃取摩托车;(3)巫建福有多次盗窃犯罪前科,人身危险性较大。而第一种观点忽视上述情节,仅以户内窃得物品客观价值少而认定其属于情节显著轻微危害不大,不构成盗窃罪,有失偏颇。

---

① 浙江省公检法三家2015年出台的《关于办理盗窃刑事案件的若干意见》就明确:入户盗窃、携带凶器盗窃、扒窃未遂的,应当依法追究刑事责任;但根据案件具体情况,盗窃情节显著轻微危害不大的,可不认为是犯罪。

（二）利用“入户盗窃”的车钥匙盗窃“户”外摩托车的行为是一次盗窃行为

本案前两种观点以巫建福先后在“户”内外实施具有时间间隔的行为为由，认为巫建福分别完成了两次盗窃行为，进而对二行为分别评价，不妥。我们认为，巫建福的行为应认定为一次盗窃行为。

刑法意义上的一行为，应是符合具体犯罪构成要件的一系列动作表示，需要结合各行为要素综合评判。

1. 时间。一行为的时间通常是连贯的，但在行为需分步完成时，会存在时间间隔。此时，区分行为单复数的关键是，分步行为中每步的具体行为目标可能不同，但最终指向对象是统一的，且只有行为对象才符合刑法规范的要求，进而满足构成要件要求，而多次行为中每个行为都能分别满足构成要件要求。但是，如分步行为确已被客观事实所阻断，则不宜再以一行为论处。

2. 地点。地点是一次行为所能影响到的与外界相对隔离，并被视为利益一体的空间，如一户人家的不同房间等。不同人家的住宅，即使具有毗邻性，也不能成为一次盗窃行为的地点。在开放空间中，应从行为影响范围和完成度角度考量，如在某一片田地连续盗窃，因行为连续尚未完成，可评价认定为一行为。但如果行为进行了明显的空间转移，则不宜认定为一行为。

3. 对象。对象是符合构成要件要求的法益体现，分步行为中每个动作指向的目标则未必符合。一个侵害行为的影响范围可及多个对象的，不论对象多寡仍为一行为，如一个公交车上实施威胁后连续抢劫多人的仍为一次抢劫行为。如针对不同对象时，不得不重复之前已经作出的着手、实施、完成过程，即使对象具有集中性，也不宜被认定为一行为，如在公交车上扒窃多人，应属多次盗窃。

4. 犯罪意图。在连续犯、牵连犯等主观上存在统一或概括故意的场合，区分行为单复要考量具体行为是否单独能够符合构成要件，如果分别符合，那么即使在罪数上是一罪，在次数上仍属数行为。在主观上具有单独实施部分行为的明确故意场合，犯意对行为完成程度具有影响，如果根据行为人犯意实施的某行为已结束，后续行为属另起犯意，那么即使前后行为存在联系,甚至可以涵盖在一构成要件内,也不宜一并认定为一行为。

本案中,首先,被告人巫建福的前后行为虽存在明显间隔,但其犯罪意图中盗窃的目的是明确的,即窃取户外的摩托车,盗窃车钥匙在其认知上只是行为的一部分而非一个独立或完整形态。其次,本案前后行为虽有时间间隔,却始终未被客观事实所阻断,如"入户"行为被发现后摩托车防护措施出现变化,或放置位置有重大变动等。巫建福试开摩托车后暂时离开的行为,非被迫因客观行为而中断,而系其为安全起见所做出的分步实施行为。因此,不能仅因前后行为存在间隔即认为系两次行为。最后,从行为对象角度来看,前后行为具有统一性。巫建福盗窃车钥匙也并非是为了车钥匙自身微薄的客观价值,而是为了实现车钥匙与摩托车之间的特定联系所体现的使用价值,盗窃车钥匙的行为无法独立符合完整构成要件,进而被评价为单独的盗窃行为。总之,应从前后行为的整体性角度分析是否为一行为,而非仅从车钥匙的客观价值角度评价"入户"行为的构成要件符合性。这类似于《解释》第五条规定的在盗窃记名的有价权利凭证的案件中,以兑现数额计算犯罪数额的认定方法,即立足于最终对象财物价值,而非权利凭证自身的客观价值。

(三)利用"入户盗窃"车钥匙在"户"外窃取摩托车的行为应认定为"入户盗窃"

司法实践中有观点认为,"入户盗窃"的客观行为,应当是行为人以盗窃为目的入户,并在户内获取财物的行为。我们认为,本案巫建福所实施的分步在户内外完成的盗窃行为,也属于"入户盗窃"。

首先,作为盗窃对象的"财物"概念,其内涵已经发生变化:凡是具有一定客观价值或使用价值的财物,原则上都可以成为财产犯罪的行为对象,如信用卡、存折、钥匙等物品。与客观价值的客观性和普遍认同不同,使用价值只有在使用中才能体现,静态的使用价值,如未使用的信用卡等,尚不足以使物品直接成为"财物"。而物品的使用过程又多表现为对其他关联财物的占有和控制,所以正是物品经使用后所达到的占有关联财物的结果,实现了其使用价值,进而才使其成为"财物"。此时,具有使用价值的物品和关联财物共同构成了一个整体性的财产权益。权利人通过直接占有财物体现所有权时，财物和财产权的存在空间是一致的，而通过控制具有使用价值的物品占有关联财物时（形式占有），财物和部分财产权益可能会存在地点分离。

其次，客观行为要结合需要保护的法益才能判断。“入户盗窃”保护的法益是住宅安宁权及住宅内的财产权，因此，只要行为已同时侵犯了两种法益，就应当符合“入户盗窃”的客观行为要求。而现实中，财物本身是否在“户”内与权利人是否在“户”内具有财产权并非完全重合，如权利人通过占有“户”内的有价支付凭证等物品，进而可以对别处的关联财物实现控制。既然财物可以通过形式占有实现控制，那么窃取“户”内形式占有载体的行为就已经侵犯了权利人对关联财物的控制。无论实际在何处获取关联财物，对财产权的侵犯在“入户盗窃”时已经发生。这也契合了对窃取支付凭证而未使用的行为认定为犯罪未遂，而非犯罪预备的司法实践。

再次，从司法效果来看。“入户盗窃”和“数额较大”类盗窃的构成要件不同，如果坚持“入户盗窃”需在户内获取财物的标准，如本案的情形，就会出现要么类似前两种观点那样强行割裂一行为、分开评价的情况，要么因“户”外财物价值不足，不以盗窃罪论。这些做法或不符合客观事实，或徒增法律漏洞，达不到良好的司法效果。

最后，实践中也要注意，并非所有与别处财物具有联系的物品都是形式占有的载体，需综合考量以下因素：(1)联系的直接性。载体的使用价值应当直接体现出财产性，反之不然。例如，身份证件如果可以直接领取财物，应属于载体；如尚需要其他行为配合才能与财物取得直接联系，则不宜认定。(2)联系的必要性。在如记名有价支付凭证、证券等与关联财物具有唯一联系的场合，即使后续获取关联财物仍需实施复杂的行为，因凭证是最终获取财物的必须途径，应视为载体。(3)联系的效用性。在获取财物未必一定要通过载体的场合，如窃取户外的车辆并非一定要获取车钥匙等，需要考量联系的效用性。就社会认知而言，车辆之所以能够安心放置在“户”外公共场所，是因为可以解锁并驱动车辆的钥匙已经被权利人安全控制在“户”内，一旦获取钥匙，就意味着可以相对轻易地在“户”外实现对车辆的控制，即整体行为中，获取钥匙的行为较启动车辆的行为更为重要，据此，车钥匙应视为载体。

综上,原审法院认定被告人巫建福入户窃取摩托车钥匙后在“户”外窃取摩托车的行为属于“入户盗窃”,构成盗窃罪是正确的。

（撰稿:浙江省衢州市中级人民法院　殷一村
浙江省江山市人民法院　徐　升
审编:最高人民法院刑四庭　陆建红）

[第 1176 号]

黄静诈骗案

——司法实务中如何把握刑事和解制度的适用

一、基本案情

被告人黄静,女,1977 年 10 月 11 日出生。2003 年 9 月 17 日因犯绑架罪被判处有期徒刑三年,经减刑于 2005 年 12 月 25 日刑满释放。2013 年 7 月 19 日因涉嫌犯诈骗罪被逮捕。

某区人民检察院以被告人黄静犯诈骗罪,向某区人民法院提起公诉。

被告人黄静对公诉机关的指控无异议,表示认罪。

某区人民法院经公开审理查明:2011 年 5 月,被告人黄静谎称能够帮助被害人练伟良办理户口迁移事宜,以手续费为由骗取练伟良人民币 20 000 元,后提供了一张假的户口迁移商调函(某区劳动管理服务中心核查后确认该商调函并非该中心开具,属虚假)给练伟良。2012 年 12 月,黄静对练伟良谎称可以低价买到海关罚没车,骗取练伟良人民币 55 000 元,后向练伟良提供了一张假的机动车销售统一发票(某某区国税局核查后确认没有该发票的入库信息)。由于户口迁移和购买海关罚没车辆事宜均未办成,练伟良于 2013 年 1 月 8 日报警。2013 年 6 月 13 日,黄静被抓获归案。

2014 年 1 月 2 日,黄静的父亲与被害人练伟良达成协议,约定由前者代为退赔 4 万元,其中 25 000 元当日交付,余款在 2016 年 6 月前分三期付清。被害人对被告人予以谅解,并请求法院对被告人免予刑事处罚。

某区人民法院认为,被告人黄静以非法占有为目的,诈骗他人财物,数额巨大,其行为已构成诈骗罪。鉴于黄静认罪态度较好,依法可以从轻处罚。黄静积极赔偿,并获得被害人谅解,可以减轻处罚。依照《中华人民共和国刑法》第二百六十六条、第六十七条第三款、第五十二条、第五十三条,

《最高人民法院关于适用〈中华人民共和国刑事诉讼法〉的解释》第五百零五条之规定,判决被告人黄静犯诈骗罪,判处有期徒刑一年十个月,并处罚金人民币二千元。

一审宣判后,黄静没有上诉,但某区人民检察院提出抗诉。抗诉意见认为:(1)原审判决量刑不当。黄静有犯罪前科,诈骗数额巨大,庭审后部分赔偿被害人并获得谅解,可以酌情从轻处罚,应当在三年以上有期徒刑量刑。在被告人没有法定减轻处罚情节的情况下,一审法院对黄静减轻处罚明显不当。(2)原审判决适用法律错误。《最高人民法院关于适用〈中华人民共和国刑事诉讼法〉的解释》只是对刑事诉讼相关程序进行解释,一审法院根据该解释第五百零五条直接减轻处罚错误。减轻处罚也没有报最高人民法院核准。建议二审法院予以纠正。某市人民检察院支持抗诉。

某市中级人民法院经审理认为,原审被告人黄静以非法占有为目的,虚构事实,隐瞒真相,诈骗他人财物,数额较大,其行为已构成诈骗罪。黄静归案后认罪态度较好,有一定悔罪表现,依法可以从轻处罚。黄静通过近亲属与被害人达成退赔协议,并获得被害人谅解,可以从轻处罚。黄静曾因犯绑架罪被判处刑罚,在量刑时予以考虑。本案双方达成退赔协议,但并未即时履行,因此不符合“当事人和解的公诉案件诉讼程序”的规定,原审判决适用《最高人民法院关于适用〈中华人民共和国刑事诉讼法〉的解释》第五百零五条属法律适用错误。原审判决认为“被告人积极赔偿,并获得被害人谅解,可以减轻处罚”,于法无据,予以纠正。但《最高人民法院、最高人民检察院关于办理诈骗刑事案件具体应用法律若干问题的解释》规定,诈骗公私财物价值3万元至10万元以上的,应当认定为刑法第二百六十六条规定的“数额巨大”。从有利于被告人出发,本案诈骗数额宜认定为数额较大,依法应当判处三年以下有期徒刑、拘役或者管制,并处或者单处罚金。原审判决定罪准确,证据确实充分,综合全案犯罪的事实、性质、情节和社会危害程度,原审判决量刑尚属适当,可予以维持。经审判委员会讨论决定,依照《中华人民共和国刑事诉讼法》第二百二十五条第一款第一项之规定,裁定如下:驳回抗诉,维持原判。

二、主要问题

司法实务中如何把握刑事和解制度的适用?

三、裁判理由

本案在审理过程中,对于被告人黄静的行为构成诈骗罪没有不同意见,但对于黄静父亲与被害人练伟良达成赔偿协议的情况下如何量刑,存在三种不同意见:

第一种意见,即一审法院的判决认为,黄静的亲属代为赔偿被害人,并获得被害人谅解,根据《最高人民法院关于适用〈中华人民共和国刑事诉讼法〉的解释》(以下简称《解释》)第五百零五条的规定,本案属于达成和解协议的案件,可以减轻处罚。

第二种意见,即两级检察机关认为,《解释》只是对刑事诉讼相关程序进行解释,不能根据《解释》第五百零五条直接对被告人减轻处罚。如要在法定刑以下减轻处罚,须报最高人民法院核准。

第三种意见,即二审法院判决认为,黄静父亲虽然与被害人达成赔偿协议,并获得被害人谅解,但赔偿协议并未即时履行,不符合“当事人和解的公诉案件诉讼程序”的规定,不能适用《解释》的规定减轻处罚。

我们同意第三种意见。2012 年 3 月修订后的刑事诉讼法增设了“当事人和解的公诉案件诉讼程序”,规定了当事人和解的案件范围和量刑处理原则,标志着刑事和解制度在我国刑事立法中的正式确立。所谓刑事和解,是指“在刑事诉讼程序运行过程中,被害人和加害人(即被告人或犯罪嫌疑人)以认罪、赔偿、道歉等方式达成谅解以后,国家专门机关不再追究加害人刑事责任或者对其从轻处罚的一种案件处理方式,即被害人和加害人达成一种协议和谅解,促使国家机关不再追究刑事责任或者处罚的制度”。[①] 由于刑事诉讼法对刑事和解制度仅有三条原则规定,并未规定刑事和解制度在司法实践中的具体适用程序和条件,为充分发挥刑事和解程序功能,有效化

① 曾粤兴、李霞:《刑事和解与刑法基本原则的关系——兼及刑事和解的价值取向》,载《法学杂志》2009 年第 9 期。

解社会矛盾,同时规范法律适用,防止出现“花钱买刑”等损害司法公正的问题,《解释》对和解程序的具体适用进一步作出了较为全面的规定。在司法实践中要正确适用刑事和解制度,须明确以下三方面问题:

(一)刑事和解制度适用的范围

根据刑事诉讼法第二百七十七条的规定,刑事和解程序适用的案件范围是:(1)因民间纠纷引起,涉嫌刑法分则第四章、第五章规定的犯罪案件,可能判处三年有期徒刑以下刑罚的;(2)除渎职犯罪以外的可能判处七年有期徒刑以下刑罚的过失犯罪案件。但是犯罪嫌疑人、被告人在五年以内曾经故意犯罪的,不适用该程序。刑法分则第四章、第五章规定的犯罪案件是指侵犯公民人身权利、民主权利罪类和侵犯财产罪类的犯罪案件,常见的如故意伤害罪、侮辱罪、诽谤罪等,以及盗窃罪、抢夺罪、侵占罪等。

刑事诉讼法第二百七十七条第一款第一项适用范围还附加了“因民间纠纷引起”这一前提。何为民间纠纷,商务印书馆出版的《现代汉语词典》对“民间”的注释为:人民中间的,非官方的。据此,民间纠纷就是人民中间的纠纷。由于司法解释没有对“民间纠纷”明确界定,如本案是诈骗犯罪,是否属于该程序的适用范围也存在争议。在这方面,有些规范性文件的规定可供参考,如1990年4月19日司法部发布的《民间纠纷处理办法》第三条规定:“基层人民政府处理民间纠纷的范围,为《人民调解委员会组织条例》规定的民间纠纷,即公民之间有关人身、财产权益和其他日常生活中发生的纠纷。”1990年5月25日广东省人民政府颁布的《广东省人民调解委员会组织细则》第九条规定:“人民调解委员会的任务是:(一)调解婚姻、继承、赡养、抚养、扶养、家庭、房屋宅基地、债务、生产经营、邻里、赔偿及其他民间纠纷……”据此,我们认为,“民间纠纷”应当包括婚姻、继承、赡养、抚养、扶养、家庭、房屋宅基地、债务、生产经营、邻里、赔偿等事务上的纠纷。具体案件是否适用刑事和解,需要实务中采取开放的态度灵活掌握,或许这也是司法解释没有明确列举或概括界定“民间纠纷”的本意。

(二)适用刑事和解需要遵循的原则

一是自愿原则。刑事和解意味着在刑事审判活动中引入当事人自治自主的诉讼民主因素,有利于化解社会矛盾,稳定社会秩序。刑事诉讼法未明确人民法院能否主持双方当事人协商以达成和解协议。鉴于当前国情,刑事案件的加害方和被害方往往缺乏有效沟通的渠道,且有些还处于敌意的对立状态,缺乏互信,如没有审判人员释法明理,从中调和,双方当事人很难自行和解。因此,《解释》第四百九十六条规定,对符合刑事诉讼法第二百七十七条规定的公诉案件,事实清楚、证据充分的,人民法院应当告知当事人可以自行和解;当事人提出申请的,人民法院可以主持双方当事人协商以达成和解。根据前述规定,因当事人申请人民法院才启动刑事和解程序,人民法院只是应当事人申请主持协商,从和解程序的启动到和解协议的拟订以及和解协议的执行均应以当事人意愿为主导,贯彻了当事人一定程度的意思自治的自愿原则。

二是即时全面履行原则。司法实践中,对于刑事和解协议中的赔偿损失内容,协议能否延期履行、分期履行等问题,存在认识分歧。我们认为,刑事和解是重要的量刑情节,如允许延期履行、分期履行和解协议约定的赔偿损失内容,将会使人民法院对被告人的从宽处罚建立在尚不确定的事实基础上,一旦被告人获得从宽处罚后,拒不履行或者不全部履行赔偿义务,受上诉不加刑原则所限,二审法院不能加重其刑罚。同时,由于是当事人之间达成的和解协议,也无法强制执行,这无疑会损害裁判权威,也会使被害方的合法权益难以得到切实保障。鉴于此,《解释》第五百零二条明确规定,和解协议约定的赔偿内容应当在协议签署后即时履行。《解释》不允许即时结清当场履行完毕之外的其他履行方式,主要顾虑的是如果达成的只是留尾巴的和解协议,往往很可能在宣告从轻处罚的判决之后衍生出其他类似强制执行、被害人方反悔乃至闹访的问题,从而损害刑事和解制度的价值。

三是禁止反悔原则。刑事和解协议签署后能否反悔,在司法实践和理论界认识分歧均较大。《解释》第五百零二条第二款及第五百零三条明确规定:其一,和解协议已经全部履行,当事人反悔的,人民法院不予支持,但有证据证明和解违反自愿、合法原则的除外。《解释》的上述规定体现了法律、司法解释鼓励、倡导诚信原则,只要和解协议已经全部履行,原则上就不得反悔。其二,双方当事人在侦查、审查起诉期间已经达成和解协议并全部履行,被害人或者其法定代理人、近亲属又提起附带民事诉讼的,人民法院不予受理,但有证据证明和解违反自愿、合法原则的除外。

(三)适用刑事和解的法律效果

本案在审理中,两级检察机关均认为,《解释》是针对刑事诉讼法作出,而刑事诉讼法属于程序法,因此《解释》只能针对刑事诉讼相关程序进行解释,不能根据《解释》第五百零五条直接对被告人减轻处罚。如要在法定刑以下减轻处罚,须报最高人民法院核准。我们认为,我国在刑事诉讼法当中确立刑事和解制度,可以说是在程序法中嵌入了实体规范,体现了该次刑事诉讼法修订的立法创新。因此,刑事诉讼法虽然是程序法,但其对刑事和解制度的规定,特别是第二百七十七条对刑事和解案件范围的规定,第二百七十九条对刑事和解案件公检法处理原则的规定,均具有实体上的意义。刑事诉讼法第二百七十九条明确规定,对于达成和解协议的案件,人民法院可以依法对被告人从宽处罚。从宽处罚的意思,可体现为从轻、减轻、免除处罚。《解释》第五百零五条正是对该条规定的具体化,第五百零五条关于刑事和解案件的从轻处罚、减轻处罚、免除刑事处罚的规定,均属于第二百七十九条"从宽处罚"的范畴,因此,对于符合第二百七十九条规定的刑事和解案件,人民法院可以直接判决减轻处罚乃至免刑,无须再按照法定刑以下量刑程序报最高人民法院核准,两级检察机关的意见并不符合法律规定。

本案中虽然被告人与被害人之间形式上达成了和解协议,但如前所述,和解协议约定的赔偿损失内容,被告人应当在协议签署后即时履行,才能认定为"达成和解协议",进而适用刑事和解的处罚原则。该即时履行原则要求全部即时履行,而不是分期、延期履行,由于本案被告人一方并没有全部即时履行赔偿义务,这种情况下,根据《解释》第五百零四条的规定,被害人或者其法定代理人、近亲属提起附带民事诉讼后,双方愿意和解,但被告人不能即时履行全部赔偿义务的,人民法院应当制作附带民事调解书。故本案中的赔偿协议只能作为附带民事赔偿情节予以考虑,而不能视为达成刑事和解。因此,原审判决适用相关司法解释以和解为由对被告人黄静减轻处罚是不当的。

值得注意的是,本案在二审期间,最高人民法院、最高人民检察院对诈骗犯罪的量刑数额标准作出了调整。按照本案一审期间诈骗罪的量刑数额标准,5 万元至 50 万元区间属于诈骗数额巨大,依法应当判处三年以上十年以下有期徒刑,并处罚金。但 2011 年 4 月 8 日起施行的《最高人民法院、最高人民检察院关于办理诈骗刑事案件具体应用法律若干问题的解释》(以下简称《诈骗解释》)规定:诈骗公私财物价值 3000 元至 1 万元以上、3 万元至 10 万元以上、50 万元以上的,应当分别认定为刑法第二百六十六条规定的"数额较大""数额巨大""数额特别巨大",并规定各省、自治区、直辖市高级人民法院、人民检察院可以结合本地区经济社会发展状况,在该数额幅度内,共同研究确定本地区执行的具体数额标准,报最高人民法院、最高人民检察院备案。

在本案二审阶段,某省高级人民法院、省人民检察院尚未在《诈骗解释》规定的量刑数额幅度内正式确定在本地区适用的具体数额标准。二审法院本着有利于被告人的原则,同时参考以往经验,以司法解释所确定的量刑数额幅度的上限为标准,确定 10 万元以上为诈骗犯罪数额巨大的起点最为可能(后来下发的文件的确如此),因此,本案诈骗金额 75 000 元认定为"数额较大"更为合适。据此,二审法院认定对被告人黄静以诈骗罪在三年以下量刑仍旧是合适的。

综上,二审法院认定本案不符合"当事人和解的公诉案件诉讼程序"的规定,对被告人不应减轻处罚,而应从轻处罚,被告人黄静诈骗数额属"数额较大",据此维持一审法院对被告人黄静以诈骗罪判处有期徒刑一年十个月,并处罚金人民币二千元的判决,是适当的。

(撰稿:广东省深圳市中级人民法院　姜君伟　吴君炜
审编:最高人民法院刑四庭　陆建红)

[第 1177 号]

何弦、汪顺太非法处置扣押的财产案

——盗取自己被公安机关扣押的车辆应如何定性

一、基本案情

被告人何弦,女,1986 年 5 月 28 日出生,因涉嫌犯非法处置扣押的财产罪于 2013 年 2 月 23 日被刑事拘留,同年 3 月 21 日被取保候审。

被告人汪顺太,男,1969 年 6 月 4 日出生,2011 年因贩卖毒品被判处有期徒刑一年,2012 年 4 月 15 日刑满释放;因涉嫌犯非法处置扣押的财产罪于 2013 年 2 月 23 日被刑事拘留。

江西省景德镇市昌江区人民检察院以被告人何弦、汪顺太犯盗窃罪,向昌江区人民法院提起公诉。

被告人何弦辩称,其只是想拿车回去还银行的贷款,没有想过向公安局索赔,其没有非法占有的目的,不构成盗窃罪。

被告人汪顺太辩称,其并没有想占有车辆,也没有采取秘密手段盗车,不构成盗窃罪。

景德镇市昌江区人民法院经审理查明:2011 年 12 月,被告人何弦与其丈夫翁宝祥共同购买黑色丰田锐志轿车一辆,价税合计 21 万余元,并用该车抵押向银行借款 15 万元,钟某某为保证人。2013 年 1 月 15 日,翁宝祥因贩卖毒品被公安人员抓获,该黑色丰田锐志轿车因涉案被扣押。由于银行催还借款,准备起诉保证人钟某某,何弦想要取回被扣押的车辆,便找到其丈夫翁宝祥的狱友被告人汪顺太帮忙。汪顺太答应帮忙找人取回车辆,但汪顺太找的人并没有给出明确答复。2013 年 2 月 22 日 9 时许,何弦、汪顺太来到公安局后院内,在未办理任何返还涉案车辆手续的情况下,用该车另外一把钥匙将停放在涉案车辆车棚内的翁宝祥被扣押的车开走。后二人被公安人员抓获。2013 年 5 月 24 日,何弦依法将该车领回。

景德镇市昌江区人民法院认为,被告人何弦、汪顺太在未得到公安机关允许的情况下,擅自将扣押的涉案车辆开走,其行为已构成非法处置扣押的财产罪,属情节严重。公诉机关指控何弦、汪顺太犯盗窃罪不当,应予纠正。汪顺太曾因犯罪被判处有期徒刑,刑罚执行完毕五年内又犯应判处有期徒刑之罪,系累犯,应从重处罚。依照《中华人民共和国刑法》第三百一十四条、第二十五条、第六十五条、第七十二条之规定,判决如下:

1. 被告人何弦犯非法处置扣押的财产罪,判处有期徒刑二年,缓刑二年六个月。

2. 被告人汪顺太犯非法处置扣押的财产罪,判处有期徒刑二年。

宣判后,景德镇市昌江区人民检察院提出抗诉,景德镇市人民检察院支持抗诉,抗诉意见为:(1)被告人何弦、汪顺太明知车辆被公安机关依法扣押期间属公共财产,在未办理合法手续的情况下,采取秘密手段将车开走,表明其主观上有非法占有的目的,二被告人的行为符合盗窃罪的犯罪构成,应定性为盗窃罪。(2)被告人何弦、汪顺太的行为同时触犯两个罪名即盗窃罪和非法处置扣押的财产罪,应按照想象竞合犯的原则从一重处理,即应定盗窃罪。

原审被告人何弦、汪顺太均辨称,其行为不构成盗窃罪。

景德镇市中级人民法院经审理认为,被告人何弦、汪顺太擅自转移已被司法机关依法扣押的财产,情节严重,其行为已构成非法处置扣押的财产罪。关于抗诉机关提出被告人何弦伙同汪顺太窃取本人被司法机关扣押的车辆的行为同时触犯两个罪名,即盗窃罪和非法处置扣押的财产罪,应按照想象竞合犯的原则从一重处理即定盗窃罪的意见,经查,该车辆是何弦和翁宝祥抵押贷款购买的,何弦找汪顺太帮忙拿回车辆,目的是把车交给银行抵债。本案案发时间较短,行为人还没有向公安机关索赔的行为,也缺乏判断行为人是否具有非法占有目的的其他证据,且案发后何弦依法领回了该车辆。因此,认定被告人具有非法占有目的的证据不足,两被告人的行为不构成盗窃罪,抗诉机关的意见不能成立。原判认定事实清楚,证据确实、充分,适用法律正确,量刑适当,审判程序合法。依照《中华人民共和国刑事诉讼法》第二百二十五条第一款第一项之规定,裁定:驳回抗诉,维持原判。

二、主要问题

盗取自己被公安机关扣押的车辆应如何定罪?

三、裁判理由

本案在审理中,对被告人何弦、汪顺太的行为定性存在三种不同的意见:

第一种意见认为,被告人何弦伙同汪顺太窃取本人被司法机关扣押的车辆的行为同时触犯两个罪名即盗窃罪和非法处置扣押的财产罪,应按照想象竞合犯的原则从一重处理,即定盗窃罪。

第二种意见认为,被告人何弦、汪顺太明知车辆被公安机关依法扣押期间属公共财产,在未办理合法手续的情况下,采取秘密手段将车开走,表明其主观上有非法占有的目的,两被告人的行为符合盗窃罪的犯罪构成,应定盗窃罪。

第三种意见认为,被告人何弦没有向司法机关索赔的目的,也未获得司法机关的赔偿,其主观上没有非法占有的目的,把自己所有而被司法机关扣押的财产擅自拿走,不构成盗窃罪。何弦在公安机关明确告知了车辆被依法扣押的情况下,伙同汪顺太对扣押的车辆予以转移,其行为扰乱了司法机关的正常活动,依法构成非法处置扣押的财产罪。

我们同意第三种意见,理由如下:

(一)本人所有的财物在他人合法占有、控制期间,能够成为自己盗窃的对象

在司法实践中,经常遇到行为人窃取本人被司法机关依法扣押的财产的情况,在定性上也颇有争议。本案中,要对被告人的行为进行准确定性,首先需要明确被告人何弦与其丈夫翁宝祥被依法扣押的车辆能否成为何弦实施盗窃的对象。如果被依法扣押的车辆不能成为本人盗窃的对象,则被告人的行为不构成盗窃罪。如果被依法扣押的车辆能够成为本人盗窃的对象,则需进一步考察被告人的行为是否符合盗窃罪的其他构成要件。

这一问题在本质上涉及盗窃罪侵犯的法益问题。在我国刑法理论和司法实践中,关于盗窃罪侵犯法益的学说主要有所有权说、占有说和中间说三种。所有权说认为,盗窃罪侵犯的客体是公私财物的所有权,如果没有侵犯所有权,基本上就可以排除盗窃罪的成立。占有说认为,盗窃罪侵犯的客体是他人对财物事实上的占有本身,即使所有权人也不得任意侵犯他人的合法占有,否则就应当承担相应的刑事责任。中间说则主要是对所有权说加以扩张或对占有说加以限制,旨在弥补二者的不足,既不扩大也不缩小盗窃罪的处罚范围。中间说比较有代表性的一种观点认为,"侵犯财产罪的法益首先是财产所有权及其他本权(主要是合法的他物权及债权),其次是需要通过法定程序改变现状(恢复应有状态)的占有;但在非法占有的情况下,相对于本权者恢复权利的行为而言,该占有不是财产罪的法益,即将被害人恢复权利的行为排除在财产犯罪之外"。[①] 我们认为,纯粹的所有权说过于缩小了盗窃罪的处罚范围,与我国社会经济发展的现状不相符,不利于维护正常的财产秩序。纯粹的占有说扩大了盗窃罪的处罚范围,如对于盗窃罪的被害人窃取被盗财物的行为,难以自圆其说,中间说更符合目前司法实践的需要。

本案中涉案车辆系何弦和翁宝祥共同购买,二人对该车辆有所有权。根据刑事诉讼法第一百四十三条的规定,对扣押的财物,经查明确实与案件无关的,应当解除扣押,予以退还。《最高人民法院关于适用〈中华人民共和国刑事诉讼法〉的解释》第三百六十九条亦规定,扣押的财物属于被告人合法所有的,应当在赔偿被害人损失、执行财产刑后及时返还被告人。从上述规定可见,被司法机关依法扣押的车辆,并没有改变所有权归属,仍属于原所有人所有,公安机关只是暂时保管涉案车辆,对涉案车辆不具有所有权,但依照法律规定具有合法占有权。如前所述,本案中的涉案车辆系何弦和翁宝祥共同所有的财物,但在司法机关合法占有、控制期间,能够成为何弦盗窃的对象。

(二)主观上没有非法占有的目的,不构成盗窃罪

涉案车辆能够成为被告人何弦自己盗窃的对象,并不意味着被告人的

① 张明楷:《刑法学》(第3版),法律出版社2007年版,第702页。

行为就构成盗窃罪。盗窃罪的犯罪构成要求行为人主观上必须具有非法占有的目的,因此,是否构成盗窃罪,还要结合行为人的主观目的而定。如果行为人具有非法占有的目的,在司法机关合法占有、控制期间秘密取回车辆并索赔的,其行为构成盗窃罪,如果同时妨害了司法机关的正常诉讼活动,情节严重的,又构成非法处置扣押的财产罪,属于一个自然行为触犯数罪名的想象竞合犯,应从一重罪处断。如果行为人不具有非法占有的目的,则虽有秘密取回车辆的行为,但不能构成盗窃罪,亦不存在构成想象竞合犯的前提。

具体到本案中,何弦采取非法手段取回自己被公安机关依法扣押的车辆,是否构成盗窃罪,要结合其主观目的而定。首先,公安机关对涉案车辆依法扣押后,银行催何弦还贷款,准备起诉保证人钟某某,何弦得知后便找汪顺太帮忙想拿回涉案车辆,因此,何弦转移涉案车辆,直接目的是返还银行的贷款,而不是非法占有该车辆。其次,本案案发时间较短,何弦还没有向公安机关索赔的行为,在案也没有其他证据证实何弦具有非法占有的目的,且何弦案发后依法领回了该车辆。因此,本案没有证据证实两被告人对涉案车辆具有非法占有的目的,二被告人的行为不构成盗窃罪。

(三)二被告人的行为构成非法处置扣押的财产罪

非法处置扣押的财产罪与盗窃罪在司法实践中一般不易混淆,但是当盗窃的对象是司法机关依法查封、扣押、冻结的财产时,两罪在犯罪的具体外在表现上存在一定的交叉,易造成定性上的混淆。我们认为,应从以下几方面进行深入分析,可对两罪的异同有清晰的认识:第一,从犯罪客体方面来看,两罪在刑法上有不同的保护重心和针对对象。盗窃罪的客体主要是为了保护稳定的财产关系和合法的财产利益;非法处置扣押的财产罪侵犯的客体为司法机关的正常活动。第二,从犯罪对象上来看,盗窃罪的犯罪对象是不特定的,包括有体物和无体物;而非法处置扣押的财产罪的犯罪对象必须是特定的,是已被司法机关扣押的财产。第三,两罪的客观方面表现不同。盗窃罪主要表现为以秘密窃取手段进行的侵犯公私财产的行为;而非法处置扣押的财产罪主要表现为隐藏、转移、变卖、故意毁损四种行为方式,且必须达到情节严重的程度。第四,两罪主观方面不同。以非法占有为目的是盗窃罪构成的必备主观要件;而非法处置扣押的财产罪的主观方面必须是出于故意,即应明知侵害的是已被司法机关扣押的财产,其主观目的的内容更为宽泛,可能包含逃避法律制裁、破坏司法机关的正常活动、获取其他非法利益等,但其犯罪目的是否明确并不影响该罪的成立,不是构成该罪的必备要件。第五,两罪的犯罪主体不同。非法处置扣押的财产罪的犯罪主体只限于被查封、扣押、冻结的财产的所有人;而盗窃罪的犯罪主体主要是被查封、扣押、冻结的财产的所有人、保管人以外的其他人采取秘密手段窃取被司法机关查封、扣押的财产,当然也不排除被查封、扣押、冻结的财产的所有人以事后获取赔偿为目的而秘密窃取被查封、扣押的财产的情形。

本案中,被告人何弦、汪顺太的行为构成非法处置扣押的财产罪。首先,从客体上分析,何弦、汪顺太将公安机关依法扣押的车辆予以转移,后被公安机关查获,其行为客观上已严重影响司法机关正常的诉讼活动,且社会影响恶劣,属情节严重。其次,从主观要件上看,公安机关对涉案车辆依法扣押后,何弦找汪顺太帮忙想拿回涉案车辆,且到公安机关涉案车辆停放处看到了自己的车,以上事实足以表明何弦已知晓车辆被依法扣押。最后,从犯罪对象上看,何弦、汪顺太转移的车辆系公安机关依法扣押的财产,具有特殊性,符合非法处置扣押的财产罪的犯罪对象特征。因此,本案中何弦、汪顺太的行为并没有直接侵害公私财产所有权关系,而是侵害了司法机关的正常管理秩序,构成非法处置扣押的财产罪。汪顺太虽然不是被查封、扣押、冻结财产的所有人、保管人,但其在本案中处于协助何弦非法处置扣押财产的情形,不具有非法占有的目的。此外,如前所述,二被告人的行为不构成盗窃罪,亦不构成想象竞合犯,仅构成非法处置扣押的财产罪一罪。

综上,被告人何弦、汪顺太的行为妨害了司法机关的正常诉讼活动,造成了极坏的社会影响,根据主客观相统一和罪责刑相适应的原则,一、二审法院对二被告人的行为定性为非法处置扣押的财产罪并依法判处相应刑罚,是适当的。

(撰稿:江西省高级人民法院　王长河
江西省景德镇市中级人民法院　罗明华
审编:最高人民法院刑四庭　陆建红)

[第 1178 号]

郑锴非法运输、出售珍贵、濒危野生动物制品案

——如何准确把握非法运输、出售珍贵、濒危野生动物制品罪的量刑标准

一、基本案情

被告人郑锴,男,1982 年 4 月 9 日出生。因涉嫌犯非法运输、出售珍贵、濒危野生动物制品罪,于 2013 年 7 月 19 日被逮捕。

山东省济南市槐荫区人民检察院以被告人郑锴犯非法运输、出售珍贵、濒危野生动物制品罪,向济南市槐荫区人民法院提起公诉。

被告人郑锴辩称,公安机关扣押的其中一张豹皮是其朋友苗涵此前从淄博带到济南的;涉案物品价值鉴定的主体、程序不合法,认定的价格偏高,应重新鉴定;其没有向逯艺(同案被告人,已判刑)出售羚羊角。其辩护人还提出,郑锴随身携带的 3 张豹皮和象牙小件因没有出售牟利的主观意图,不构成非法运输珍贵、濒危野生动物制品罪;郑锴系犯罪未遂,社会危害性不大,主观恶性小,请求对郑锴减轻处罚。

济南市槐荫区人民法院经公开审理查明:2013 年 6 月 22 日 12 时许,被告人郑锴将金钱豹毛皮 1 张(价值 6 万元)、雪豹毛皮 1 张(价值 10 万元)、云豹毛皮 1 张(价值 3 万元)、赛加羚羊角 4 根(价值共计 12 万元)、象牙制品 4 个(非洲象或亚洲象,价值共计 8291 元)及其他动物制品装在两个旅行包中放在银灰色大众牌轿车(车牌号鲁 CK3693)的后备厢里,后驾驶该轿车携带上述物品从山东省淄博市沿 309 国道于当日 13 时 30 分许来到济南市历下区经十路。在与朋友苗涵见面后,郑锴以其驾驶的车辆手续不全、不能在济南市区行驶为由,将两个旅行包放在苗涵驾驶的丰田牌轿车的后备厢

里,但苗涵不知旅行包内有何物。苗涵载郑错及其朋友到一歌厅唱歌。其间,被告人逯艺通过网络向郑错购买赛加羚羊角2根(价值6万元),二人通过网络讨价还价。后苗涵应郑错的要求驾驶丰田牌轿车载郑错及其朋友到济南市槐荫区经六路绿地小区附近与逯艺见面。19时许,郑错与逯艺正在讨价还价并查看郑错带来的羚羊角时,被公安人员抓获,当场查获金钱豹毛皮1张、雪豹毛皮1张、云豹毛皮1张、赛加羚羊角4根、象牙制品4个等物品。经鉴定,上述金钱豹、雪豹、云豹、赛加羚羊、非洲象或亚洲象均为国家一级重点保护动物,涉案物品价值共计31.8291万元。

济南市槐荫区人民法院认为,被告人郑错违反国家野生动物保护法规,运输珍贵、濒危野生动物制品,情节特别严重,并出售珍贵、濒危野生动物制品,其行为已构成非法运输、出售珍贵、濒危野生动物制品罪。对被告人郑错判处有期徒刑十年六个月,并处罚金人民币二万元。

宣判后,被告人郑错提出上诉。济南市中级人民法院经审理认为,本案应由济南市森林公安机关管辖,原公诉机关提交给原审法院的证据均系济南市公安局槐荫区分局提供,侦查主体违反了相关法律、法规关于案件管辖的规定,从而导致对本案事实的认定缺少合法证据予以支持,决定将案件发回济南市槐荫区人民法院重新审理。

济南市槐荫区人民法院重审后认为,济南市公安局槐荫区分局对本案具有管辖权。本罪属于行为犯,只要行为人实施了相关行为即构成犯罪既遂,不能因被告人郑错、逯艺未完成出售和收购行为而认定为犯罪未遂。鉴于本案现有证据不能证实郑错对羚羊角之外的豹皮等非法运输的大部分珍贵、濒危野生动物制品有出售的意图,且在商谈价格的过程中即被抓获,未造成严重社会危害,其虽不具有法定减轻处罚情节,但根据案件的特殊情况,对其处以十年以上有期徒刑的刑罚过重,为罪责刑相均衡,可在法定刑以下判处刑罚,并报请最高人民法院核准。依照《中华人民共和国刑法》第三百四十一条第一款、第六十三条第二款,《最高人民法院关于审理破坏野生动物资源刑事案件具体应用法律若干问题的解释》第五条第二款第一项之规定,判决如下:

被告人郑错犯非法运输、出售珍贵、濒危野生动物制品罪,判处有期徒刑五年,并处罚金人民币二万元。

宣判后,被告人郑锴以一审认定的事实不清、证据不足、程序违法等理由提出上诉。其辩护人提出,郑锴随身携带的豹皮和象牙小件并无出卖意图,不应认定为非法运输珍贵、濒危野生动物制品罪;本案鉴定主体不合法,且对涉案羚羊角的鉴定价值过高;量刑过重。

济南市中级人民法院经二审审理,于2015年9月17日作出二审裁定,驳回上诉人郑锴的上诉,维持原判,并依法报请山东省高级人民法院复核。

山东省高级人民法院经复核认为,本案侦查管辖合法、理由充分,鉴定主体不违法,鉴定意见合法有效。被告人郑锴的行为构成非法运输、出售珍贵、濒危野生动物制品罪。郑锴对羚羊角之外的豹皮等非法运输的大部分珍贵、濒危野生动物制品予以出售的意图不明显,且在商谈羚羊角价格的过程中即被抓获,未造成严重社会危害,其虽不具有法定减轻处罚情节,但根据案件的特殊情况,为罪责刑相均衡,可在法定刑以下判处刑罚,并报请最高人民法院核准。一审判决、二审裁定认定事实清楚,证据确定、充分,定罪准确,量刑适当,诉讼程序合法。依照《中华人民共和国刑法》第六十三条第二款和《最高人民法院关于适用〈中华人民共和国刑事诉讼法〉的解释》第三百三十六条第二项之规定,裁定同意济南市中级人民法院维持济南市槐荫区人民法院对被告人郑锴以非法运输、出售珍贵、濒危野生动物制品罪在法定刑以下判处有期徒刑五年,并处罚金人民币二万元的刑事裁定,报请最高人民法院核准。

最高人民法院经复核认为,被告人郑锴违反国家野生动物保护法规,运输、出售国家重点保护的珍贵、濒危野生动物制品,其行为构成非法运输、出售珍贵、濒危野生动物制品罪。郑锴非法运输、出售珍贵、濒危野生动物制品价值31万余元,情节特别严重,本应处十年以上有期徒刑,但考虑到涉案野生动物制品已全部被查获,郑锴非法出售野生动物制品行为属未遂且欲售价格明显低于鉴定价值等特殊情况,为实现罪责刑相适应,可以对郑锴在法定刑以下判处刑罚。第一审判决、第二审裁定认定的事实清楚,证据确实、充分,定罪准确,量刑适当,审判程序合法。依照《中华人民共和国刑法》第六十三条第二款和《最高人民法院关于适用〈中华人民共和国刑事诉讼法〉的解释》第三百三十八条的规定，裁定核准山东省济南市中级人民法院(2015)济刑一终字第57号维持第一审以非法运输、出售珍贵、濒危野生动物制品罪对被告人郑锴在法定刑以下判处有期徒刑五年，并处罚金人民币二万元的刑事裁定。

二、主要问题

1. 本案的侦查管辖是否合法？

2. 如何审查判断涉案野生动物制品的鉴定意见？

3. 如何准确把握非法运输、出售珍贵、濒危野生动物制品罪的量刑标准？

三、裁判理由

(一)本案的侦查机关具有侦查管辖权

被告人郑锴及其辩护人提出，本案不应由济南市公安局槐荫区分局营市街派出所侦查，应由济南市森林公安机关侦查，侦查程序违法，收集的证据不合法。经审查，国家林业局、公安部制定的《关于森林和陆生野生动物刑事案件管辖及立案标准》(以下简称《管辖及立案标准》)规定，对于未建立森林公安机关的地方，森林和陆生野生动物刑事案件由地方公安机关负责查处。槐荫区分局营市街派出所出具书面说明称，2013年6月22日案发时，该派出所即向山东省公安厅森林警察总队请示有关涉林案件管辖权问题。山东省公安厅森林警察总队答复：济南市槐荫区无森林警察机构，涉林案件一直由各区公安机关自行侦办。2014年9月18日，该派出所派员赴山东省公安厅森林警察总队请示有关涉林案件管辖权问题。山东省公安厅森林警察总队答复：涉林侦查管辖属于公安机关内部工作分工；在未设置森林公安机构的地区，由各分局自行侦办涉林案件。济南市森林公安局出具书面说明称，本案可由济南市公安局槐荫区分局管辖。可见，本案由济南市公安局槐荫区分局侦查有相关规范性文件作为依据，且槐荫区分局营市街派出所在案发时及侦办过程中两次请示上级森林公安机关以确定其是否有侦查权限，均得到肯定答复。故本案侦查管辖合法，槐荫区分局营市街派出所收集到的材料可作为证据使用。

另外,山东省高级人民法院、山东省人民检察院、山东省公安厅、山东省林业厅2013年11月1日印发的《关于森林公安机关办理森林和陆生野生动物刑事、治安和林业行政案件有关问题的通知》要求,自文件下发之日起,省、市、县(市、区)森林公安机关依照《管辖及立案标准》《公安机关办理刑事案件程序规定》和本通知,公安机关各警种及其他部门在工作中发现属于森林公安机关管辖的案件或案件线索,应及时移送森林公安机关。虽然上述文件未规定对于未建立森林公安机关的地方发生的森林和陆生野生动物刑事案件由地方公安机关负责查处,但相对于《管辖及立案标准》,该文件属于下位规定,且该文件出台于本案已侦查完毕移送审查起诉之后,故不影响本案的侦查管辖。综上,一、二审法院认定济南市公安局槐荫区分局对本案具有侦查管辖权,其收集相关证据合法有效,是正确的。

(二)本案对野生动物制品的鉴定符合法律和有关规定

《最高人民法院关于适用〈中华人民共和国刑事诉讼法〉的解释》第八十四条规定,对鉴定意见应当着重审查以下内容:"(一)鉴定机构和鉴定人是否具有法定资质;……(五)鉴定程序是否符合法律、有关规定;……(十)鉴定意见是否依法及时告知相关人员,当事人对鉴定意见有无异议。"司法实践中,被告人及其辩护人经常对鉴定机构和鉴定人是否具有法定资质、鉴定程序是否合法以及鉴定的过程和方法是否符合相关专业的规范要求等提出质疑。本案中,被告人郑锴及其辩护人提出,涉案野生动物制品价值鉴定的主体不合法,涉案赛加羚羊角的价值认定过高。下面分别进行分析:

1.对涉案动物制品进行鉴定的机构无须在司法行政机关编制的鉴定机构名册内

全国人民代表大会常务委员会发布的《关于司法鉴定管理问题的决定》(以下简称《决定》)第二条规定:"国家对从事下列司法鉴定业务的鉴定人和鉴定机构实行登记管理制度:(一)法医类鉴定;(二)物证类鉴定;(三)声像资料鉴定;(四)根据诉讼需要由国务院司法行政部门商最高人民法院、最高人民检察院确定的其他应当对鉴定人和鉴定机构实行登记管理的鉴定事项。法律对前款规定事项的鉴定人和鉴定机构的管理另有规定的,从其规定。"《决定》的释义指出,对于《决定》第二条规定以外的其他鉴定种类,不实行登记制度。之所以这样规定,主要是考虑到司法鉴定涉及的专门性问题十分广泛,将各行各业的技术部门全部纳入登记管理范围不现实也不可能。实践中如果有的案件涉及的专门性问题需要鉴定,而登记范围以内的鉴定人或鉴定机构不能进行鉴定的,可以要求登记范围以外的技术部门或人员进行鉴定,并不妨碍司法鉴定工作。此外,对于这类特殊性质鉴定,最高人民法院 2011 年对山东省高级人民法院关于司法鉴定的复函和 2015 年对黑龙江省司法鉴定管理意见的复函均表明,《决定》规定的三大类鉴定以外的特殊鉴定,目前不受司法行政登记管理的限制。

本案中,对扣押的疑似豹皮、羚羊角及象牙制品等动物制品种属、保护级别及价值认定不属于《决定》规定的需要实行登记制度的鉴定种类,故进行鉴定的机构并非必须在《决定》规定的范围内。本案涉案野生动物制品的鉴定机构和鉴定人——国家林业局森林公安司法鉴定中心的鉴定机构资格证书及两名鉴定人资格证书系公安部颁发,济南市价格认证中心的价格鉴证机构资质证和两名鉴定人资格证书均是国家发展和改革委员会颁发,均具有相应的鉴定资质。因此本案鉴定主体合法,辩护人在二审阶段提出的国家林业局森林公安司法鉴定中心系公安部批准,按照《决定》其不属于具有司法行政部门管理登记的鉴定资质,主体不合法,鉴定结论不应作定案根据的辩护意见不能成立。

2. 涉案野生动物制品价值鉴定的过程和方法符合相关规范要求

关于野生动物制品的价值认定依据,国家发展和改革委员会价格认证中心制定的《野生动物及其产品(制品)价格认定规则》第五条规定,野生动物产品(制品),依法获得出售、收购行政许可的,按野生动物产品(制品)许可交易市场的中等价格认定;未依法获得出售、收购行政许可的,按国家野生动物产品(制品)价值标准相关规定进行价格认定。国家林业局、卫生部、国家工商行政管理总局、国家食品药品监督管理局、国家中医药管理局于 2007 年 11 月 12 日下发的《关于加强赛加羚羊、穿山甲、稀有蛇类资源保护和规范其产品入药管理的通知》要求:"为确保对资源消耗总量的宏观控制,今后所有赛加羚羊、穿山甲原材料仅限用于定点医院临床使用和中成药生产,并不得在定点医院外以零售方式公开出售……因中成药生产需要利用赛加羚羊角、穿山甲片和稀有蛇类原材料的,必须是已取得国家食品药品监督管理部门相应药品生产批准文号的企业。"

本案中,被告人郑锴的辩护人提出,案发后郑锴的父母在淄博药店以每根3000元左右的价格购买过2根赛加羚羊角,鉴定意见认定涉案的4根赛加羚羊角价值12万元偏高,明显不合理。关于郑锴的父母案发后从淄博市淄博齐鲁医药商场连锁有限公司购买的2根赛加羚羊角一节,该公司工作人员解释,该羚羊角系该公司1997年开业时从药材展销会上买来作为展品的,属非卖品,当时购买者称家中有高烧病人,需要羚羊角治病,并称担心羚羊角粉不纯,强烈要求购买整根羚羊角,为了治病救人,药店根据羚羊角粉的价格进行折算,先后出售2根羚羊角。但是,赛加羚羊角除有药用价值外,还具有工艺、观赏性,以药用品或药粉折算其价值既不合理,也不科学。并且,根据上述规定,赛加羚羊角原材料仅限于定点医疗临床使用和中成药生产,在市场上是不允许销售的,故郑锴父母通过非正常手段购买的羚羊角的价格不具有参考价值。因此,不能依据并非通过合法途径购买的赛加羚羊角的价格认定其价值,涉案赛加羚羊角的价值应当按照国家野生动物产品(制品)价值标准相关规定进行计算、认定。

关于涉案野生动物制品价值的计算方法,林业部发布的《关于在野生动物案件中如何确定国家重点保护野生动物及其产品价值标准的通知》规定,国家一级保护陆生野生动物的价值标准,按照该种动物资源保护管理费的12.5倍执行;国家重点保护陆生野生动物具有特殊利用价值或者导致野生动物死亡的主要部分,其价值标准按照该种动物价值标准的80%予以折算。林业部、财政部、国家物价局发布的《陆生野生动物资源保护管理费收费办法》附录2规定,高鼻羚羊(即赛加羚羊)保护管理费6000元/只。本案中,涉案赛加羚羊角属具有特殊利用价值部分,其价值为:4根×6000元×12.5倍×0.8÷2=120 000元。此外,《最高人民法院关于审理破坏野生动物资源刑事案件具体应用法律若干问题的解释》第十一条规定,珍贵、濒危野生动物制品的价值,依照国家野生动物保护主管部门的规定核定;核定价值低于实际交易价格的,以实际交易价格认定。本案中,根据供证情况,郑锴出售2根赛加羚羊角的价格为3000元左右,低于核定价值6万元,故应按核定价值认定。

综上,本案扣押的疑似豹皮、羚羊角及象牙制品等动物制品种属、价值及保护级别先经国家林业局森林公安司法鉴定中心进行鉴定,后二审法院为稳妥起见,又对其中价值认定存在争议的4根赛加羚羊角送济南市价格认证中心进行鉴定,所认定的价值与国家林业局森林公安司法鉴定中心的认定一致。因此,上述鉴定意见应当采信,被告人郑锴及其辩护人提出的相关辩解和辩护意见均不能成立。

(三)对本案被告人郑锴所犯非法运输、出售珍贵、濒危野生动物制品罪,可以在法定刑以下判处刑罚

关于非法运输、出售珍贵、濒危野生动物制品罪的具体量刑标准,目前仍在适用的《最高人民法院关于审理破坏野生动物资源刑事案件具体应用法律若干问题的解释》第五条的规定,即非法收购、运输、出售珍贵、濒危野生动物制品,价值在10万元以上的,属于犯罪情节严重,处五年以上十年以下有期徒刑,并处罚金;价值在20万元以上的,属于犯罪情节特别严重,处十年以上有期徒刑,并处罚金或者没收财产。而关于走私珍贵动物及其制品罪的量刑标准,近年来已经被大幅度提高。2000年起施行的《最高人民法院关于审理走私刑事案件具体应用法律若干问题的解释》(现已失效)第四条规定,走私珍贵动物制品价值10万元以上不满20万元,处五年以上有期徒刑,并处罚金;走私珍贵动物制品价值20万元以上的,属于犯罪情节特别严重,处无期徒刑或者死刑,并处没收财产。但2014年起施行的《最高人民法院、最高人民检察院关于办理走私刑事案件适用法律若干问题的解释》第九条规定,走私珍贵动物制品数额不满20万元的,可以认定为犯罪情节较轻;走私珍贵动物制品数额在20万元以上不满100万元的,处五年以上十年以下有期徒刑,并处罚金;走私珍贵动物制品数额在100万元以上的,属于犯罪情节特别严重。

上述司法解释表明,为适应社会经济的发展变化,走私珍贵动物、珍贵动物制品罪的数额标准自2014年9月以来已经大幅度提高,而非法运输、出售珍贵、濒危野生动物制品罪的量刑标准却没有及时作出相应调整。由

此,原则上非法运输、出售珍贵、濒危野生动物制品罪仍须依照原数额标准量刑。但是,在走私珍贵动物、珍贵动物制品罪的数额标准已大幅度提高的情况下,如果仍然按照原数额标准对非法运输、出售珍贵、濒危野生动物制品罪予以量刑,势必与走私珍贵动物、珍贵动物制品罪的量刑存在明显差异,有违罪责刑相适应原则。因此,根据这一特殊情况,为实现罪责刑相均衡,对于此类案件,可以考虑在法定刑以下判处刑罚。本案即是适例。

本案被告人郑铠所涉犯罪数额为31万余元,依照前述司法解释的规定,则应判处十年以上有期徒刑。但本案具有特殊性:一方面,本案具有需要体现从严的情节,包括郑锴所犯非法运输珍贵、濒危野生动物制品罪系既遂,而非法出售的2根赛加羚羊角包含在运输的涉案物品之中,不能因非法出售珍贵、濒危野生动物制品罪系未遂而对郑锴减轻处罚;郑锴非法运输珍贵、濒危野生动物制品的种类较多,社会危害性相对较大;郑锴在侦查后期开始部分翻供,认罪态度不好。但另一方面,本案需要体现从宽处罚的情节更为突出:(1)涉案野生动物制品全部被查获。由于被人举报,郑锴与逯艺正在交易赛加羚羊角时即被公安人员抓获,郑锴持有的豹类毛皮、羚羊角、象牙雕件等野生动物制品当场被查获,没有进一步流入社会,郑锴的犯罪行为未造成严重危害。(2)郑锴非法出售珍贵、濒危野生动物制品的行为属未遂。公诉机关认为郑锴上述非法出售行为属于犯罪未遂,一、二审均认为系犯罪既遂。我们认为,根据在案证据,郑锴与逯艺仅开始看货检验,尚未确认质量、重量,更未谈妥价款即被抓获,即该二人已经着手犯罪,由于意志以外的原因而未得逞,应当认定为未遂。(3)郑锴欲出售赛加羚羊角的价格明显低于鉴定价值。虽然郑锴非法运输珍贵、濒危野生动物制品价值31万余元,非法出售珍贵、濒危野生动物制品(赛加羚羊角2根)价值6万元,但在案证据证实,对于准备非法出售的赛加羚羊角,郑锴要价每克30元或20元,逯艺还价每克17元,且根据郑锴供述,每根羚羊角重五六十克(鉴定意见书表明未对羚羊角进行称重),按此计算,二人交易的赛加羚羊角的价格3000元左右。虽然鉴定意见认定的赛加羚羊角价值6万元于法有据,但实际交易价格较低在一定程度上反映郑锴主观恶性相对较小。

根据本案的上述特殊情况,一、二审法院对被告人郑锴在法定刑有期徒刑十年以下判处有期徒刑五年，基本上实现了罪责刑相适应，故最高人民法院依法裁定予以核准。

（撰稿：最高人民法院刑五庭　李晓光　邓克珠

审编：最高人民法院刑五庭　马　岩）

[第 1179 号]

陈维有、庄凯思贩卖毒品案

——如何准确认定居间介绍买卖毒品行为

一、基本案情

被告人陈维有,男,1972 年 3 月 13 日出生。2013 年 8 月 10 日因涉嫌犯贩卖毒品罪被逮捕。

被告人庄凯思,女,1993 年 4 月 8 日出生。2013 年 8 月 10 日因涉嫌犯贩卖毒品罪被逮捕。

广东省广州市人民检察院以被告人陈维有、庄凯思犯贩卖毒品罪,向广州市中级人民法院提起公诉。

被告人陈维有及其辩护人辩称,陈维有并非涉案毒品的所有者,只是交易的中间人;本案属于特情引诱,并存在数量引诱。

被告人庄凯思及其辩护人辩称,庄凯思没有参与毒品交易,是为一点酬劳才帮忙介绍陈维有和罗某某认识,仅起到居间介绍的辅助作用,是从犯。

广州市中级人民法院经审理查明:2013 年 7 月 4 日,公安特情人员罗某某经被告人庄凯思介绍与被告人陈维有商议购买毒品事宜。双方商定,陈维有以 22 万元的价格贩卖 3000 克甲基苯丙胺给罗某某介绍的买家。次日 2 时许,陈维有、庄凯思与罗某某会合,到广州市天河区天河公园附近等候他人送来毒品。7 时许,经陈维有联系,由他人开车前来交给陈维有一袋毒品。随后,罗某某、庄凯思、陈维有一同前往广州市黄埔大道西 210 号海涛酒店。到达酒店门口后,庄凯思在车上等候;陈维有手持装有毒品的塑料袋和罗某某上到酒店一房间与罗某某介绍的买家进行交易。当陈维有与买家交接毒品、点验货款时,被事先埋伏的公安人员当场抓获。公安人员从陈维有带来的塑料袋中缴获甲基苯丙胺 3 包,共计净重 2479 克。同时,其他事先埋伏的公安人员在酒店门前将庄凯思抓获。

广州市中级人民法院认为,被告人陈维有、庄凯思结伙贩卖甲基苯丙胺,数量大,其行为均已构成贩卖毒品罪。在共同犯罪中,陈维有是主犯,应当按照其所参与的全部犯罪处罚;庄凯思起次要作用,是从犯,依法可予以减轻处罚。依照《中华人民共和国刑法》第三百四十七条第二款第一项、第二十五条、第二十六条第三款、第二十七条、第四十八条第一款、第五十七条第一款、第五十三条的规定,判决如下:

1. 被告人陈维有犯贩卖毒品罪,判处死刑,缓期二年执行,剥夺政治权利终身,并处没收个人全部财产;

2. 被告人庄凯思犯贩卖毒品罪,判处有期徒刑十三年,并处罚金人民币五万元。

一审宣判后,被告人陈维有、庄凯思均提出上诉。陈维有及其辩护人提出,陈维有没有与买家进行一手交钱一手交货的交易;本案是引诱犯罪,陈维有没有贩毒的主观故意,不构成贩卖毒品罪。庄凯思提出,原判量刑过重。

广东省高级人民法院经二审审理认为,被告人陈维有、庄凯思结伙贩卖甲基苯丙胺,数量大,其行为均已构成贩卖毒品罪。本案确系在公安机关特情人员介入之下侦破,但陈维有在公安机关安排的线人提出购买毒品后,为牟利而联系毒品货源,并携带毒品到预先商定好的交易现场,其主观上具有贩卖毒品的故意。陈维有经庄凯思介绍认识罗某某以后,三人协商毒品的交易数量、价格以及交易方式等,陈维有还联系毒品来源并携带毒品到现场,在共同犯罪中起主要作用,系主犯,应当按照其所参与的全部犯罪处罚。庄凯思介绍罗某某与陈维有交易毒品,并参与毒品交易的整个过程,在共同犯罪中起次要作用,系从犯,可以减轻处罚。鉴于本案是在公安机关的监控下实施的毒品交易,社会危害较小,对各被告人可酌情从轻处罚。原审判决认定的事实清楚,证据确实、充分,定罪准确,量刑适当,审判程序合法。据此,裁定驳回上诉,维持原判,并核准对陈维有的死缓判决。

二、主要问题

1. 对居间介绍买卖、居中倒卖毒品的行为如何进行区分?

2. 对居间介绍买卖毒品的共同犯罪如何认定?

3. 对在公安特情参与下的居间介绍、居中倒卖者如何量刑?

三、裁判理由

(一)被告人陈维有、庄凯思在毒品交易中地位、作用的认定

毒品交易是典型的买卖对合犯罪,一宗非法的毒品交易,除毒品买方与卖方之外,现实中常见多层级的毒品交易上下家,以及处于毒品买方与卖方之间形形色色的"中间人"。其中,既有居间介绍者,也有居中倒卖者。对于毒品交易的居间介绍者,早在1994年最高人民法院印发的《关于适用〈全国人民代表大会常务委员会关于禁毒的决定〉的若干问题的解释》中便作了初步规定。该解释第二条第四款规定:"居间介绍买卖毒品的,无论是否获利,均以贩卖毒品罪的共犯论处。"2008年最高人民法院印发的《全国部分法院审理毒品犯罪案件工作座谈会纪要》(以下简称《大连会议纪要》)从行为人是否牟利、主观上是否明知他人实施毒品犯罪两方面,进一步对居间介绍行为的性质认定作出规定:"明知他人实施毒品犯罪而为其居间介绍、代购代卖的,无论是否牟利,都应以相关毒品犯罪的共犯论处。"

司法实践中,相当一部分贩毒者尤其是一些毒品倒卖者,为获取较轻的刑事处罚,到案后往往辩称自己是居间介绍者,将居间介绍买卖毒品和直接贩卖毒品混淆起来。2015年最高人民法院印发的《全国法院毒品犯罪审判工作座谈会纪要》(以下简称《武汉会议纪要》)针对这一实践问题,在总结以往经验的基础上指出,办理贩卖毒品案件,应当准确认定居间介绍买卖毒品行为,并与居中倒卖毒品行为相区别。关于居间介绍与居中倒卖的区分,《武汉会议纪要》提出可从以下几个方面进行:(1)交易地位与作用。居间介绍者在毒品交易中处于中间人地位,发挥介绍联络作用;居中倒卖者属于毒品交易主体,直接参与毒品交易,对交易的发起和达成起决定作用。(2)共同犯罪形式。居间介绍者通常与交易一方构成共同犯罪,居中倒卖者与前后环节的交易对象是上下家关系。(3)是否牟利。居间介绍者不以牟利为要件,居中倒卖者直接在毒品交易中获利。这些具体规定有助于司法实践中准确认定居间介绍行为。

本案中，特情人员罗某某以毒品买家代理人的身份出现，其首先联系的是被告人庄凯思，还将准备用于交易的现金、银行取款回执的照片发送给庄凯思。从形式上看，庄凯思似乎是罗某某的直接交易对象。但本案证据证实，真正与罗某某交易的是被告人陈维有。在庄凯思介绍罗某某与陈维有认识后，陈维有、罗某某见面商谈交易细节，虽有庄凯思的介入，但确定交易毒品的种类、数量、价格的仍是陈维有、罗某某二人。陈维有、罗某某也均明知交易的对象并非庄凯思。公安机关提取的手机短信息显示，庄凯思并不从本次交易中赚取差价，而是想通过介绍交易获得5000元的好处费。显然，庄凯思并不是本次毒品交易中独立的一方主体，而是陈维有、罗某某之间的居间介绍人。

被告人陈维有与罗某某确定交易毒品时，尚没有直接控制用于交易的毒品。陈维有在与罗某某交易的当日凌晨，才由他人将该批毒品送至陈维有处。陈维有与他人交接毒品的情节，陈维有、庄凯思、罗某某均予证实。从表面上看，陈维有似乎仅是交易的中间人，而不是交易的一方主体。因此，陈维有是独立的毒品交易主体，还是上下家之间的中介人，是本案另一个审查认定的重点。在案证据显示，陈维有虽然没有详细供述毒品来源，但其曾供认联系毒品提供者的情节，供认过毒品提供者同意赊账向其提供毒品，确定交易金额为21万元。结合陈维有以自己的名义与罗某某进行交易，且其向罗某某贩卖毒品的价格高于其所供的向毒品提供者购买毒品的金额，故能认定陈维有是毒品交易链中单独的一环，其获利方式是通过在上下家之间转卖获得差价。故陈维有在毒品交易中具有独立主体地位，应认定其属于在本案中居中倒卖毒品。

（二）对被告人陈维有、庄凯思共同犯罪及主从犯的认定

《武汉会议纪要》对于居间介绍者共同犯罪的认定，作了如下规定：“居间介绍者受贩毒者委托，为其介绍联络购毒者的，与贩毒者构成贩卖毒品罪的共同犯罪；明知购毒者以贩卖为目的购买毒品，受委托为其介绍联络贩毒者的，与购毒者构成贩卖毒品罪的共同犯罪；受以吸食为目的的购毒者委托，为其介绍联络贩毒者，毒品数量达到刑法第三百四十八条规定的最低数量标准的，一般与购毒者构成非法持有毒品罪的共同犯罪；同时与贩毒者、

购毒者共谋,联络促成双方交易的,通常认定与贩毒者构成贩卖毒品罪的共同犯罪。”这一规定依据我国刑法共同犯罪理论,对司法实践中典型的居间介绍买卖毒品行为的共同犯罪认定予以规范,体现出居间介绍人并不具有独立地位,在犯意和犯罪行为上依附于交易一方的本质特征。无论居间介绍者与购毒者还是贩毒者构成共同犯罪,其实质在于与另一方比较,居间介绍者与其中一方更具有共同的犯罪故意和共同的犯罪行为。

本案中,被告人庄凯思、陈维有系同乡、朋友关系,此前庄凯思就知道陈维有贩卖甲基苯丙胺;而庄凯思与罗某某经他人介绍,认识不久。虽然庄凯思是在罗某某提出购买毒品的要求后,才介绍陈维有与罗某某联系,似乎是为罗某某介绍贩毒者。但是,在案证据证实,庄凯思与陈维有关系密切,庄凯思不仅受罗某某所托向其介绍了陈维有,而且直接在罗某某与陈维有之间就交易的核心内容联络沟通,推动双方达成金额22万元的交易。此外,庄凯思还陪同陈维有从上家处接收毒品,并与陈维有共同前往交易地点。显然,庄凯思与陈维有之间具有密切的犯意联络,形成了贩卖毒品的共同故意,并一起实施了贩卖毒品的共同行为,两人也因此构成贩卖毒品的共同犯罪。这一认定,符合前述《武汉会议纪要》中“同时与贩毒者、购毒者共谋,联络促成双方交易的,通常认定与贩毒者构成贩卖毒品罪的共同犯罪”的精神。由于陈维有是独立的一方交易主体,其与上家之间并不存在共同犯罪的认定问题。

在主从犯认定上,《武汉会议纪要》规定:“居间介绍者实施为毒品交易主体提供交易信息、介绍交易对象等帮助行为,对促成交易起次要、辅助作用的,应当认定为从犯;对于以居间介绍者的身份介入毒品交易,但在交易中超出居间介绍者的地位,对交易的发起和达成起重要作用的被告人,可以认定为主犯。”本案中,被告人庄凯思的作用主要体现在为双方牵线介绍,虽然介入到交易的具体过程之中,但其作用在根本上仍属于帮助性质,故本案将其认定为从犯,予以减轻处罚。被告人陈维有作为一方独立的交易主体,对交易达成起主要作用,应认定为主犯。

(三)特情介入情节对本案定罪量刑的影响

特情介入侦破案件,是办理毒品犯罪案件过程中常见的侦查手段。《大连会议纪要》对特情介入案件的处理作了较为详细的规定,明确了犯意引诱的基本特征,以及该情节对量刑尤其是死刑适用的影响。《大连会议纪要》规定:"行为人没有实施毒品犯罪的主观意图,而是在特情诱惑和促成下形成犯意,进而实施毒品犯罪的,属于'犯意引诱'。对因'犯意引诱'实施毒品犯罪的被告人,根据罪刑相适应原则,应当依法从轻处罚,无论涉案毒品数量多大,都不应判处死刑立即执行"。但"对已持有毒品待售或者有证据证明已准备实施大宗毒品犯罪者,采取特情贴靠、接洽而破获的案件,不存在犯罪引诱,应当依法处理"。

本案中,被告人庄凯思供认,此前就知道被告人陈维有贩卖甲基苯丙胺,虽然陈维有对此不予供认,但陈维有在短时间内即能联络到毒品货源,并提供大量甲基苯丙胺用于交易,且经鉴定用于交易的甲基苯丙胺含量达到76.6%,表明陈维有并非临时四处寻购毒品,也并非靠掺杂使假的方法增加毒品数量,而是具有大量贩卖毒品的能力和意愿,有稳定可靠的甲基苯丙胺来源。因此,对于陈维有这种随时具有实施大宗毒品犯罪的能力,且有一定证据显示其曾经贩卖毒品的犯罪分子,公安机关实际是运用了特情接洽的方式抓获贩毒分子,并缴获大量毒品,故不属于犯意引诱。但考虑到陈维有、庄凯思的贩卖毒品行为处于特情人员及其他公安人员密切监控之下,其行为的社会危害性被限制在特定范围之内,故在量刑上对两人均予以从宽处罚,未对实施大量贩卖毒品行为的陈维有判处死刑立即执行,是适当的。

(撰稿:广东省高级人民法院刑四庭　胡晓明
审编:最高人民法院刑五庭　马　岩)

最高人民法院
印发《关于全面推进以审判为中心的刑事诉讼制度改革的实施意见》的通知

法发〔2017〕5号

各省、自治区、直辖市高级人民法院，解放军军事法院，新疆维吾尔自治区高级人民法院生产建设兵团分院；全国地方各中级人民法院，各大单位军事法院，新疆生产建设兵团各中级法院：

为贯彻落实《最高人民法院、最高人民检察院、公安部、国家安全部、司法部关于推进以审判为中心的刑事诉讼制度改革的意见》，全面推进改革工作，最高人民法院制定了《关于全面推进以审判为中心的刑事诉讼制度改革的实施意见》（以下简称《实施意见》），现印发给你们，请结合审判工作实际参照执行。

为了在审判实践中更好地贯彻执行《实施意见》，现提出以下要求：

1. 充分认识改革意义，明确改革方向。推进以审判为中心的刑事诉讼制度改革，是中央十八届四中全会作出的重大决策，是坚持严格司法、确保刑事司法公正的现实需要，是完善人权司法保障的必然要求，体现了中央对司法性质和规律的科学认识和准确把握。各级人民法院要充分认识改革的重要意义，准确把握改革精神，抓好各项改革措施的落实。要充分发挥审判程序的职能作用，确保侦查、审查起诉的案件事实证据经得起法律的检验，通过法庭审判的程序公正实现案件裁判的实体公正，提高司法公信力。

2. 加强组织领导和协调，确保改革取得成效。推进以审判为中心的刑事诉讼制度改革，牵涉到政法工作全局，各级人民法院要紧紧依靠党委领导和人大监督，密切与其他政法机关的沟通、协调，确保各项改革统筹推进，落到实处。各高级人民法院要高度重视，成立由主要领导负责的领导小组，统一领导改革工作，加强对下指导，制定具体可行的实施方案，扎实推进本辖区的改革工作。

3. 注重制度探索，及时总结改革经验。在改革过程中，要遵循刑事诉讼规律，处理好惩罚犯罪与保障人权、实体公正与程序公正、司法公正与司法效率、互相配合与互相制约等关系，确保改革稳步推进。要以庭审实质化改革为核心，以强化证人、鉴定人、侦查人员出庭作证和律师辩护为重点，着力推进庭审制度改革。在贯彻执行过程中遇到的新情况、新问题和探索的新经验、新做法，要认真加以总结，并及时层报最高人民法院。

特此通知。

最高人民法院

2017 年 2 月 17 日

最高人民法院关于全面推进以审判为中心的刑事诉讼制度改革的实施意见

为贯彻落实《最高人民法院、最高人民检察院、公安部、国家安全部、司法部关于推进以审判为中心的刑事诉讼制度改革的意见》，确保有罪的人受到公正惩罚、无罪的人不受刑事追究，实现公正司法，依照法律规定，结合审判实际，对人民法院全面推进以审判为中心的刑事诉讼制度改革提出如下意见：

一、坚持严格司法原则，树立依法裁判理念

1. 坚持证据裁判原则，认定案件事实，必须以证据为根据。重证据，重调查研究，不轻信口供，没有证据不得认定案件事实。

2. 坚持非法证据排除原则，不得强迫任何人证实自己有罪。经审查认定的非法证据，应当依法予以排除，不得作为定案的根据。

3. 坚持疑罪从无原则，认定被告人有罪，必须达到犯罪事实清楚，证据确实、充分的证明标准。不得因舆论炒作、上访闹访等压力作出违反法律的裁判。

4. 坚持程序公正原则，通过法庭审判的程序公正实现案件裁判的实体公正。发挥庭审在查明事实、认定证据、保护诉权、公正裁判中的决定性作用，确保诉讼证据出示在法庭、案件事实查明在法庭、诉辩意见发表在法庭、裁判结果形成在法庭。

二、规范庭前准备程序，确保法庭集中审理

5. 对被告人及其辩护人申请排除非法证据，证据材料较多、案情重大复杂，或者社会影响重大等案件，人民法院可以召开庭前会议。

庭前会议在法庭或者其他办案场所进行，由审判人员主持，控辩双方参加，必要时可以通知被告人到场。

6. 人民法院可以在庭前会议中组织控辩双方展示证据，听取控辩双方对在案证据的意见，并梳理存在争议的证据。对控辩双方在庭前会议中没有争议的证据，可以在庭审中简化举证、质证。

人民法院可以在庭前会议中听取控辩双方对与审判相关问题的意见，询问控辩双方是否提出申请或者异议，并归纳控辩双方的争议焦点。对控辩双方没有争议或者达成一致意见的事项，可以在庭审中简化审理。

被害方提起附带民事诉讼的，可以在庭前会议中进行调解。

7. 控辩双方对管辖、回避、出庭证人名单等事项提出申请或者异议，可能导致庭审中断的，人民法院可以在庭前会议中对有关事项依法作出处理，确保法庭集中、持续审理。

对案件中被告人及其辩护人申请排除非法证据的情形，人民法院可以在庭前会议中核实情况、听取意见。人民检察院可以决定撤回有关证据；撤回的证据，没有新的理由，不得在庭审中出示。被告人及其辩护人可以撤回排除非法证据的申请；撤回申请后，没有新的线索或者材料，不得再次对有关证据提出排除申请。

8. 人民法院在庭前会议中听取控辩双方对案件事实证据的意见后，对明显事实不清、证据不足的案件，可以建议人民检察院补充侦查或者撤回起诉。

对人民法院在庭前会议中建议撤回起诉的案件，人民检察院不同意的，人民法院开庭审理后，没有新的事实和理由，一般不准许撤回起诉。

9. 控辩双方在庭前会议中就相关事项达成一致意见，又在庭审中提出异议的，应当说明理由。

召开庭前会议应当制作笔录，由参加人员核对后签名。

审判人员应当制作庭前会议报告，说明庭前会议的基本情况、程序性事项的处理结果、控辩双方的争议焦点以及就相关事项达成的一致意见。

10. 对召开庭前会议的案件，在法庭调查开始前，法庭应当宣布庭前会议报告的主要内容，实现庭前会议与庭审的衔接。

三、规范普通审理程序，确保依法公正审判

11. 证明被告人有罪或者无罪、罪轻或者罪重的证据，都应当在法庭上出示，依法保障控辩双方的质证权。

对影响定罪量刑的关键证据和控辩双方存在争议的证据，一般应当单独质证。

12. 法庭应当依照法定程序审查、核实、认定证据。证据未经当庭出示、辨认、质证等法庭调查程序查证属实，不得作为定案的根据。

13. 采取技术侦查措施收集的证据，当庭质证可能危及有关人员的人身安全，或者可能产生其他严重后果的，应当采取不暴露有关人员身份、不公开技术侦查措施和方法等保护措施。

法庭决定在庭外对技术侦查证据进行核实的，可以召集公诉人、侦查人员和辩护律师到场。在场人员应当履行保密义务。

14. 控辩双方对证人证言有异议，人民法院认为证人证言对案件定罪量刑有重大影响的，应当通知证人出庭作证。控辩双方申请证人出庭的，人民法院通知证人出庭后，申请方应当负责协助相关证人到庭。

证人没有正当理由不出庭作证的，人民法院在必要时可以强制证人到庭。

根据案件情况,可以实行远程视频作证。

15.控辩双方对鉴定意见有异议,人民法院认为鉴定人有必要出庭的,应当通知鉴定人出庭作证。

16.证人、鉴定人、被害人因出庭作证,本人或者其近亲属的人身安全面临危险的,人民法院应当采取不公开其真实姓名、住址、工作单位和联系方式等个人信息,或者不暴露其外貌、真实声音等保护措施。必要时,可以建议有关机关采取专门性保护措施。

人民法院应当建立证人出庭作证补助专项经费机制,对证人出庭作证所支出的交通、住宿、就餐等合理费用给予补助。

17.人民法院应当依法履行指定辩护和通知辩护职责,确保被告人依法获得法律援助。

配合有关部门逐步扩大法律援助范围,健全法律援助值班律师制度,为派驻人民法院的值班律师提供办公场所及必要的工作条件。

18.法庭应当依法保障控辩双方在庭审中的发问、质证、辩论等诉讼权利。对控辩双方当庭提出的申请或者异议,法庭应当作出处理。

法庭可以在审理过程中归纳控辩双方的争议焦点,引导控辩双方针对影响定罪量刑的实质性问题进行辩论。对控辩双方的发言与案件无关、重复或者扰乱法庭秩序等情形,法庭应当予以提醒、制止。

19.法庭应当充分听取控辩双方的量刑建议和意见,根据查明的事实、情节,参照量刑指导意见规范量刑,保证量刑公正。

20.法庭应当加强裁判说理,通过裁判文书展现法庭审理过程。对控辩双方的意见和争议,应当说明采纳与否的理由。对证据采信、事实认定、定罪量刑等实质性问题,应当阐释裁判的理由和依据。

四、完善证据认定规则,切实防范冤假错案

21.采取刑讯逼供、暴力、威胁等非法方法收集的言词证据,应当予以排除。

收集物证、书证不符合法定程序,可能严重影响司法公正,不能补正或者作出合理解释的,对有关证据应当予以排除。

22.被告人在侦查终结前接受检察人员对讯问合法性的核查询问时,明确表示侦查阶段不存在刑讯逼供、非法取证情形，在审判阶段又提出排除非法证据申请，法庭经审查对证据收集的合法性没有疑问的，可以驳回申请。

检察人员在侦查终结前未对讯问合法性进行核查，或者未对核查过程全程同步录音录像，被告人在审判阶段提出排除非法证据申请，人民法院经审查对证据收集的合法性存在疑问的，应当依法进行调查。

23. 法庭决定对证据收集的合法性进行调查的，应当先行当庭调查。但为防止庭审过分迟延，也可以在法庭调查结束前进行调查。

24. 法庭对证据收集的合法性进行调查的，应当重视对讯问过程录音录像的审查。讯问笔录记载的内容与讯问录音录像存在实质性差异的，以讯问录音录像为准。

对于法律规定应当对讯问过程录音录像的案件，公诉人没有提供讯问录音录像，或者讯问录音录像存在选择性录制、剪接、删改等情形，现有证据不能排除以非法方法收集证据情形的，对有关供述应当予以排除。

25. 现有证据材料不能证明证据收集合法性的，人民法院可以通知有关侦查人员出庭说明情况。不得以侦查人员签名并加盖公章的说明材料替代侦查人员出庭。

经人民法院通知，侦查人员不出庭说明情况，不能排除以非法方法收集证据情形的，对有关证据应当予以排除。

26. 法庭对证据收集的合法性进行调查后，应当当庭作出是否排除有关证据的决定。必要时，可以宣布休庭，由合议庭评议或者提交审判委员会讨论，再次开庭时宣布决定。

在法庭作出是否排除有关证据的决定前，不得对有关证据宣读、质证。

27. 通过勘验、检查、搜查等方式收集的物证、书证等证据，未通过辨认、鉴定等方式确定其与案件事实的关联的，不得作为定案的根据。

28. 收集证据的程序、方式存在瑕疵，严重影响证据真实性，不能补正或者作出合理解释的，有关证据不得作为定案的根据。

29. 证人没有出庭作证，其庭前证言真实性无法确认的，不得作为定案的根据。证人当庭作出的证言与其庭前证言矛盾，证人能够作出合理解释，并与相关证据印证的，可以采信其庭审证言；不能作出合理解释，而其庭前证言与相关证据印证的,可以采信其庭前证言。

经人民法院通知,鉴定人拒不出庭作证的,鉴定意见不得作为定案的根据。

30. 人民法院作出有罪判决,对于定罪事实应当综合全案证据排除合理怀疑。

定罪证据不足的案件,不能认定被告人有罪,应当作出证据不足、指控的犯罪不能成立的无罪判决。定罪证据确实、充分,量刑证据存疑的,应当作出有利于被告人的认定。

五、完善繁简分流机制,优化司法资源配置

31. 推进速裁程序改革,逐步扩大速裁程序适用范围,完善速裁程序运行机制。

对被告人认罪的轻微案件,探索实行快速审理和简便裁判机制。

32. 推进认罪认罚从宽制度改革,对适用速裁程序、简易程序或者普通程序简化审理的被告人认罪案件,法庭应当告知被告人享有的诉讼权利,依法审查被告人认罪认罚的自愿性和真实性,确认被告人了解认罪认罚的性质和法律后果。

法庭确认被告人自愿认罪认罚,同意适用简化审理程序的,应当落实从宽处罚的法律制度。被告人当庭不认罪或者不同意适用简化审理程序的,应当适用普通程序审理。

33. 适用速裁程序审理的案件,应当当庭宣判。适用简易程序审理的案件,一般应当当庭宣判。适用普通程序审理的案件,逐步提高当庭宣判率。

《关于全面推进以审判为中心的刑事诉讼制度改革的实施意见》的理解与适用

戴长林　刘静坤

党的十八届四中全会首次提出推进以审判为中心的诉讼制度改革。这是中央在全面推进依法治国背景下作出的重大司法改革部署，事关依法惩罚犯罪、切实保障人权，是保证司法公正、提高司法公信力的重要举措，对刑事诉讼制度改革和创新具有重要基础支撑作用。2016年6月27日，中央全面深化改革领导小组（以下简称中央深改组）第25次会议审议通过《关于推进以审判为中心的刑事诉讼制度改革的意见》（以下简称《改革意见》）。最高人民法院、最高人民检察院、公安部、国家安全部、司法部共同会签《改革意见》并正式下发执行。为全面贯彻党的十八届四中全会的改革精神，特别是严格落实中央《改革意见》的要求，确保有罪的人受到公正惩罚、无罪的人不受刑事追究，2017年2月20日，最高人民法院制定发布《关于全面推进以审判为中心的刑事诉讼制度改革的实施意见》（以下简称《实施意见》）。这是贯彻落实中央推进以审判为中心的刑事诉讼制度改革的关键举措，也是深化司法体制改革、推进严格司法的内在要求。为便于在改革和实践中正确理解和把握，现就《实施意见》的制定背景、重要意义、基本原则和主要内容逐一作出说明。

一、《实施意见》的制定背景

推进以审判为中心的刑事诉讼制度改革，是中央在全面推进依法治国背景下提出的重大司法改革部署。中央深改组审议通过的《改革意见》既明确了改革的指导方针和政策依据，也为改革提供了制度蓝图和路径指引。

最高人民法院制定《实施意见》作为配套举措，主要是基于以下考虑：

一是全面贯彻落实中央司法体制改革的精神和要求。中央提出推进以审判为中心的刑事诉讼制度改革，为新时期完善司法体制、优化诉讼制度创造了难得的历史契机。《改革意见》共21条，内容提纲挈领，对证据规则和侦查、起诉、辩护、审判等制度提出了系统明确的改革要求，体现了推进以审判为中心的刑事诉讼制度改革的精髓和要义，有助于解决长期以来影响和制约司法公正的体制机制性问题。需要指出的是，中央《改革意见》重点关注改革的总体要求和主要任务，具有较强的原则性和概括性，能否实现预期目标，关键在于贯彻落实。中央深改组审议通过《改革意见》后，最高人民法院根据中央要求，紧扣中央改革文件的精神和要求，结合审判实际认真研究制定《实施意见》，注重配套改革措施的针对性、有效性、可操作性，将中央改革文件的各项举措不折不扣地落实到位。可以说，《实施意见》既是全面贯彻落实中央改革精神和要求的重要抓手，也是法院系统持续深入推进改革的具体指引。

二是全面深入推进刑事司法理念创新和制度创新。中央提出推进以审判为中心的刑事诉讼制度改革，标志着司法体制改革开始进入全新时期和攻坚阶段。新时期新阶段司法改革的过程，本质上是司法理念和司法制度的创新过程，不创新理念和制度，改革就会停滞不前或者陷于空谈。中央明确改革任务和要求后，最高人民法院在推进改革过程中创新理念思路、体制机制、方法手段，通过研究制定《实施意见》，全面深入推进刑事司法理念创新和制度创新，既着眼于强化巩固科学的司法理念，又立足于建立健全符合司法规律的法律制度。具体言之，既要摒弃传统的“重打击、轻保护”“重实体、轻程序”“重口供、轻证据”“重书面审查、轻法庭调查”等落后的司法观念，树立科学的司法理念，同时以科学的司法理念为引领，健全事实认定符合客观真相、办案结果符合实体公正、办案过程符合程序公正的法律制度。在中央改革文件基础上，《实施意见》通过进一步推进理念创新和制度创新，形成实实在在、行之有效的改革成果，稳步有序扎实有力地推进改革。

三是指导全国法院持续深入推进刑事诉讼制度改革。推进以审判为中心的刑事诉讼制度改革，是一项事关司法体制改革全局的重大改革举措，要通过更新司法理念、改进司法方式、优化职权配置、重构诉讼程序，逐步形成以审判为中心的刑事诉讼格局。中央提出推进以审判为中心的刑事诉讼制度改革伊始，最高人民法院就指导各地法院积极推进改革，上海、浙江温州、四川成都、吉林松原等地法院先行先试，针对庭前会议、证人出庭、非法证据排除、律师辩护等问题率先进行探索，取得了积极成效。中央出台《改革意见》确定顶层设计方案后，最高人民法院全面总结前期改革成果，认真研究制定《实施意见》，继续指导各地法院总结提炼符合中央要求并且可复制、可推广的成功经验，持续深入推进改革。

二、《实施意见》的重要意义

近年来，随着2010年“两个证据规定”等重要改革文件陆续出台，以及2012年刑事诉讼法作出系统性修改，刑事诉讼制度不断发展完善，但由于有罪推定等错误司法观念尚未根除，一些关键性的法律制度尚未确立，刑讯逼供、非法取证等违法办案情形一再出现，重大刑事冤假错案时有发生，严重影响司法的公正性和公信力。中央审时度势提出推进以审判为中心的刑事诉讼制度改革，并专门出台《改革意见》，具有里程碑式的历史意义和至关重要的现实意义。最高人民法院制定《实施意见》，有助于全面贯彻落实中央改革的精神和要求，确保改革取得预期效果。

一是推动确立审判在刑事诉讼中的中心地位和决定性作用。司法活动具有特殊的属性和规律。强调刑事诉讼以审判为中心，是审判权作为最终的判断权和裁决权的性质所决定的。《关于〈中共中央关于全面推进依法治国若干重大问题的决定〉的说明》中指出：“充分发挥审判特别是庭审的作用，是确保案件处理质量和司法公正的重要环节。”这一论断充分揭示出审判特别是庭审在刑事诉讼中的关键关口功能，充分展示出发挥审判功能与确保司法公正的内在紧密关联，是符合司法原理和诉讼规律的。《实施意见》立足审判实际，全面深入推进以审判为中心的刑事诉讼制度改革，有助于进一步完善刑事诉讼制度，充分发挥审判特别是庭审的功能，努力推动实现“诉讼以审判为中心”“审判以庭审为中心”，构建以审判为中心的刑事诉讼格局。

强调“诉讼以审判为中心”，有助于发挥审判在刑事诉讼中的关键关口功能,积极引导并努力确保侦查、审查起诉的案件事实证据经得起法律的检验。在刑事诉讼领域,侦查、起诉、审判是前后相继的三个诉讼环节,也是防范冤假错案的三道程序防线。其中,审判作为诉讼中决定被告人罪责刑问题的决定性环节,是防范冤假错案的关键性防线。一旦审判未能发挥应有功能,案件质量将受到直接影响,司法公正将缺乏根本保障,甚至可能导致冤假错案发生。

强调"审判以庭审为中心",有助于落实证据裁判、非法证据排除、疑罪从无等法律原则,保证庭审在查明事实、认定证据、保护诉权、公正裁判中发挥决定性作用。公正规范的庭审,有助于查明案件事实真相,有助于体现诉讼程序公正,有助于解决控辩双方争议。这是审判在诉讼中发挥最终裁判决定性作用的制度基础。一旦庭审弱化、虚化,将直接削弱审判的功能,进而影响案件的实体公正和程序公正。

二是推动解决影响和制约刑事司法公正的体制机制性问题。问题是时代的声音,是改革的导向。在刑事诉讼领域,影响和制约司法公正的问题纷繁芜杂、盘根错节,只有厘清主要矛盾,着力解决带有根本性的体制机制性问题,才能确保改革取得预期成效。《关于〈中共中央关于全面推进依法治国若干重大问题的决定〉的说明》中指出:"在司法实践中,存在办案人员对法庭审判重视不够,常常出现一些关键证据没有收集或者没有依法收集,进入庭审的案件没有达到'案件事实清楚、证据确实充分'的法定要求,使审判无法顺利进行。"实践表明,案件中的事实证据问题始终是影响司法公正的突出问题;侦查、审查起诉的事实证据达不到法定证明标准,是当前制约公正审判的突出问题。

当前阶段受各种体制机制性问题的影响和制约,人民法院的审判活动经常面临"无法顺利进行"的困境,即侦查、审查起诉阶段未能发现和解决的事实证据问题,最终要在审判阶段兜底解决,人民法院一旦受理达不到法定证明标准的案件,就往往陷入"定放两难"的境地:如果勉强下判,既违反法律规定,也极有可能导致冤假错案;如果依法放人,又难以承受放纵罪犯的质疑等巨大压力。这些问题导致疑罪从无原则难以落实,超期羁押难以禁绝,冤假错案难以防范。《实施意见》以问题为导向,致力于解决制约公正审判的制度难题，有助于推动政法机关在刑事诉讼过程中抓源头、重制约、守底线，从根本上解决司法实践中起点错、跟着错、错到底的问题。

三是推动建立健全冤假错案的有效防范和及时纠正机制。冤假错案虽然是个别现象，但它对法治的冲击力和破坏力是致命性的。推进以审判为中心的刑事诉讼制度改革，底线标准就是要切实防范冤假错案。《关于〈中共中央关于全面推进依法治国若干重大问题的决定〉的说明》中指出："这项改革有利于促使办案人员增强责任意识，通过法庭审判的程序公正实现案件裁判的实体公正，有效防范冤假错案产生。"

目前发现和纠正的冤假错案大多是陈年旧案，但其中反映的深层次制度问题，在当前的司法实践中仍然不同程度存在，仍然严重制约着司法公正。因此，对冤假错案的严重危害性要始终保持清醒认识，对发生冤假错案的现实可能性要始终保持高度警惕。反思目前发现和纠正的冤假错案，除了有罪推定等错误司法观念尚未根除外，深层次的原因还在于一些关键性的诉讼制度未能落到实处，政法机关的职能作用没有得到充分发挥。例如，尽管法律严禁刑讯逼供、非法取证，倡导尊重和保障人权，但由于非法证据排除、证人出庭作证等关键制度的规定不够明确、要求不够具体，办案人员认识不够一致、执行不够严格，加上不科学的考核指标等因素影响，司法实践中普遍存在非法证据排除难、证人出庭率低、律师辩护率低等问题，严重制约司法公正。《实施意见》以防范冤假错案为根本出发点，通过有针对性地完善证据制度和诉讼程序，有助于健全落实证据裁判、非法证据排除、疑罪从无等法律原则的法律制度，完善公检法各机关"分工负责、互相配合、互相制约"的体制机制，夯实防范冤假错案的制度基础，筑牢防范冤假错案的程序防线。

三、《实施意见》的基本原则

推进以审判为中心的刑事诉讼制度改革，涉及政法各机关、刑事诉讼各环节，是牵一发而动全身的系统性、综合性改革，必须坚持系统思维和辩证思维，由政法各机关统筹协调、步调一致地加以推进，防止简单化和片面化，切实把中央的改革精神和要求落到实处。《实施意见》既是落实中央改革精神和要求的配套性措施，也是当前和今后较长一段时期指导刑事审判制度改革和刑事审判实践的关键性文件。为强化《实施意见》的指导性和可操作性，在制定过程中主要遵循以下原则：

一是遵循刑事诉讼的基本规律。在刑事诉讼过程中，尽管侦查、审查起诉阶段也涉及对犯罪事实和犯罪嫌疑人刑事责任等问题的认定，但相比之下，审判阶段对罪责刑问题的认定和解决才具有终局性、权威性。强调刑事诉讼以审判为中心，是审判权作为最终的判断权和裁决权的性质所决定的，是落实刑事诉讼法“未经人民法院依法判决，对任何人都不得确定有罪”基本原则的必然要求。《实施意见》立足中央改革精神和要求，以“确保有罪的人受到公正惩罚、无罪的人不受刑事追究”为宗旨，坚持严格司法和公正审判等原则理念，进一步明确审判的要求和标准，努力促使侦查、审查起诉活动始终围绕审判程序进行，确保侦查、审查起诉的办案标准符合审判的法定定案标准，从源头上防止事实不清、证据不足的案件或者违反法定程序的案件“带病”进入审判程序。在设计具体的程序和规则时，始终坚持证据裁判、非法证据排除、疑罪从无和程序公正等基本原则，确保法庭居中裁判，控辩双方诉讼地位平等，通过法庭审判的程序公正实现案件裁判的实体公正。

二是聚焦公正审判的制度难题。中央深改组审议通过《改革意见》时指出：“要着眼于解决影响刑事司法公正的突出问题，把证据裁判要求贯彻到刑事诉讼各环节，健全非法证据排除制度，严格落实证人、鉴定人出庭作证，完善刑事法律援助，推进案件繁简分流，建立更加符合司法规律的刑事诉讼制度。”这些都是实践中制约公正审判的制度性问题，也是长期以来难以解决的老大难问题。中央改革文件紧扣上述问题，对证据规则和侦查、起诉、辩护和审判等制度分别提出了针对性的改革要求。在此基础上，《实施意见》聚焦实践中反映突出的制度难题，从确保公正审判的角度，既充分整合现有的法律原则和法律规定，又结合司法规律探索创新制度机制，提出了更加系统化、具体化的改革举措。考虑到实践问题的复杂性，《实施意见》并未试图一蹴而就地解决所有的制度难题，而是坚持循序渐进的原则，对当前可以解决的问题提出明确具体的改革要求，对有待逐步解决的问题提出初步的探索性解决方案。

三是统筹兼顾多元的诉讼价值。刑事诉讼领域具有多元的价值追求，《实施意见》统筹兼顾各种诉讼价值，致力于确保改革顺利进行并取得良好效果。要致力于促进惩罚犯罪和保障人权的有机统一，科学评估改革举措的预期效果，避免一强调惩罚犯罪就忽视保障人权，一强调保障人权就放松惩罚犯罪。要致力于实现实体公正和程序公正的有机统一，将坚守程序规则、捍卫程序公正作为防范冤假错案的制度保障，促使办案人员学会并适应在程序规则范围内执法办案。要致力于追求司法公正和司法效率的有机统一，坚持"公正优先、兼顾效率"的原则，司法效率必须服从于司法公正，在保证司法公正前提下尽可能提高司法效率，避免不必要的程序烦琐和诉讼拖延。要致力于实现互相配合和互相制约的有机统一，既在分工负责基础上强调互相配合，避免相互掣肘、各行其是，又强调坚持原则，依法办案，避免迁就照顾、将错就错，从而形成有力的相互制约机制，筑牢防范冤假错案的制度防线。

四、《实施意见》的主要内容

《实施意见》分五个部分，共计 33 条，包括严格司法原则、庭前准备程序、普通审理程序、证据认定规则和繁简分流机制等内容，涵盖审判程序和证据制度等领域亟待改革完善的突出问题，对人民法院全面推进以审判为中心的刑事诉讼制度改革具有重要意义。具体如下：

（一）坚持严格司法原则，树立依法裁判理念

原则和理念是制度的基础。有什么样的原则和理念，就会有什么样的制度和实践。党的十八届四中全会首次提出推进严格司法，并将之作为推进以审判为中心的刑事诉讼制度改革的指导原则。坚持严格司法原则，就是要切实贯彻落实宪法法律规定，使纸面上的法律真正成为实践中的法律。《实施意见》第一部分强调"坚持严格司法原则，树立依法裁判理念"，要求人民法院坚持严格司法的各项要求，坚守依法裁判的司法理念，推动建立符合司法规律的刑事审判制度。

1. 坚持证据裁判原则。证据裁判原则作为刑事诉讼的基石性原则，是对侦查、起诉、审判各环节统一适用的要求。中央《改革意见》（第二条第二

款)规定:"侦查机关、人民检察院应当按照裁判的要求和标准收集、固定、审查、运用证据,人民法院应当按照法定程序认定证据,依法作出裁判。"坚持证据裁判原则,主要有以下要求:

一是必须以证据为根据认定案件事实。刑事诉讼事关重大,不容丝毫偏差,为切实防范冤假错案,必须坚持以证据为根据,依法准确认定案件事实。侦查机关侦查终结、人民检察院提起公诉,都是为审判所做的程序准备,只有人民法院基于全案证据认定的案件事实才具有终局性、权威性。人民法院要严格依据在案证据认定案件事实,不能直接将起诉指控的事实认定为案件事实,也不能忽视案件事实证据存在的问题勉强作出裁判。

二是重视实物证据的收集和运用。刑事诉讼法明确要求,重证据,重调查研究,不轻信口供。此前在司法实践中,一些办案人员受传统观念影响,办案过于依赖口供,不重视收集其他证据特别是实物证据;一旦获取口供就简单结案,不注意核查口供中的疑问,也不重视收集实物证据来佐证口供。由于犯罪嫌疑人、被告人翻供的情形比较普遍,加之法律已经确立非法证据排除规则,对于以口供为主、证据体系薄弱的案件,一旦口供的真实性或者合法性存疑,不能作为定案的根据,就难以认定案件事实,事后再想补查补正往往已丧失条件。这是司法实践中出现疑罪的重要原因。在执法办案标准不断提高、新型犯罪层出不穷的新形势下,为了夯实案件的证据基础,必须要切实改变"口供至上"的观念和做法,重视实物证据的收集和运用,实现办案模式从"由供到证"向"由证到供"的根本转变。需要指出的是,强调减少对口供的依赖,并不是说不重视口供的功能,而是要避免"唯口供论"的做法,并且要依法规范收集口供;强调重视实物证据的收集和运用,也不是说所有的案件必须有实物证据才能定案,而是要求对存在实物证据的案件,要重视实物证据的收集和运用。

2. 坚持非法证据排除原则。实践表明,刑讯逼供、非法取证是导致冤假错案的重要原因。党的十八届三中全会决定要求,严禁刑讯逼供、体罚虐待,严格实行非法证据排除规则。党的十八届四中全会进一步指出,加强对刑讯逼供和非法取证的源头预防,健全落实非法证据排除等法律原则的法律制度。坚持非法证据排除原则,主要有以下要求:

一是重视审查取证程序合法性。为切实防止刑讯逼供，落实不得强迫任何人证实自己有罪的要求，中央《改革意见》（第五条）规定了“两个严格”的讯问程序规则，即严格按照有关规定要求，在规范的讯问场所讯问犯罪嫌疑人；严格按照法律规定对讯问过程全程同步录音录像，逐步实行对所有案件的讯问过程全程同步录音录像。同时要求探索建立重大案件侦查终结前对讯问合法性进行核查制度。人民法院在审判过程中要严格落实中央《改革意见》的新规定、新要求，重视审查取证程序合法性，督促办案机关强化对刑讯逼供和非法取证的源头预防，对非法证据尽早发现、尽早排除。

二是严格依法排除非法证据。证据必须具有证据能力，否则不能作为诉讼证据使用，更不能作为定案的根据。人民法院在审判过程中，要严格区分证据能力和证明力两个不同的范畴，重视对证据能力的审查，依法认定、严格排除各类非法证据，不能将证据的合法性和真实性混为一谈。同时要严格规范证据合法性的审查、调查程序，建立健全程序性裁判规则，依法处理证据合法性争议。

3. 坚持疑罪从无原则。由于各种主客观原因，总有一些案件“虚实之证等、是非之理均”。这是人类认识活动的客观规律，也是司法活动的基本规律。为有效防范冤假错案，保障无罪的人不受刑事追究，要切实改变只强调惩治犯罪而忽视保障人权的观念和做法，严格执行法定证明标准，对于疑罪案件不能认定被告人有罪。坚持疑罪从无原则，主要有以下要求：

一是严格执行法定证明标准。刑事诉讼法确定的证明标准，是认定被告人有罪的刚性标准；坚持疑罪从无原则，是法律的硬性要求。中央《改革意见》（第十五条）规定：“证据不足，不能认定被告人有罪的，应当按照疑罪从无原则，依法作出无罪判决。”坚持疑罪从无原则，可能会暂时“放纵”一些人，但这是维护刑事司法公正必须付出的代价。人民法院应当切实落实疑罪从无原则，杜绝疑罪从有、从轻、从挂等错误做法，真正做到有罪则判，无罪放人。

二是坚持依法独立公正审判。近年来发现的一些冤假错案，多是由于审判活动受到外界不当干扰，人民法院面对外界压力未能坚持依法独立公正审判，作出违背事实和法律的裁判。实践表明，坚持依法独立公正审判，是确保办案质量的基本前提,丝毫不能放松。为确保人民法院依法独立公正行使审判权,中央陆续出台《领导干部干预司法活动、插手具体案件处理的记录、通报和责任追究规定》和《保护司法人员依法履行法定职责规定》等重要文件,对于审判活动受到不当干扰等情形,应当依照中央有关规定作出严肃处理,不得因舆论炒作、上访闹访等压力作出违反法律的裁判。

4.坚持程序公正原则。正当程序具有规范和制约权力、尊重和保障人权等重要价值,是保证公正司法、提高司法公信力的制度基础。程序规则的适用有时可能不利于查明真相,但坚守法律程序,既是法治的内在要求,也是防范冤假错案的根本保障。坚持程序公正原则,主要有以下要求:

一是确保审判阶段控辩平等对抗。控辩双方平等对抗是公正审判的基本要求。目前在公诉案件中,控诉方与辩护方在诉讼能力方面存在较大差距,控强辩弱的问题较为突出。为确保审判程序的公正性,有必要逐步提高辩护率,为被告人提供必要的法律帮助,依法保障被告人在审判阶段的各项诉讼权利。

二是全面规范法庭审理程序。司法实践中,一些法官判案主要依赖案卷笔录,"先入为主""先定后审""庭审流于形式"等问题较为严重。为维护庭审的终局性、权威性,要切实改变"重实体、轻程序"的观念和做法,自觉遵守刑事诉讼法有关规定,严格按照法定程序审判案件,完善法庭调查、法庭辩论程序,规范程序性裁判的审理规程,充分发挥庭审在查明事实、认定证据、保护诉权、公正裁判中的决定性作用,确保诉讼证据出示在法庭、案件事实查明在法庭、控辩意见发表在法庭、裁判结果形成在法庭。

(二)规范庭前准备程序,确保法庭集中审理

充分的庭前准备,是确保庭审公正高效进行的基础。控辩双方通过庭前会议可以加强沟通,减少不必要的争议。法庭可以通过庭前会议了解情况、听取意见,确定控辩双方争议焦点和庭审的重点难点。中央《改革意见》(第十条)规定:"对适用普通程序审理的案件,健全庭前证据展示制度,听取出庭证人名单、非法证据排除等方面的意见。"根据中央改革文件的明确要求,《实施意见》第二部分强调"规范庭前准备程序,确保法庭集中审理",要求人民法院进一步强化庭前准备程序,保证法庭集中、高效审理。

1. 完善庭前会议程序。2012 年刑事诉讼法确立了庭前会议程序,有关司法解释进一步明确了庭前会议的相关要求。由于法律和司法解释的规定较为原则,没有设置具体的操作程序,也没有明确庭前会议的效力等问题,导致实践中庭前会议的适用率较低。为进一步规范庭前会议的运作,充分发挥庭前会议的预期功能,《实施意见》主要有以下要求:

一是明确庭前会议的基本规程。由于庭前会议本身需要耗费一定的司法资源,因此不是越多越好,只有那些存在可能导致庭审中断的程序性争议的案件和重大疑难复杂的案件,才有必要召开庭前会议。也就是说,庭前会议不是所有案件审判活动的必经程序。为合理限定庭前会议的适用范围,《实施意见》(第五条第一款)规定:"对被告人及其辩护人申请排除非法证据,证据材料较多、案情重大复杂,或者社会影响重大等案件,人民法院可以召开庭前会议。"

关于庭前会议的召开方式,《实施意见》(第五条第二款)规定:"庭前会议在法庭或者其他办案场所进行,由审判人员主持,控辩双方参加,必要时可以通知被告人到场。"从立法定位来看,庭前会议是庭审的准备程序,并非正式的庭审,并不解决定罪量刑等实体性问题。同时,庭前会议中侧重由控辩双方协商解决相关的问题,原则上无须公开进行。因此,尽管强调完善庭前会议程序,但不能弱化法庭审理,更不能以庭前会议替代法庭审理。作为庭前准备程序,庭前会议应当在正式开庭审理之前召开,但需要确保控辩审各方做好相应的准备。同时,由于庭前会议并非正式的庭审,因此召开地点并无严格的要求,既可以在人民法院的会议室进行,也可以在法庭进行。庭前会议可以由合议庭全体成员或者由承办人单独组织召开,但法官助理不能独立主持召开庭前会议。召开庭前会议,根据案件情况,必要时可以通知被告人参加。由于庭前会议涉及专门的法律问题,因此,被告人应当在辩护人的帮助下参与庭前会议,并且在辩护人的帮助下协商解决相关问题。

二是明确庭前会议的主要内容。2012 年刑事诉讼法规定,庭前会议中可以对"回避、出庭证人名单、非法证据排除"等事项了解情况、听取意见。基于司法实践需要,有关司法解释对庭前会议可以处理的程序性申请和异议作出进一步的规定,涵盖了常见的程序性问题。从立法定位来看,只要是可能导致庭审中断、影响庭审顺利进行的程序性问题,都可以在庭前会议中解决。《实施意见》(第七条第一款)进一步明确规定,控辩双方对管辖、回避、出庭证人名单等事项提出申请或者异议,可能导致庭审中断的,人民法院可以在庭前会议中对有关事项依法作出处理,确保法庭集中、持续审理。对于司法实践中较为常见的被告人及其辩护人申请排除非法证据的情形,《实施意见》(第七条第二款)作了重点规定,同时明确要求,在庭前会议中,人民检察院决定撤回证据或者被告人决定撤回排除非法证据申请的,没有新的理由或者线索,撤回的证据不得在庭审中出示,被告人不得再次提出相关申请。

除解决控辩双方提出的程序性异议和申请外,人民法院还应当通过庭前会议组织证据展示并整理争议焦点。《实施意见》(第六条第一款、第二款)规定:人民法院可以在庭前会议中组织控辩双方展示证据,听取控辩双方对在案证据的意见,并梳理存在争议的证据;可以听取控辩双方对与审判相关问题的意见,询问控辩双方是否提出申请或者异议,并归纳控辩双方的争议焦点。通过证据展示,控辩双方可以了解对方准备在法庭上出示的证据材料,避免诉讼突袭。法庭可以通过了解情况、听取意见,整理和明确控辩双方的争议焦点,进而在庭审中可以围绕争议问题组织控辩双方积极举证、质证和辩论,突出庭审调查的针对性,提高庭审辩论的充分性,确保庭审的成效。

此外,如果被害方提起附带民事诉讼,人民法院可以在庭前会议中进行调解。在庭前以调解方式处理附带民事诉讼,能有效促使被告人、被害人达成和解,使被害人尽早得到赔偿。与庭后调解相比,庭前调解更加有利于实现量刑均衡和案结事了,因此,如果召开庭前会议,可以一并进行调解。

三是明确庭前会议对控辩双方的效力。刑事诉讼法和司法解释对庭前会议的规定较为原则,并未明确规定庭前会议的效力问题。由于对控辩双方在庭前会议中达成一致意见的效力问题缺乏明确规定,导致庭前会议难以充分发挥预期功能。对此,《实施意见》(第九条第一款)规定:"控辩双方在庭前会议中就相关事项达成一致意见,又在庭审中提出异议的,应当说明理由。"对庭前会议中控辩双方达成的一致意见赋予约束力,符合法律规定的精神和改革要求，有助于实现法庭集中高效审理。

2. 完善庭前会议与庭审的衔接机制。为充分发挥庭前会议的预期功能，应当实现庭前会议与庭审的顺利衔接。庭前会议程序中梳理争点、解决争议的情况，有必要在开庭审理时公开宣布，确保人民法院基于庭前会议的准备情况有效开展庭审。关于庭前会议与庭审的衔接机制，《实施意见》主要有以下要求：

一是固定庭前会议的准备情况。为全面、完整记录庭前会议的过程和内容，便于与后续法庭审理程序顺利衔接，《实施意见》（第九条第二款、第三款）规定："召开庭前会议应当制作笔录，由参加人员核对后签名。审判人员应当制作庭前会议报告，说明庭前会议的基本情况、程序性事项的处理结果、控辩双方的争议焦点以及就相关事项达成的一致意见。"

二是在庭审时宣布庭前会议报告的主要内容。为提高法庭审理的效率和针对性，《实施意见》（第十条）规定："在法庭调查开始前，法庭应当宣布庭前会议报告的主要内容，实现庭前会议与庭审的衔接。"根据中央的改革精神和要求，刑事案件的处理应当以法庭审理为中心，案件的定罪量刑等实质性问题均应当在法庭上解决。即使庭前会议梳理了相关的事实证据争点，庭审中也要针对相关问题进行调查、质证和辩论，尤其是定案的关键证据，要坚持一证一质、充分质证，不能过于简化，更不能省略举证、质证程序，进而确保案件的实体公正和程序公正。

3. 规范撤回起诉程序。为防止"事实不清、证据不足"的案件轻易进入审判程序，对于不符合开庭要求的案件有必要进行相应的分流处理，切实发挥庭前准备程序的过滤功能。根据中央《改革意见》要求，有必要进一步规范撤回起诉程序。

一是建立开庭前建议人民检察院补充侦查或者撤回起诉制度。1996 年刑事诉讼法取消退回补充侦查制度后，对公诉案件实行程序性审查，导致一些事实不清、证据不足的案件随意进入审判程序，既浪费审判资源，又使人民法院面临定放两难的困境。为将审判程序防范冤假错案的关口前移，《实施意见》（第八条第一款）规定："人民法院在庭前会议中听取控辩双方对案件事实证据的意见后，对明显事实不清、证据不足的案件，可以建议人民检察院补充侦查或者撤回起诉。”

二是规范庭审环节的撤回起诉问题。《实施意见》(第八条第二款)规定:“对人民法院在庭前会议中建议撤回起诉的案件,人民检察院不同意的,人民法院开庭审理后,没有新的事实和理由,一般不准许撤回起诉。”这是因为,司法实践中,对于进入庭审程序的公诉案件,人民法院准许撤回起诉后,人民检察院简单补充证据后再次提起公诉,这种程序回流严重影响法庭裁判的权威性,也是造成超期羁押的重要原因。强调诉讼以审判为中心,应当确保司法裁判的终局性和权威性,人民法院开庭审理后,没有新的事实和理由,应当严格限制撤回起诉,对于证据不足、指控的犯罪不能成立的,应当依法宣告被告人无罪。

(三)规范普通审理程序,确保依法公正审判

强调诉讼以审判为中心,一审庭审是核心,庭审规程是关键。在落实繁简分流原则基础上,对被告人不认罪的案件和重大疑难案件,要通过精密规范的普通程序进行审理,贯彻落实直接言词原则,着力改变过去庭审以案卷为中心的做法,避免庭审流于形式,使庭审真正成为确认和解决被告人罪责刑问题的决定性环节。《实施意见》第三部分强调“规范普通审理程序,确保依法公正审判”,要求人民法院积极推进庭审实质化,通过公正规范的庭审切实发挥应有的把关、制约作用,促使公、检、法三机关依法规范侦查、起诉和审判活动,共同维护司法公正。

1. 规范证据调查程序。证据是认定案件事实、解决控辩争议的基础。法庭审判应当紧紧围绕证据进行,将证据调查作为法庭调查的核心内容,靠证据“说话”,以事实“服人”。法庭在证据调查环节,要充分听取控辩双方对证据的质证意见,通过规范的举证、质证程序发现和解决证据争议,依法准确认定案件事实。关于证据调查程序,《实施意见》有以下要求:

一是明确举证、质证的原则要求。举证、质证是庭审证据调查的关键环节,也是法庭发现和解决案件事实证据问题的重要途径。控诉方的指控是否成立,辩护方的辩解能否得到法庭认可,最终都取决于证据。中央《改革意见》(第十一条)规定:“证明被告人有罪或者无罪、罪轻或者罪重的证据,都应当在法庭上出示,依法保障控辩双方的质证权利。”控辩双方通过公开

的举证、质证程序向法庭全面出示证据，充分发表质证意见，进行有针对性地论证和反驳，有助于确保诉讼证据出示在法庭、案件事实查明在法庭。《实施意见》重申中央改革文件的要求，对被告人不认罪、适用普通程序审理的案件，法庭要结合庭前证据展示制度，督促控辩双方全面出示已经收集在案的证据材料，特别要注意维护被告人的质证权，依法解决事实证据争议。同时，法庭要注意审查办案机关是否随案移送所有证据，避免因选择性举证而影响案件事实的准确认定。

二是明确证据的质证方式。为实现庭前会议与庭审的有效衔接，兼顾庭审的质量和效率，中央《改革意见》（第十一条）规定："对定罪量刑的证据，控辩双方存在争议的，应当单独质证；对庭前会议中控辩双方没有异议的证据，可以简化举证、质证。"在此基础上，《实施意见》（第十一条第二款）进一步强调："对影响定罪量刑的关键证据和控辩双方存在争议的证据，一般应当单独质证。"为避免庭审质证流于形式，法庭要坚决杜绝对关键证据和争议证据"打包质证""捆绑质证"的做法，规范证据的质证方式，推进司法证明的实质化。同时，对于被告人认罪、适用简化程序审理的案件，可以采用相对简化的质证方式：对控辩双方没有争议的证据，可以仅就证据的名称及其证明的事项作出说明；对控辩双方存在争议，或者法庭认为有必要调查核实的证据，应当进行质证。

三是明确未经质证不得认证规则。根据法律规定，控辩双方向法庭提交的证据，只有经过法定程序查证属实，才能作为定案的根据。《实施意见》（第十二条）进一步要求："证据未经当庭出示、辨认、质证等法庭调查程序查证属实，不得作为定案的根据。"这既是对法庭审判的规范，也是对侦查、审查起诉的要求。一方面，法庭应当严格依照法定程序审查、核实、认定证据，严格执行法律规定的证据规则，避免因证据把关不严而影响办案质量。另一方面，法庭严格把握证据采纳标准，促使侦查、审查起诉的事实证据接受庭审的严格检验，有助于增强办案人员的责任意识、证据意识、规则意识、程序意识，从根本上提高取证水平和案件质量。

四是明确技术侦查证据的质证规则。对于侦查机关采取技术侦查措施收集的证据材料，是否应当随案移送并当庭质证，实践中存在较大争议，在一些案件中严重制约审判工作顺利进行。中央《改革意见》(第三条)要求,完善技术侦查证据的移送、审查、法庭调查和使用规则以及庭外核实程序。根据法律规定和改革要求,所有证据,包括技术侦查证据,都应当随案移送并接受法庭质证。不过,考虑到技术侦查证据具有一定特殊性,既要遵循未经质证不得认证原则,也要兼顾相关的法益。《实施意见》(第十三条)规定:"采取技术侦查措施收集的证据,当庭质证可能危及有关人员的人身安全,或者可能产生其他严重后果的,应当采取不暴露有关人员身份、不公开技术侦查措施和方法等保护措施。法庭决定在庭外对技术侦查证据进行核实的,可以召集公诉人、侦查人员和辩护律师到场。在场人员应当履行保密义务。"为规范技术侦查证据的使用,有必要进一步完善举证、质证和庭外核实程序。

2. 完善证人、鉴定人出庭作证制度。证人、鉴定人出庭率低,庭审主要围绕书面证据进行,始终是困扰公正审判的突出问题。中央《改革意见》(第十二条)要求,落实证人、鉴定人出庭作证制度,提高出庭作证率。在审判阶段充分体现直接言词原则的要求,有助于维护被告人的质证权,确保法庭准确审查证人证言、鉴定意见的可靠性。关于证人、鉴定人出庭作证制度,《实施意见》主要有以下要求:

一是提高证人、鉴定人出庭作证率。作为证人出庭作证,是公民应尽的法律义务。2012年刑事诉讼法修改,规定了强制证人出庭和证人保护等制度,但由于各种原因,证人、鉴定人出庭率低的问题依然存在。法律要求证人、鉴定人出庭,主要是为了解决事实证据争议,并不是所有案件中的所有证人、鉴定人都有必要出庭作证。立足法律规定和司法实际,有必要进一步明确应当出庭的证人、鉴定人范围。根据中央改革文件的要求,《实施意见》(第十四条第一款)规定:"控辩双方对证人证言有异议,人民法院认为证人证言对案件定罪量刑有重大影响的,应当通知证人出庭作证。"基于该条规定,尽管人民法院可以审查证人出庭的必要性,但这种审查应当侧重于形式审查,只要控辩双方对关键证人的证言提出异议,原则上就应当通知证人出庭。关于鉴定人出庭问题,《实施意见》(第十五条)规定:"控辩双方对鉴定意见有异议,人民法院认为鉴定人有必要出庭的,应当通知鉴定人出庭作证。”控辩双方特别是人民检察院要积极落实举证责任要求，组织动员证人、鉴定人出庭作证。控辩双方申请证人出庭的，人民法院通知证人出庭后，申请方应当负责协助相关证人到庭。证人没有正当理由不出庭作证的，人民法院在必要时可以强制证人到庭。此外，要充分借助现代科技手段推进改革，根据案件情况，可以通过远程视频作证等方式解决证人出庭作证难题。人民法院要完善证人、鉴定人出庭的具体机制，切实提高证人、鉴定人出庭率，推进庭审实质化改革取得看得见的成效。

二是明确证人、鉴定人出庭作证保障机制。法律是权利和义务的统一体。证人履行出庭作证义务的同时，依法享有受到法律保护和获得经济补偿的权利。根据中央改革文件的要求，《实施意见》（第十六条第一款）规定："证人、鉴定人、被害人因出庭作证，本人或者其近亲属的人身安全面临危险的，人民法院应当采取不公开其真实姓名、住址、工作单位和联系方式等个人信息，或者不暴露其外貌、真实声音等保护措施。必要时，可以建议有关机关采取专门性保护措施。”人民法院应当建立健全出庭作证风险评估机制，结合案件实际需要有针对性地采取有效的保护措施，并积极会同有关部门完善专门性保护机制。同时，《实施意见》（第十六条第二款）要求，人民法院应当建立证人出庭作证补助专项经费机制，对证人出庭作证所支出的交通、住宿、就餐等合理费用给予补助。这些都是解决出庭作证后顾之忧，提高出庭积极性的重要举措，需要进一步研究制定具体的配套方案。

3. 完善法律援助制度。刑事辩护率低、辩护质量不高，是长期以来制约司法公正的难题。为加强人权司法保障，确保控辩双方在法庭上平等对抗，有必要进一步完善法律援助制度，充分发挥律师在维护程序公正、切实防范冤假错案等方面的积极作用。关于法律援助制度，《实施意见》主要有以下要求：

一是健全法律援助的实施机制。针对现阶段辩护率低的问题，有必要充分发挥法律援助的制度功能。中央《改革意见》（第二十条第二款）规定："健全依申请法律援助工作机制和办案机关通知辩护工作机制。对未履行通知或者指派辩护职责的办案人员，严格实行责任追究。”《实施意见》（第十七条第一款）进一步要求，人民法院应当依法履行指定辩护和通知辩护职责,确保被告人依法获得法律援助。在此基础上,有必要积极配合有关部门逐步扩大法律援助范围,逐步实行对被告人不认罪的案件或者重罪案件提供法律援助,切实提高辩护率,为深入推进庭审实质化创造必要条件。此外,有必要提高法律援助律师的准入标准,既在程序上确保控辩双方平等对抗,又能够在实质上依法维护被告人的合法权益。

二是健全法律援助值班律师制度。中央《改革意见》(第二十条第一款)规定:"法律援助机构在看守所、人民法院派驻值班律师,为犯罪嫌疑人、被告人提供法律帮助。"在此基础上,《实施意见》(第十七条第二款)要求,健全法律援助值班律师参与诉讼机制,为派驻人民法院的值班律师提供办公场所及必要的工作条件。随着值班律师制度不断完善,有必要探索扩展值班律师的法律职能,促使值班律师实质性地参与刑事诉讼全过程,为犯罪嫌疑人、被告人提供及时有效的法律帮助,依法维护犯罪嫌疑人、被告人的合法权益,减少不必要的法律争议。

4. 完善法庭审理规程。为维护庭审的终局性、权威性,要进一步规范法庭审理规程,完善法庭调查、法庭辩论程序,确保控辩双方实质性地参与庭审,实现控辩双方平等对抗,通过法庭审判的程序公正实现案件裁判的实体公正,促使侦查、起诉按照审判的标准和要求进行,提升整个刑事程序的法治化、规范化水平。关于法庭审理规程,除前述规定以外,《实施意见》主要有以下要求:

一是依法保障控辩双方的诉讼权利。法庭要坚持居中裁判,不偏不倚,特别要注意杜绝追诉倾向,依法保障被告人及其辩护人的辩护辩论权。《实施意见》(第十八条第一款)规定:"法庭应当依法保障控辩双方在庭审中的发问、质证、辩论等诉讼权利。对控辩双方当庭提出的申请或者异议,法庭应当作出处理。"除了依法维护控辩双方平等对抗的庭审构造之外,法庭还要通过庭审实质性地解决控辩双方的争议问题,既不能回避问题,也不能简单驳回各种申请。

二是完善法庭辩论规则。法官不是被动的听审者,而是庭审的主导者和案件的裁判者。《实施意见》(第十八条第二款)规定:"法庭可以在审理过程中归纳控辩双方的争议焦点,引导控辩双方针对影响定罪量刑的实质性问题进行辩论。对控辩双方的发言与案件无关、重复或者扰乱法庭秩序等情形,法庭应当予以提醒、制止。"法官要提高庭审驾驭能力,积极引导控辩双方理性辩论,促使庭审规范有序进行,维护庭审的庄严性和权威性。同时,在充分听取控辩双方意见基础上,要有效归纳、依法处理案件中的事实和法律争议,避免程序烦琐主义,防止庭审不必要的冗长拖沓。

三是完善法庭量刑程序。近年来,最高人民法院持续推进量刑规范化改革,既在实体层面制定发布量刑指导意见,又在程序层面提出建立相对独立的量刑程序。对于适用普通程序审理的案件,在庭审中实行定罪、量刑程序相对分离,有助于解决司法实践中重定罪、轻量刑的问题。《实施意见》(第十九条)规定:"法庭应当充分听取控辩双方的量刑建议和意见,根据查明的事实、情节,参照量刑指导意见规范量刑,保证量刑公正。"随着量刑程序逐步完善,要进一步规范量刑建议和量刑意见,重视对量刑事实的法庭调查,提高量刑辩论的针对性,促使办案机关重视调查量刑事实,全面收集量刑证据。

四是强化裁判说理机制。裁判充分说理是公正审判的逻辑延伸和内在要求。《实施意见》(第二十条)规定:"法庭应当加强裁判说理,通过裁判文书展现法庭审理过程。对控辩双方的意见和争议,应当说明采纳与否的理由。对证据采信、事实认定、定罪量刑等实质性问题,应当阐释裁判的理由和依据。"裁判文书作为人民法院依法裁判的重要载体,要紧扣案件的实质性问题,对控辩双方的争议依法作出回应,充分体现裁判的理由和依据,提高裁判结果的社会认可度。裁判文书上网制度全面推开后,要更加重视裁判文书说理,借助大数据提炼裁判规则,充分发挥类案裁判规则的指导功能,为办案机关依法开展诉讼活动提供必要的参考。

(四)规范证据认定规则,切实防范冤假错案

证据是诉讼的核心问题,没有证据,就没有公正。冤假错案之所以发生,归根结底是案件事实证据存在问题。推进以审判为中心的刑事诉讼制度改革,关键是在刑事诉讼全过程、各环节严格贯彻证据裁判原则的要求。为促使侦查机关、人民检察院按照裁判的要求和标准收集、固定、审查、运用证据,人民法院有必要规范证据的认定规则,严格按照法定程序认定证据,

依法作出裁判。《实施意见》第四部分"规范证据认定标准,切实防范冤假错案",要求严格实行非法证据排除规则,完善非法证据排除程序,细化各类证据的排除规则,完善法律规定的证明标准。

1.严格实行非法证据排除规则。刑事诉讼法确立非法证据排除规则,对遏制刑讯逼供、非法取证发挥了积极作用,但由于法律规定较为原则,各部门对相关规定的理解和认识有较大分歧,导致司法实践中存在非法证据认定难、排除难等问题,既影响法律实施效果,又埋下冤假错案隐患。中央《改革意见》(第四条第二款)规定:"对采取刑讯逼供、暴力、威胁等非法方法收集的言词证据,应当依法予以排除。侦查机关收集物证、书证不符合法定程序,可能严重影响司法公正,不能补正或者作出合理解释的,应当依法予以排除。"为切实防范冤假错案、维护程序公正,对各类非法证据,即使看起来客观真实、非常重要,也不能作为诉讼证据使用,更不能作为定案的根据。根据党的十八届三中、四中全会的改革要求,中央正在制定严格实行非法证据排除规则的改革文件,进一步明确非法证据的范围和认定标准,规范非法证据的排除程序,有助于逐步减少、妥善解决证据合法性争议。此外,中央《改革意见》规定了"两个严格"的讯问程序规则(严格按照有关规定要求,在规范的讯问场所讯问犯罪嫌疑人;严格依照法律规定对讯问过程全程同步录音录像,逐步实行对所有案件的讯问过程全程同步录音录像),为确保"两个严格"的要求落到实处,对严重违反"两个严格"要求的情形有必要给予必要的程序制裁,督促办案人员严格遵守取证程序。

2.完善证据合法性调查程序。2010年"两高三部"《关于办理刑事案件排除非法证据若干问题的规定》和2012年刑事诉讼法及配套司法解释,初步构建了证据合法性调查程序。随着非法证据排除规则逐步深入人心,被告人权利意识逐步增强,证据合法性争议已经成为庭审中最常见的争议问题。为妥善处理证据合法性争议,《实施意见》有以下要求:

一是推动落实侦查终结前讯问合法性核查制度。中央《改革意见》(第五条第二款)规定:"对公安机关、国家安全机关和人民检察院侦查的重大案件,由人民检察院驻看守所检察人员询问犯罪嫌疑人,核查是否存在刑讯逼供、非法取证情形,并同步录音录像。经核查,确有刑讯逼供、非法取证情形的，侦查机关应当及时排除非法证据，不得作为提请批准逮捕、移送审查起诉的根据。”这是讯问制度的重大创新，对遏制刑讯逼供、非法取证具有重要意义。为落实讯问合法性核查制度，《实施意见》（第二十二条）规定了审判环节的配套实施机制。一方面，被告人在侦查终结前接受检察人员对讯问合法性的核查询问时，明确表示侦查阶段不存在刑讯逼供、非法取证情形，在审判阶段又提出排除非法证据申请，法庭经审查对证据收集的合法性没有疑问的，可以驳回申请。该规定有助于促使被告人认真对待检察机关对讯问合法性的核查询问，如案件中存在刑讯逼供、非法取证情形，被告人应当在该环节及时提出申请，以便尽早发现、尽早排除非法证据，避免在审判阶段随意提出证据合法性异议或者将证据合法性争议拖延到审判阶段。另一方面，检察人员在侦查终结前未对讯问合法性进行核查，或者未对核查过程全程同步录音录像，被告人在审判阶段提出排除非法证据申请，人民法院经审查对证据收集的合法性存在疑问的，应当依法进行调查。该规定有助于促使检察机关依法落实侦查终结前对讯问合法性进行核查的要求，并严格规范核查程序，充分发挥核查程序在减少和解决证据合法性争议方面的积极功能。

二是规范庭审阶段证据合法性调查程序。证据收集合法性争议涉及的是证据资格问题，决定争议证据能否作为诉讼证据使用，鉴于此，法庭应当在对犯罪事实进行法庭调查之前，通过专门调查程序对此作出处理。立足审判实际，《实施意见》（第二十三条）确立了“先行当庭调查为原则，法庭调查结束前进行调查为例外”的证据合法性调查模式。庭审期间，法庭决定对证据收集的合法性进行调查的，应当先行当庭调查。但为防止庭审过分迟延，也可以在法庭调查结束前进行调查。具体言之，对被告人及其辩护人在开庭审理前提出排除非法证据申请的情形，如控辩双方在庭前会议中未能达成一致意见，原则上应当先行当庭调查。对多名被告人及其辩护人当庭申请排除非法证据等情形，如坚持先行当庭调查可能导致庭审中断，同时，案件中还有其他相对独立的犯罪事实可以调查的，为防止庭审过分迟延，也可以在法庭调查结束前一并对证据收集的合法性进行审查。对证据合法性进行调查过程中，要积极引导控辩双方围绕证据合法性充分辩论，督促公诉机关举证证明取证合法性,依法妥善解决证据合法性争议,确保庭审顺利进行。

三是明确审查和排除非法证据的规则指引。刑事诉讼法确立讯问过程录音录像制度后,讯问录音录像成为证明供述合法性的关键证据。法庭对证据合法性进行调查的,应当重视对讯问录音录像的审查。《实施意见》(第二十四条第一款)规定,讯问笔录记载的内容与讯问录音录像存在实质性差异的,以讯问录音录像为准。以讯问录音录像制度为基础,《实施意见》(第二十四条第二款)确立了相应的证据排除规则:"对于法律规定应当对讯问过程录音录像的案件,公诉人没有提供讯问录音录像,或者讯问录音录像存在选择性录制、剪接、删改等情形,现有证据不能排除以非法方法收集证据情形的,对有关供述应当予以排除",同时,《实施意见》(第二十五条第一款)确立了侦查人员在必要时出庭的要求,即规定现有证据材料不能证明证据收集合法性的,人民法院可以通知有关侦查人员出庭说明情况;不得以侦查人员签名并加盖公章的说明材料替代侦查人员出庭。以侦查人员出庭制度为基础,《实施意见》(第二十五条第二款)确立了相应的证据排除规则:"经人民法院通知,侦查人员不出庭说明情况,不能排除以非法方法收集证据情形的,对有关证据应当予以排除。"这些规定既有助于严格实行非法证据排除规则,也有助于督促办案机关注意收集证明取证合法性的证据材料,减少不必要的证据合法性争议。

四是明确证据合法性争议的裁判方式。一些人民法院不愿当庭对证据合法性争议作出裁判,这是非法证据排除规则难以贯彻落实的重要原因。为督促人民法院依法对证据合法性争议作出处理,《实施意见》(第二十六条第一款)明确了证据合法性争议的裁判方式。法庭对证据收集的合法性进行调查后,应当当庭作出是否排除有关证据的决定。必要时,可以宣布休庭,由合议庭评议或者提交审判委员会讨论,再次开庭时宣布决定。同时,《实施意见》(第二十六条第二款)还规定,在法庭作出是否排除有关证据的决定前,不得对有关证据宣读、质证。基于证据能力和证明力的区分,对证据合法性存在争议的情形,法庭要先通过专门程序解决证据能力争议,然后才能进入证据的质证程序,综合评估证据的证明力问题。

3. 明确各类证据的采信规则。2010 年“两高三部”《关于办理死刑案件审查判断证据若干问题的规定》和 2012 年刑事诉讼法及配套司法解释，规定了各类证据的审查判断要求和采信规则。立足审判实践中常见的证据问题，《实施意见》进一步明确了有关证据的采信规则，主要有以下要求：

一是明确诉讼证据的关联性规则。关联性是诉讼证据的基本属性。对于收集在案的关键证据，应当通过规范的程序和方法确定其与案件事实是否存在关联。为充分挖掘证据的证明价值，《实施意见》（第二十七条）规定：“通过勘验、检查、搜查等方式收集的物证、书证等证据，未通过辨认、鉴定等方式确定其与案件事实的关联的，不得作为定案的根据。”例如，对于现场提取的可能与犯罪有关的指纹、血迹、精斑、毛发等证据，要通过指纹鉴定、DNA 鉴定等方式与被告人、被害人的相应样本进行比对，确定上述证据与案件事实之间是否存在关联。如果通过上述方式进行比对得出同一认定结论，就表明该证据具有关联性；如果未通过上述方式进行比对，未能确定证据与案件事实的关联，有关证据就不得作为定案的根据。

二是明确瑕疵证据的排除规则。由于各种主客观原因，一些证据的收集程序、方式存在瑕疵，影响了证据的证据能力。瑕疵证据只是证据形式要件不完备，并不属于非法证据，不能直接予以排除。从规范意义上讲，瑕疵证据可以被视为证据能力待定的证据，其是否具有证据能力，取决于瑕疵能否得到补正或者合理解释。《实施意见》（第二十八条）规定：“收集证据的程序、方式存在瑕疵，严重影响证据真实性，不能补正或者作出合理解释的，有关证据不得作为定案的根据。”如果证据瑕疵能够得到补正或者作出合理解释，具备了证据的形式要件，就可以作为诉讼证据使用；但如果证据瑕疵无法补正或者作出合理解释，影响到证据的真实性，就不得作为诉讼证据使用。法庭要认真对待关键证据存在的瑕疵，必要时可以通知取证人员出庭说明情况，从而督促办案机关依法规范取证，从源头上减少瑕疵证据的出现。

三是明确传闻证据的排除规则。为落实直接言词原则的要求，除了要推动证人、鉴定人出庭作证之外，有必要确立传闻证据的排除规则。需要指出的是，尽管强调证人应当出庭作证，但并不意味着证人当庭作出的证言必然优于庭前证言。由于证人可能受各种因素影响改变证言,法庭要结合在案证据评估证人证言的真实性。《实施意见》(第二十九条)规定,证人没有出庭作证,其庭前证言真实性无法确认的,不得作为定案的根据。证人当庭作出的证言与其庭前证言矛盾,证人能够作出合理解释,并与相关证据印证的,可以采信其庭审证言;不能作出合理解释,而其庭前证言与相关证据印证的,可以采信其庭前证言。对于鉴定意见,法律规定了更加严格的要求。经人民法院通知,鉴定人拒不出庭作证的,鉴定意见不得作为定案的根据。通过推行传闻证据排除规则,既有助于控辩双方积极组织证人、鉴定人出庭作证,也能够避免法庭因采纳不真实的书面证据而错误认定案件事实。

四是明确证据审查判断的要求和指引。各类犯罪案件都有自身的特点和规律。中央《改革意见》(第三条)要求:"建立健全符合裁判要求、适应各类案件特点的证据收集指引。"从审判的角度看,准确把握各类案件的特点,确定各类案件的犯罪构成要素和证据要素,归纳提炼证据审查判断的要求和指引,有助于理顺法庭认定证据的思路,及时发现、妥善解决事实证据存在的问题,也有助于督促办案机关按照裁判的要求全面、客观、及时收集与案件有关的证据,避免忽视或者遗漏关键证据。中央《改革意见》提到的"符合裁判要求",主要是指法庭认定证据的要求。刑事诉讼法和"两个证据规定"明确规定了各类证据的审查判断要求和排除规则,如非法证据、没有关联的证据、不能作出合理解释的瑕疵证据、不可靠的意见证据和传闻证据,依法不能作为证据使用(或者不能作为定案的根据),这些都是裁判的要求,也是取证的指引。

4. 明确了证明标准的具体要求。法律规定的证明标准,是防范冤假错案的底线要求。中央《改革意见》(第二条第一款)规定:"侦查机关侦查终结,人民检察院提起公诉,人民法院作出有罪判决,都应当做到犯罪事实清楚,证据确实、充分。"为切实防范冤假错案,在刑事诉讼各环节都要严格执行法定证明标准,不能各行其是,更不能打折扣。为严格落实法定证明标准,《实施意见》有以下要求:

一是细化案件事实的证明标准。基于定罪事实和量刑事实的区分,中央《改革意见》(第二条第三款)进一步细化了案件事实的证明标准:"人民法院作出有罪判决,对于证明犯罪构成要件的事实,应当综合全案证据排除合理怀疑,对于量刑证据存疑的,应当作出有利于被告人的认定。"《实施意见》(第三十条)重申中央改革文件的要求,对实践中不同类型的事实证据疑问,要适用不同的处理方式。为统一定罪事实的证据标准,有必要探索运用大数据对量大面广的刑事案件证明标准进行集中攻关,形成可操作性强、可数据化的统一标准,减少政法机关对事实证据问题的认识分歧。

二是明确疑罪案件的处理方式。中央《改革意见》明确要求坚持疑罪从无原则,《实施意见》(第三十条第二款)就此规定:"定罪证据不足的案件,不能认定被告人有罪,应当作出证据不足、指控的犯罪不能成立的无罪判决。"需要指出的是,所谓疑罪,是指定罪证据不足,不能认定被告人有罪,即现有证据不足以证实被告人实施了控诉方指控的犯罪行为。案件中一般的细枝末节问题和不影响定罪事实的疑点,不可轻率适用疑罪从无原则。对于疑罪案件,要严格落实疑罪从无原则,不得违心下判或者降格作出"留有余地"的判决。

(五)完善繁简分流机制,优化司法资源配置

强调诉讼以审判为中心,审判以庭审为中心,并非要求所有案件都要进入审判程序,也不是要求所有进入审判程序的案件一律适用标准化的普通程序审理。2012 年刑事诉讼法修改扩大简易程序的适用范围,适当调整简易程序的审理方式,但简化幅度仍然有限,繁简分流的功能作用不够明显。根据中央改革要求,《实施意见》第五部分"完善繁简分流机制,优化司法资源配置",要求以提高庭审质效为着眼点,严格落实繁简分流原则,实现"疑案精审""简案快审",将有限的司法资源集中于被告人不认罪案件,为实现程序精密化、推进庭审实质化奠定制度基础。

1. 推进速裁程序改革。为优化配置司法资源,提高案件办理质量和效率,第十二届全国人大常委会第九次会议授权最高人民法院、最高人民检察院在北京等 18 个城市开展刑事案件速裁程序试点工作。这是一项重大的司法制度改革和诉讼程序创新。前期试点证明,速裁程序符合司法实践需求,很有必要,成效明显,大幅提高了轻罪案件的办案效率,对节约司法资源、优化诉讼程序发挥了积极作用。人民法院要进一步推进速裁程序改革,逐步

扩大速裁程序适用范围,加强对被告人程序选择权、获得律师帮助权等诉讼权利的法律保护,完善速裁程序运行机制,探索实行快速审理和简便裁判机制,进一步推进审判阶段的案件分流,将更多的司法资源用于重大复杂疑难案件。

2.推进认罪认罚从宽制度改革。党的十八届四中全会提出,完善刑事诉讼中认罪认罚从宽制度。第十二届全国人大常委会第二十二次会议授权最高人民法院、最高人民检察院在北京等18个城市开展认罪认罚从宽制度试点工作。认罪认罚从宽制度在速裁程序基础上,优化完善被告人认罪认罚案件的审理程序,有助于深入贯彻落实宽严相济刑事政策,在确保司法公正基础上进一步提高司法效率。人民法院要积极推进认罪认罚从宽制度试点工作,探索构建速裁程序、简易程序、普通程序有序衔接、繁简分流的多层次诉讼制度体系。对适用简化审理程序的被告人认罪案件,法庭应当告知被告人享有的诉讼权利,依法审查被告人认罪认罚的自愿性和真实性,确认被告人了解认罪认罚的性质和法律后果,重视对主要事实的实质审查,消除冤假错案风险隐患。同时,对于被告人自愿认罪认罚,同意适用简化审理程序的案件,应当落实从宽处罚的法律制度。通过完善配套的认罪认罚从宽制度,有助于在确保案件质量的同时有效地节约司法资源,在彰显司法宽容的同时更好地保障人权,在更高的层面上统筹兼顾惩罚犯罪与保障人权、实体公正与程序公正、司法公正与司法效率等多元的诉讼价值。

3.完善当庭宣判制度。为落实集中审理原则,法庭应当实现对案件的不间断审理,并尽可能当庭作出裁判,确保裁判结果形成在法庭,避免案件的审理和裁判久拖不决。根据中央改革文件的要求,《实施意见》(第三十三条)规定:“适用速裁程序审理的案件,应当当庭宣判。适用简易程序审理的案件一般应当当庭宣判。适用普通程序审理的案件,逐步提高当庭宣判率。”司法实践中,要科学把握当庭宣判的案件范围,不能为了片面追求当庭宣判率而不加区分地对所有案件一律当庭宣判。要进一步规范定期宣判制度,对于案情重大复杂,无法当庭宣判的情形,要争取尽快宣判,避免因人为因素影响案件及时审结。

最高人民法院
公　告

《最高人民法院关于审理拐卖妇女儿童犯罪案件具体应用法律若干问题的解释》已于2016年11月14日由最高人民法院审判委员会第1699次会议通过，现予公布，自2017年1月1日起施行。

最高人民法院

2016年12月21日

最高人民法院
关于审理拐卖妇女儿童犯罪案件具体应用法律若干问题的解释

（2016年11月14日最高人民法院审判委员会第1699次会议通过，自2017年1月1日起施行）

法释〔2016〕28号

为依法惩治拐卖妇女、儿童犯罪，切实保障妇女、儿童的合法权益，维护家庭和谐与社会稳定，根据刑法有关规定，结合司法实践，现就审理此类案件具体应用法律的若干问题解释如下：

第一条　对婴幼儿采取欺骗、利诱等手段使其脱离监护人或者看护人的，视为刑法第二百四十条第一款第（六）项规定的“偷盗婴幼儿”。

第二条　医疗机构、社会福利机构等单位的工作人员以非法获利为目的，将所诊疗、护理、抚养的儿童出卖给他人的，以拐卖儿童罪论处。

第三条 以介绍婚姻为名，采取非法扣押身份证件、限制人身自由等方式，或者利用妇女人地生疏、语言不通、孤立无援等境况，违背妇女意志，将其出卖给他人的，应当以拐卖妇女罪追究刑事责任。

以介绍婚姻为名，与被介绍妇女串通骗取他人钱财，数额较大的，应当以诈骗罪追究刑事责任。

第四条 在国家机关工作人员排查来历不明儿童或者进行解救时，将所收买的儿童藏匿、转移或者实施其他妨碍解救行为，经说服教育仍不配合的，属于刑法第二百四十一条第六款规定的"阻碍对其进行解救"。

第五条 收买被拐卖的妇女，业已形成稳定的婚姻家庭关系，解救时被买妇女自愿继续留在当地共同生活的，可以视为"按照被买妇女的意愿，不阻碍其返回原居住地"。

第六条 收买被拐卖的妇女、儿童后又组织、强迫卖淫或者组织乞讨、进行违反治安管理活动等构成其他犯罪的，依照数罪并罚的规定处罚。

第七条 收买被拐卖的妇女、儿童，又以暴力、威胁方法阻碍国家机关工作人员解救被收买的妇女、儿童，或者聚众阻碍国家机关工作人员解救被收买的妇女、儿童，构成妨害公务罪、聚众阻碍解救被收买的妇女、儿童罪的，依照数罪并罚的规定处罚。

第八条 出于结婚目的收买被拐卖的妇女，或者出于抚养目的收买被拐卖的儿童，涉及多名家庭成员、亲友参与的，对其中起主要作用的人员应当依法追究刑事责任。

第九条 刑法第二百四十条、第二百四十一条规定的儿童，是指不满十四周岁的人。其中，不满一周岁的为婴儿，一周岁以上不满六周岁的为幼儿。

第十条 本解释自2017年1月1日起施行。

《关于审理拐卖妇女儿童犯罪案件具体应用法律若干问题的解释》的理解与适用

杜国强　冉　容　赵俊甫

《最高人民法院关于审理拐卖妇女儿童犯罪案件具体应用法律若干问题的解释》(法释〔2016〕28号,以下简称《解释》)于2016年11月14日经最高人民法院审判委员会第1699次会议审议通过,自2017年1月1日起正式施行。为便于准确理解和适用,现就《解释》的出台背景、制定原则及主要内容进行说明。

一、《解释》的出台背景

拐卖妇女、儿童严重侵犯妇女、儿童人身权利,造成许多家庭骨肉分离,甚至家破人亡,严重影响社会和谐稳定,一直以来都是各级司法机关惩治的重点。2010年最高人民法院牵头起草并会同最高人民检察院、公安部、司法部印发《关于依法惩治拐卖妇女儿童犯罪的意见》(法发〔2010〕7号),明确了"公安机关接到儿童及不满十八周岁少女失踪报案必须立即立为刑事案件""以非法获利为目的出卖亲生子女以拐卖妇女、儿童罪论处"等制度和原则。近年来,随着持续依法严惩及综合治理措施的落实,此类犯罪高发态势逐渐得以遏制。2016年,全国法院审结拐卖妇女、儿童犯罪案件751件、判处刑罚1273人,与近年来审结案件数量较多年份相比(2012年全国法院审结1918件、判处刑罚2801人,2013年审结1131件、判处刑罚1978人),下降幅度明显。但是,司法实践中对一些涉及罪与非罪、罪重与罪轻情节的理解适用方面,仍然存在一些争议,随着拐卖犯罪形势的变化,也出现了一些新情况和新问题,亟须明确。例如,什么是偷盗婴幼儿出卖,如何区分正常的婚姻介绍与打着介绍婚姻旗号拐卖妇女犯罪的界限,实践中认识不一。此外,刑法修正案(九)对收买被拐卖的妇女、儿童罪作了重大修改,体现了对收买被拐卖的妇女、儿童行为加大惩治力度的精神,修正后刑法自2015年11月1日起施行,如何准确适用相关条款,也面临新的问题。

鉴于上述情况和问题,最高人民法院于2015年成立课题组,赴拐卖犯罪高发地区进行专项调研,广泛听取基层法院、检察机关、公安机关及妇联组织的意见,掌握了大量一手资料,起草了《解释》初稿。经多次召开专家和司法实务部门代表参加的论证座谈会,并征求全国人大法工委、最高人民检察院、公安部等部门的意见,对《解释》初稿进行反复修改论证,于2016年11月14日提交最高人民法院审判委员会讨论通过,并于12月21日正式公布。

二、制定《解释》遵循的指导原则

一是坚持依法从严惩治,切实保障妇女、儿童合法权益。拐卖妇女、儿童犯罪严重侵犯基本人权,社会危害性大。《解释》通过明确"偷盗婴幼儿""阻碍解救"等法律概念的含义,区分拐卖妇女与介绍婚姻罪与非罪的界限,列举数罪并罚情形,体现了对拐卖妇女、儿童犯罪依法从严惩治的精神。

二是坚持区别对待,切实维护家庭和谐与社会稳定。《解释》既体现有罪必罚,又根据罪刑相适应刑法基本原则和宽严相济刑事政策,做到罚当其罪,体现政策,区别对待,以分化瓦解犯罪,减少社会对立面。

三、《解释》涉及的主要问题

《解释》共10条,主要从拐卖妇女、儿童及收买被拐卖的妇女、儿童犯罪法定加重、从轻处罚情节的界定,罪与非罪、一罪与数罪的区分,以及收买被拐卖妇女、儿童犯罪案件的刑事政策把握问题等几个方面作了规定。

(一)关于偷盗婴幼儿的界定

不满一周岁的人为婴儿,一周岁以上不满六周岁的为幼儿。我国刑法中使用"偷盗婴幼儿"概念的法条共有两处:其一,刑法第二百三十九条第三款规定,以勒索财物为目的偷盗婴幼儿的,依照绑架罪的规定处罚。其二,第二百四十条规定,拐卖妇女、儿童的,处五年以上十年以下有期徒刑,并处罚金;具有“以出卖目的,偷盗婴幼儿”等情节的,处十年以上有期徒刑或无期徒刑,并处罚金或者没收财产;情节特别严重的,处死刑,并处没收财产。两者的区别是主观目的不同。就拐卖儿童罪而言,如何准确理解“偷盗婴幼儿”,关系到法定加重处罚情节的适用,有必要予以明确。

实践中,趁婴幼儿熟睡无人察觉,将婴幼儿抱走,属于典型的偷盗婴幼儿。但对行为人以出卖为目的,采取给付玩具、外出游玩等哄骗、利诱手段拐走婴幼儿的行为,是认定为一般情节的拐卖儿童,还是认定为加重情节的偷盗婴幼儿拐卖,则存在较大争议。否定的观点认为,刑法中偷盗的本质特征是秘密性,偷盗婴幼儿指趁婴幼儿熟睡以及监护人、看护人不注意,秘密窃取婴幼儿,以欺骗、利诱等手段拐走婴幼儿的行为属于拐骗。肯定的观点认为,偷盗一般是在财产犯罪意义上使用,指以暴力、胁迫或者麻醉以外的平和方法取得对财物的控制;以欺骗、利诱等手段拐走婴幼儿,与秘密窃取婴幼儿无本质区别,应将欺骗、利诱等手段理解为偷盗的表现形式。

《解释》第一条采纳了肯定的观点,明确规定:“对婴幼儿采取欺骗、利诱等手段使其脱离监护人或者看护人的,视为刑法第二百四十条第一款第(六)项规定的‘偷盗婴幼儿’。”之所以作出该解释,主要是考虑,作为不满六周岁的婴幼儿,其缺少应有的辨别是非和自我防护能力,可以将其视为监护人、看护人绝对支配、保护下的无独立意志的个体,应予特殊保护。从规范的意义上讲,采取欺骗、利诱等手段使婴幼儿脱离监护、看护,可视为针对监护人、看护人的偷盗,该情形与利用监护人、看护人疏于防范抱走熟睡的婴幼儿相比,两种行为类型具有共同特质,对婴幼儿及其家庭的社会危害也相当,应予同等法律评价,以体现对婴幼儿的特殊保护。

《解释》第一条系针对婴幼儿采取欺骗、利诱手段使其脱离监护、看护所作的规定。在《解释》起草过程中,有种意见认为,无须限定欺骗、利诱手段是否针对婴幼儿实施。例如,对婴幼儿的父母或者其他看护人虚构事实、隐瞒真相加以欺骗,将婴幼儿带走后加以出卖的,也应认定为偷盗婴幼儿出卖。经反复研究,《解释》最终未采纳该意见,主要考虑是:刑法对偷盗婴幼儿出卖加重刑罚,一个重要原因是,在监护人或者看护人不知情的情况下,秘密将婴幼儿拐走,与欺骗监护人或者看护人使其“自愿”让行为人带走婴幼儿相比,前者查找解救婴幼儿的难度更大,社会危害性通常也大于后者。

(二)关于拐卖妇女犯罪与介绍婚姻索取钱财的区分

拐卖妇女一般表现为将被拐妇女卖给他人迫使结婚,或者将被拐妇女卖给他人迫使卖淫。通常认为,介绍婚姻索取钱财,虽然行为人也有获利行为,但其是在明知男女双方自愿及地位平等的基础上,为促成婚姻的缔结而居间介绍、联系。而在将被拐妇女卖与他人为妻的犯罪中,行为人出于牟利动机,通常违背妇女意志或者至少是不考虑妇女真实意愿,将妇女卖给他人,并常伴有暴力、胁迫等行为。对行为人将妇女卖与他人为妻过程中,没有实施明显的暴力、胁迫等行为的,与确属介绍婚姻并索取(或者收受)钱财的行为如何区分,涉及罪与非罪,在性质认定问题上易发生混淆,有必要予以明确。在实践中,有些不法分子以介绍婚姻的名义将妇女拐带至异地,采取扣押身份证件、限制人身自由等方式迫使妇女同意与他人结婚(包括共同生活但未办理法定婚姻登记手续的情形),向他人索要或者收取钱财;也有些人为向他人索取所谓"婚姻介绍费",利用妇女特别是外籍妇女人地生疏、语言不通,对行为人有经济、人身依赖关系,或者因没有合法出入境、居留签证而担心被遣返等脆弱境况,仅以轻微言语威胁或者欺骗等方式,即可达到使妇女同意与他人结婚的目的。对类似行为,因与采取暴力等强迫手段明显的拐卖犯罪有所不同,是认定为介绍婚姻过程中发生的民事纠纷,还是认定为拐卖妇女犯罪,存在争议。

《解释》第三条第一款规定:"以介绍婚姻为名,采取非法扣押身份证件、限制人身自由等方式,或者利用妇女人地生疏、语言不通、孤立无援等境况,违背妇女意志,将其出卖给他人的,应当以拐卖妇女罪追究刑事责任。"该条款旨在明确,只要是违背妇女意志(如果妇女属无责任能力人,不能正确理解介绍婚姻行为性质,也属违背妇女意志),将妇女出卖给他人的,就构成拐卖妇女罪。在适用该条款时应注意准确判断是否违背妇女意志。实践中,行为方式各异,情形复杂,特别是对于妇女处于孤立无援等脆弱境况,行为人实施"介绍婚姻"行为并向他人(通常是男方)索要数额较大钱财的,被害妇女可能会作出表面"同意"的意思表示。对类似案件,要综合考察被害妇女的陈述、证人证言等证据,结合常理常情,分析行为人是否有意利用被害人的脆弱境况，使被害人不得不屈从行为人的要求，而“同意”与他人结婚；对行为人而言，其是基于男女双方自愿及地位平等，为促成婚姻的缔结而居间介绍、联系，还是明知妇女非自愿但仍将妇女作为非法获利的筹码，也影响对其行为性质罪与非罪的认定。对妇女本有结婚意愿，在中介人员介绍、撮合下与男方见面、相识后，因对男方条件不满，而不愿与男方结婚或者生活，行为人以已经向女方或其近亲属支付了彩礼、支出了办理签证手续费用等为由，威胁妇女被迫同意，行为人在事前或事后索取、收受钱财的，也属违背妇女意志将其卖给他人，构成拐卖妇女罪。总之，在办理相关案件时，要注意认真甄别因介绍婚姻引发的民事纠纷与拐卖妇女犯罪的界限，做到不枉不纵。

在《解释》起草过程中，有意见认为，判断介绍婚姻行为是否构成拐卖妇女罪不要求必须违背妇女意志，妇女自愿被卖给他人为妻的，出卖人也构成拐卖妇女罪。根据刑法第二百四十条第二款的规定，拐卖妇女是指以出卖为目的，有拐骗、绑架、收买、贩卖、接送、中转妇女的行为之一的行为。刑法从主观目的与客观行为类型相结合的角度，对拐卖妇女犯罪进行了界定，条文本身似未要求违背妇女意志。但究其实质，刑法所列上述六种行为方式中，拐骗、绑架、收买、贩卖系拐卖的核心行为，接送、中转服务、受制于前述四种行为。前述四种行为方式中，对妇女实施“拐骗”“绑架”行为显然违背了妇女意志；实施“收买”“贩卖”行为，被买卖的妇女处于任人摆布、没有自主性的境地，如收买通常是向对妇女有控制权的人进行收买，而贩卖也是将自己购买从而拥有形式上控制权的妇女转卖出去，该两种行为方式本质上也属违背妇女意志。

我国已加入的《联合国打击跨国有组织犯罪公约关于预防、禁止和惩治贩运人口特别是妇女和儿童行为的补充议定书》对人口贩运罪行（人口贩运罪行范围更宽，包括我国的拐卖妇女、儿童罪，强迫劳动罪，强迫卖淫罪等）所作界定亦体现了将违背妇女意志作为构成犯罪必备要素的立场。该公约第三条规定：

“（一）‘人口贩运’系指为剥削目的而通过暴力威胁或使用暴力手段，或通过其他形式的胁迫，通过诱拐、欺诈、欺骗、滥用权力或滥用脆弱境况，或通过授受酬金或利益取得对另一人有控制权的某人的同意等手段招募、运送、转移、窝藏或接收人员;剥削应至少包括利用他人卖淫进行剥削或其他形式的性剥削、强迫劳动或服务、奴役或类似奴役的做法、劳役或切除器官;

(二)如果已使用本条第(一)项所述任何手段,则人口贩运活动被害人对第(一)项所述的预谋进行的剥削所表示的同意并不相干……"

该公约第三条第一、二两项分别从正反两方面揭示,如果对被害人使用了暴力、胁迫、诱拐、欺诈、滥用权力或者滥用脆弱境况等手段(对不满十八周岁的被害人进行贩运不要求涉及上述手段),则即使被害人同意,也不影响犯罪认定。概因上述手段本身即属违背被害人意志,被害人所作同意属无效同意,不阻却犯罪成立。换言之,如果未采取上述手段,则被害人同意可以阻却犯罪成立。在涉及介绍婚姻索取或收受钱财的案件中,因介绍人显然均有获利行为,如果不考察是否违背妇女意志,对介绍人一概以拐卖妇女犯罪论处,就会混淆罪与非罪的界限,导致不当扩大刑事处罚范围。当然,在判断是否违背妇女意志问题上,也要注意对那些暴力、胁迫程度不明显但同样属于违背妇女意志的拐卖行为的审查。

《解释》第三条第二款规定:"以介绍婚姻为名,与被介绍妇女串通骗取他人钱财,数额较大的,应当以诈骗罪追究刑事责任。"该款所涉情形,法律适用方面本无争议,但鉴于实践中介绍人伙同被介绍的妇女以结婚为名骗取他人"彩礼""介绍费"的案件也时有发生,为提醒司法人员准确甄别此罪与彼罪,故《解释》特作提示性规定。

(三)关于收买被拐卖的妇女、儿童罪法定量刑情节的适用

刑法修正案(九)对收买被拐卖的妇女、儿童罪进行了修改,将刑法原规定的"收买被拐卖的妇女、儿童,按照被买妇女的意愿,不阻碍其返回原居住地的,对被买儿童没有虐待行为,不阻碍对其进行解救的,可以不追究刑事责任",修改为"收买被拐卖的妇女、儿童,对被买儿童没有虐待行为,不阻碍对其进行解救的,可以从轻处罚;按照被买妇女的意愿,不阻碍其返回原居住地的,可以从轻或者减轻处罚",刑法修改体现了对收买人加大惩治力度的导向。

对收买被拐卖的儿童罪,《解释》第四条将实践中较为常见的藏匿、转移

所收买的儿童、经说服教育仍不配合等行为解释为“阻碍解救”，有利于加大惩治力度，也有利于敦促收买人配合公安司法机关及时解救被拐儿童。

《解释》第五条规定：“收买被拐卖的妇女，业已形成稳定的婚姻家庭关系，解救时被买妇女自愿继续留在当地共同生活的，可以视为‘按照被买妇女的意愿，不阻碍其返回原居住地’。”该条款项旨在稳定业已形成的婚姻家庭关系。刑法修改后，原则上都要追究收买人刑事责任，这是前提。但收买被拐卖的妇女不同于收购赃物，前者会形成新的婚姻家庭关系，既要依法惩治犯罪，又要尊重被拐妇女真实意愿，最大限度避免对其造成新的伤害，故有必要区别对待，对确属情节较轻的收买被拐卖妇女的行为，依法从宽处罚。1992 年最高人民法院、最高人民检察院印发的《关于执行〈全国人民代表大会常务委员会关于严惩拐卖、绑架妇女、儿童的犯罪分子的决定〉的若干问题的解答》（已失效）规定：“被买妇女与收买人已成婚，并愿意留在当地共同生活的，对收买人可以视为‘按照被买妇女的意愿，不阻碍其返回原居住地’，不追究刑事责任。”解答虽然由于刑法修改等原因已废止，但其所体现的慎重处理此类案件的精神仍有一定参考价值。在修正后的刑法框架内，具有《解释》第五条规定所列情形的可以从宽处罚，兼顾了法律与情理、历史与现实的平衡。

（四）关于多名家庭成员、亲友参与收买被拐卖的妇女、儿童犯罪的刑事政策把握问题

《解释》第八条规定：“出于结婚目的收买被拐卖的妇女，或者出于抚养目的收买被拐卖的儿童，涉及多名家庭成员、亲友参与的，对其中起主要作用的人员应当依法追究刑事责任。”规定该条主要是考虑，“买人为妻”“买人为子”一般会涉及多名家庭成员、亲友参与，加大对收买人打击力度，势必导致收买一人，众多亲友被作为“共犯”处理。刑法惩治的重点是在收买犯罪中起主要作用的人员，对其中情节轻微的共同参与人员，宜从刑事政策把握的角度排除在刑事处罚范围之外，避免打击面过宽及影响社会稳定。

需要指出的是，根据《解释》第八条的规定，可以不追究刑事责任的对象是在收买犯罪中起次要作用的参与人员。如果行为人在收买被拐卖妇女、儿童的环节虽不起主要作用，但积极参与殴打、拘禁被拐卖的妇女、儿童，甚

至实施或者协助实施强奸、摧残等严重损害被拐卖的妇女、儿童身心健康行为的，亦应依法追究刑事责任，构成数罪的，还应依法予以并罚，切实保障妇女、儿童合法权益不受侵犯。

此外，《解释》对实践中发生的医疗机构、社会福利机构等单位的工作人员将所诊疗、护理、抚养的儿童出卖给他人的行为，明确规定以拐卖儿童罪论处。对收买被拐卖的妇女、儿童后又实施组织、强迫卖淫或者组织乞讨等行为的数罪并罚问题均作了明确规定。

最高人民法院
最高人民检察院
公　告

《最高人民法院、最高人民检察院关于办理环境污染刑事案件适用法律若干问题的解释》已于 2016 年 11 月 7 日由最高人民法院审判委员会第 1698 次会议、2016 年 12 月 8 日由最高人民检察院第十二届检察委员会第 58 次会议通过，现予公布，自 2017 年 1 月 1 日起施行。

最高人民法院

最高人民检察院

2016 年 12 月 23 日

最高人民法院　最高人民检察院
关于办理环境污染刑事案件适用法律若干问题的解释

（2016 年 11 月 7 日最高人民法院审判委员会第 1698 次会议、2016 年 12 月 8 日最高人民检察院第十二届检察委员会第 58 次会议通过，自 2017 年 1 月 1 日起施行）

法释〔2016〕29 号

为依法惩治有关环境污染犯罪，根据《中华人民共和国刑法》《中华人民共和国刑事诉讼法》的有关规定，现就办理此类刑事案件适用法律的若干问题解释如下：

第一条 实施刑法第三百三十八条规定的行为，具有下列情形之一的，应当认定为“严重污染环境”：

（一）在饮用水水源一级保护区、自然保护区核心区排放、倾倒、处置有放射性的废物、含传染病病原体的废物、有毒物质的；

（二）非法排放、倾倒、处置危险废物三吨以上的；

（三）排放、倾倒、处置含铅、汞、镉、铬、砷、铊、锑的污染物，超过国家或者地方污染物排放标准三倍以上的；

（四）排放、倾倒、处置含镍、铜、锌、银、钒、锰、钴的污染物，超过国家或者地方污染物排放标准十倍以上的；

（五）通过暗管、渗井、渗坑、裂隙、溶洞、灌注等逃避监管的方式排放、倾倒、处置有放射性的废物、含传染病病原体的废物、有毒物质的；

（六）二年内曾因违反国家规定，排放、倾倒、处置有放射性的废物、含传染病病原体的废物、有毒物质受过两次以上行政处罚，又实施前列行为的；

（七）重点排污单位篡改、伪造自动监测数据或者干扰自动监测设施，排放化学需氧量、氨氮、二氧化硫、氮氧化物等污染物的；

（八）违法减少防治污染设施运行支出一百万元以上的；

（九）违法所得或者致使公私财产损失三十万元以上的；

（十）造成生态环境严重损害的；

（十一）致使乡镇以上集中式饮用水水源取水中断十二小时以上的；

（十二）致使基本农田、防护林地、特种用途林地五亩以上，其他农用地十亩以上，其他土地二十亩以上基本功能丧失或者遭受永久性破坏的；

（十三）致使森林或者其他林木死亡五十立方米以上，或者幼树死亡二千五百株以上的；

（十四）致使疏散、转移群众五千人以上的；

（十五）致使三十人以上中毒的；

（十六）致使三人以上轻伤、轻度残疾或者器官组织损伤导致一般功能障碍的；

（十七）致使一人以上重伤、中度残疾或者器官组织损伤导致严重功能障碍的；

（十八）其他严重污染环境的情形。

第二条 实施刑法第三百三十九条、第四百零八条规定的行为，致使公私财产损失三十万元以上，或者具有本解释第一条第十项至第十七项规定情形之一的，应当认定为“致使公私财产遭受重大损失或者严重危害人体健康”或者“致使公私财产遭受重大损失或者造成人身伤亡的严重后果”。

第三条 实施刑法第三百三十八条、第三百三十九条规定的行为，具有下列情形之一的，应当认定为“后果特别严重”：

（一）致使县级以上城区集中式饮用水水源取水中断十二小时以上的；

（二）非法排放、倾倒、处置危险废物一百吨以上的；

（三）致使基本农田、防护林地、特种用途林地十五亩以上，其他农用地三十亩以上，其他土地六十亩以上基本功能丧失或者遭受永久性破坏的；

（四）致使森林或者其他林木死亡一百五十立方米以上，或者幼树死亡七千五百株以上的；

（五）致使公私财产损失一百万元以上的；

（六）造成生态环境特别严重损害的；

（七）致使疏散、转移群众一万五千人以上的；

（八）致使一百人以上中毒的；

（九）致使十人以上轻伤、轻度残疾或者器官组织损伤导致一般功能障碍的；

（十）致使三人以上重伤、中度残疾或者器官组织损伤导致严重功能障碍的；

（十一）致使一人以上重伤、中度残疾或者器官组织损伤导致严重功能障碍，并致使五人以上轻伤、轻度残疾或者器官组织损伤导致一般功能障碍的；

（十二）致使一人以上死亡或者重度残疾的；

（十三）其他后果特别严重的情形。

第四条 实施刑法第三百三十八条、第三百三十九条规定的犯罪行为，具有下列情形之一的，应当从重处罚：

(一)阻挠环境监督检查或者突发环境事件调查,尚不构成妨害公务等犯罪的;

(二)在医院、学校、居民区等人口集中地区及其附近,违反国家规定排放、倾倒、处置有放射性的废物、含传染病病原体的废物、有毒物质或者其他有害物质的;

(三)在重污染天气预警期间、突发环境事件处置期间或者被责令限期整改期间,违反国家规定排放、倾倒、处置有放射性的废物、含传染病病原体的废物、有毒物质或者其他有害物质的;

(四)具有危险废物经营许可证的企业违反国家规定排放、倾倒、处置有放射性的废物、含传染病病原体的废物、有毒物质或者其他有害物质的。

第五条 实施刑法第三百三十八条、第三百三十九条规定的行为,刚达到应当追究刑事责任的标准,但行为人及时采取措施,防止损失扩大、消除污染,全部赔偿损失,积极修复生态环境,且系初犯,确有悔罪表现的,可以认定为情节轻微,不起诉或者免予刑事处罚;确有必要判处刑罚的,应当从宽处罚。

第六条 无危险废物经营许可证从事收集、贮存、利用、处置危险废物经营活动,严重污染环境的,按照污染环境罪定罪处罚;同时构成非法经营罪的,依照处罚较重的规定定罪处罚。

实施前款规定的行为,不具有超标排放污染物、非法倾倒污染物或者其他违法造成环境污染的情形的,可以认定为非法经营情节显著轻微危害不大,不认为是犯罪;构成生产、销售伪劣产品等其他犯罪的,以其他犯罪论处。

第七条 明知他人无危险废物经营许可证,向其提供或者委托其收集、贮存、利用、处置危险废物,严重污染环境的,以共同犯罪论处。

第八条 违反国家规定,排放、倾倒、处置含有毒害性、放射性、传染病病原体等物质的污染物,同时构成污染环境罪、非法处置进口的固体废物罪、投放危险物质罪等犯罪的,依照处罚较重的规定定罪处罚。

第九条 环境影响评价机构或其人员,故意提供虚假环境影响评价文件,情节严重的,或者严重不负责任,出具的环境影响评价文件存在重大失实,造成严重后果的,应当依照刑法第二百二十九条、第二百三十一条的规定，以提供虚假证明文件罪或者出具证明文件重大失实罪定罪处罚。

第十条 违反国家规定，针对环境质量监测系统实施下列行为，或者强令、指使、授意他人实施下列行为的，应当依照刑法第二百八十六条的规定，以破坏计算机信息系统罪论处：

（一）修改参数或者监测数据的；

（二）干扰采样，致使监测数据严重失真的；

（三）其他破坏环境质量监测系统的行为。

重点排污单位篡改、伪造自动监测数据或者干扰自动监测设施，排放化学需氧量、氨氮、二氧化硫、氮氧化物等污染物，同时构成污染环境罪和破坏计算机信息系统罪的，依照处罚较重的规定定罪处罚。

从事环境监测设施维护、运营的人员实施或者参与实施篡改、伪造自动监测数据、干扰自动监测设施、破坏环境质量监测系统等行为的，应当从重处罚。

第十一条 单位实施本解释规定的犯罪的，依照本解释规定的定罪量刑标准，对直接负责的主管人员和其他直接责任人员定罪处罚，并对单位判处罚金。

第十二条 环境保护主管部门及其所属监测机构在行政执法过程中收集的监测数据，在刑事诉讼中可以作为证据使用。

公安机关单独或者会同环境保护主管部门，提取污染物样品进行检测获取的数据，在刑事诉讼中可以作为证据使用。

第十三条 对国家危险废物名录所列的废物，可以依据涉案物质的来源、产生过程、被告人供述、证人证言以及经批准或者备案的环境影响评价文件等证据，结合环境保护主管部门、公安机关等出具的书面意见作出认定。

对于危险废物的数量，可以综合被告人供述，涉案企业的生产工艺、物耗、能耗情况，以及经批准或者备案的环境影响评价文件等证据作出认定。

第十四条 对案件所涉的环境污染专门性问题难以确定的，依据司法鉴定机构出具的鉴定意见，或者国务院环境保护主管部门、公安部门指定的机构出具的报告，结合其他证据作出认定。

第十五条 下列物质应当认定为刑法第三百三十八条规定的“有毒物质”：

（一）危险废物，是指列入国家危险废物名录，或者根据国家规定的危险废物鉴别标准和鉴别方法认定的，具有危险特性的废物；

（二）《关于持久性有机污染物的斯德哥尔摩公约》附件所列物质；

（三）含重金属的污染物；

（四）其他具有毒性，可能污染环境的物质。

第十六条 无危险废物经营许可证，以营利为目的，从危险废物中提取物质作为原材料或者燃料，并具有超标排放污染物、非法倾倒污染物或者其他违法造成环境污染的情形的行为，应当认定为“非法处置危险废物”。

第十七条 本解释所称“二年内”，以第一次违法行为受到行政处罚的生效之日与又实施相应行为之日的时间间隔计算确定。

本解释所称“重点排污单位”，是指设区的市级以上人民政府环境保护主管部门依法确定的应当安装、使用污染物排放自动监测设备的重点监控企业及其他单位。

本解释所称“违法所得”，是指实施刑法第三百三十八条、第三百三十九条规定的行为所得和可得的全部违法收入。

本解释所称“公私财产损失”，包括实施刑法第三百三十八条、第三百三十九条规定的行为直接造成财产损毁、减少的实际价值，为防止污染扩大、消除污染而采取必要合理措施所产生的费用，以及处置突发环境事件的应急监测费用。

本解释所称“生态环境损害”，包括生态环境修复费用，生态环境修复期间服务功能的损失和生态环境功能永久性损害造成的损失，以及其他必要合理费用。

本解释所称“无危险废物经营许可证”，是指未取得危险废物经营许可证，或者超出危险废物经营许可证的经营范围。

第十八条 本解释自2017年1月1日起施行。本解释施行后，《最高人民法院、最高人民检察院关于办理环境污染刑事案件适用法律若干问题的解释》（法释〔2013〕15号）同时废止；之前发布的司法解释与本解释不一致的，以本解释为准。

《关于办理环境污染刑事案件适用法律若干问题的解释》的理解与适用

周加海　喻海松

日前，最高人民法院、最高人民检察院发布《关于办理环境污染刑事案件适用法律若干问题的解释》（法释〔2016〕29 号，以下简称《解释》），自 2017 年 1 月 1 日起施行。这是 1997 年刑法施行以来最高司法机关就环境污染犯罪第三次出台专门司法解释，充分体现了最高司法机关对环境保护的高度重视，对于进一步提升依法惩治环境污染犯罪的成效，加大环境司法保护力度，有效保护生态环境，推进美丽中国建设，必将发挥重要作用。为便于司法实践中正确理解和适用，现就《解释》的制定背景、起草中的主要考虑和主要内容介绍如下。

一、《解释》的制定背景与经过

为依法惩治有关环境污染犯罪，2013 年 6 月，最高人民法院会同最高人民检察院联合发布了《关于办理环境污染刑事案件适用法律若干问题的解释》（法释〔2013〕15 号，以下简称《2013 年解释》），对环境污染犯罪的定罪量刑标准和有关法律适用问题作了明确。《2013 年解释》施行以来，各级公检法机关和环保部门依法查处环境污染犯罪，加大惩治力度，取得了良好效果。2013 年 7 月至 2016 年 10 月，全国法院新收污染环境、非法处置进口的固体废物、环境监管失职刑事案件 4636 件，审结 4250 件，生效判决人数 6439 人；年均收案 1400 余件，生效判决人数 1900 余人。相较于过去年均二三十件的案件量，环境污染刑事案件数量增长十分明显。这对于强化环境司法保护，推进生态文明建设，发挥了十分重要的作用。

与此同时,近年来环境污染犯罪又出现了一些新的情况和问题,如危险废物犯罪呈现出产业化迹象,大气污染犯罪打击困难,篡改、伪造自动监测数据和破坏环境质量监测系统的刑事规制存在争议,等等。为有效解决实际问题,进一步加大对生态环境的司法保护力度,最高人民法院会同最高人民检察院,在公安部、环保部等有关部门的大力支持下,经深入调查研究、广泛征求意见,起草了《解释》,对《2013年解释》作了全面修改和完善。2016年11月7日最高人民法院审判委员会第1698次会议、2016年12月8日最高人民检察院第十二届检察委员会第58次会议审议通过了《解释》。

二、《解释》的主要内容

《解释》结合当前环境污染犯罪的特点和司法实践反映的问题,依照刑法、刑事诉讼法的规定,对相关犯罪定罪量刑标准的具体把握等问题作了全面、系统的规定。《解释》共十八个条文,大致可以归纳为如下十个方面的问题:

(一)污染环境罪的定罪量刑标准

污染环境罪是环境污染犯罪的基本罪名,入罪要件为"严重污染环境"。《2013年解释》规定了认定"严重污染环境"的十四项具体情形。《解释》第一条予以吸收,并根据司法实践情况作出完善,形成了十八项标准。限于篇幅,在此仅对新增标准和司法适用中有争议的问题加以阐释:

1. 危险废物污染环境构成"严重污染环境"的情形。《解释》第一条第二项吸收《2013年解释》的规定,将"非法排放、倾倒、处置危险废物三吨以上"作为认定"严重污染环境"的情形之一。对于非法排放、倾倒危险废物的认定,实践中未见争议。但是,对于非法处置危险废物的认定,争议较大。非法处置危险废物以未取得经营许可证为前提,但是否以违法造成环境污染为要件,则存在不同认识。经研究认为,污染环境罪保护的是环境法益。如果未取得经营许可证处置危险废物,在处置过程中没有违法造成环境污染的,不应以污染环境罪论处。此外,对于无资质处置危险废物,没有违法造成环境污染,不构成污染环境罪的情形,是否可以非法经营罪论处,实践中亦存在不同认识。有些地方持肯定态度,但这会导致定罪量刑严重失衡:无资质处置危险废物,违法造成环境污染的,以污染环境罪最高只能处七年有期徒刑;未违法造成环境污染的,以非法经营罪最高可以处十五年有期徒刑。鉴于此,为准确、统一适用法律,《解释》第六条专门规定:"无危险废物经营许可证从事收集、贮存、利用、处置危险废物经营活动,严重污染环境的,按照污染环境罪定罪处罚;同时构成非法经营罪的,依照处罚较重的规定定罪处罚。实施前款规定的行为,不具有超标排放污染物、非法倾倒污染物或者其他违法造成环境污染的情形的,可以认定为非法经营情节显著轻微危害不大,不认为是犯罪;构成生产、销售伪劣产品等其他犯罪的,以其他犯罪论处。"申言之,《解释》坚持环境法益的实质考量:一方面,确立无危险废物经营许可证从事收集、贮存、利用、处置危险废物经营活动的入罪以违法造成环境污染为实质要件,未违法造成环境污染的,可以认定为情节显著轻微危害不大,不认为是犯罪(当然,构成生产、销售伪劣产品等其他犯罪的,可以其他犯罪论处);另一方面,针对当前危险废物污染环境犯罪的严峻形势,加大对此类行为的刑事惩处力度,允许适用非法经营罪,对同时符合污染环境罪和非法经营罪的情形"择一重罪处断"。

需要注意的是,对于"违法造成环境污染"要件的判断应当采取相对宽泛的标准,即不要求一定达到《解释》第一条其他项规定的"严重污染环境"的具体情形。例如,未按照规定安装特定污染防治设施,处置过程中超过标准排放污染物(虽然未达到超过特定标准 3 倍以上),或者将处置剩余的污染物违反规定倾倒的,可以认定为具备"违法造成环境污染"的要件,以污染环境罪论处;相反,如果在处置危险废物的过程中采取了特定的污染防治措施,未违法造成环境污染的,通常情况下应当认定为情节显著轻微危害不大,不认为是犯罪。

司法实践中,对于非法处置危险废物的认定,特别是处置危险废物与利用危险废物之间的关系,存在较大认识分歧。经研究认为,利用本身也是一种处置行为,但核心在于判断是否违法造成环境污染。为统一认识,《解释》第十六条专门规定:"无危险废物经营许可证,以营利为目的,从危险废物中提取物质作为原材料或者燃料,并具有超标排放污染物、非法倾倒污染物或者其他违法造成环境污染的情形的行为,应当认定为'非法处置危险废物'。"

对于行为人非法排放、倾倒、处置危险废物的数量，除了当场查获的外，还可以依据其他证据材料予以综合认定。为了加大对危险废物产生企业的规制力度，《解释》专门确立了对危险废物数量的认定规则，《解释》第十三条第二款规定："对于危险废物的数量，可以综合被告人供述，涉案企业的生产工艺、物耗、能耗情况，以及经批准或者备案的环境影响评价文件等证据作出认定。"

2. 排放重金属污染物超标构成"严重污染环境"的情形。《2013年解释》第一条第三项规定，"非法排放含重金属、持久性有机污染物等严重危害环境、损害人体健康的污染物超过国家污染物排放标准或者省、自治区、直辖市人民政府根据法律授权制定的污染物排放标准三倍以上的"应认定为严重污染环境。适用中的主要问题是该项规定中重金属的范围具体如何把握。《解释》起草过程中，对这一问题作了反复论证。2011年2月，国务院正式批复《重金属污染综合防治"十二五"规划》，确定了"十二五"期间重点防控的重金属污染物是铅（Pb）、汞（Hg）、镉（Cd）、铬（Cr）和类金属砷（As）等，兼顾镍（Ni）、铜（Cu）、锌（Zn）、银（Ag）、钒（V）、锰（Mn）、钴（Co）、铊（Tl）、锑（Sb）等其他重金属污染物。《重金属污染综合防治"十二五"规划》主要是根据我国重金属污染的严重程度确定了重点防控的重金属污染物范围，同时，其他重金属污染物对环境和人体也能造成严重伤害，故需要兼顾防控。因此，将兼顾防控的重金属均纳入刑事规制范围是必然选择。但是，上述重金属在毒害性程度方面存在明显差异，特别是铜、锌、银的危害性明显低于其他重金属。如对重点防范的重金属和兼顾防范的重金属在污染物超标标准上不作区分，明显不妥。经广泛听取意见，鉴于各类重金属在毒害性程度方面存在现实差异，经从环境学和环境医学角度综合考量，《解释》第一条第三项、第四项明确，"排放、倾倒、处置含铅、汞、镉、铬、砷、铊、锑的污染物，超过国家或者地方污染物排放标准三倍以上"，或者"排放、倾倒、处置含镍、铜、锌、银、钒、锰、钴的污染物，超过国家或者地方污染物排放标准十倍以上"的，应当认定为"严重污染环境"。

关于超过污染物排放标准的具体倍数认定，有不同看法。以超标3倍为例，究竟是指污染物浓度为排放标准的3倍还是4倍以上，存在不同认识。

经研究认为，超标3倍是指污染物排放标准×3以上的浓度，如标准为1的，超过3即为超标。但是，对于处于临界点的案件宜慎重处理。其中，对于情节显著轻微社会危害不大的，可以适用刑法第十三条但书的规定出罪。

3. 隐蔽排污构成“严重污染环境”的情形。修改后的《中华人民共和国环境保护法》（以下简称《环境保护法》）第四十二条第四款规定：“严禁通过暗管、渗井、渗坑、灌注或者篡改、伪造监测数据，或者不正常运行防治污染设施等逃避监管的方式违法排放污染物。”与此相衔接，《解释》第一条第五项吸收《2013年解释》的相关规定并作适当完善，将“通过暗管、渗井、渗坑、裂隙、溶洞、灌注等逃避监管的方式排放、倾倒、处置有放射性的废物、含传染病病原体的废物、有毒物质的”规定为“严重污染环境”的情形之一。

4. 多次污染环境构成“严重污染环境”的情形。《解释》第一条第六项沿用《2013年解释》的相关规定，将“二年内曾因违反国家规定，排放、倾倒、处置有放射性的废物、含传染病病原体的废物、有毒物质受过两次以上行政处罚，又实施前列行为的”作为认定“严重污染环境”的情形之一。《解释》第十七条第一款进一步规定：“本解释所称‘二年内’，以第一次违法行为受到行政处罚的生效之日与又实施相应行为之日的时间间隔计算确定。”需要注意的是，“两次以上行政处罚”包括但不限于环境保护主管部门的行政处罚，如水行政主管部门依据水污染防治法作出的行政处罚，甚至是公安机关作出的行政处罚，均可涵括在内。

5. 篡改、伪造自动监测数据排污构成“严重污染环境”的情形。篡改、伪造自动监测数据或者干扰自动监测设施，通常是重点排污单位非法排污的常见手法。为有效防范规模以上企业的污染环境行为，实现行政处罚与刑事追究之间的有序衔接，《解释》第一条第七项规定，“重点排污单位篡改、伪造自动监测数据或者干扰自动监测设施，排放化学需氧量、氨氮、二氧化硫、氮氧化物等污染物的”，应当认定为“严重污染环境”。这一新增规定，对于有效防范和依法惩治大气污染犯罪这一社会各界高度关注的顽疾具有重要意义。需要注意的是：其一，当前自动监测设施主要监测化学需氧量、氨氮、二氧化硫、氮氧化物，而这些物质并不必然属于“有毒物质”，故该项并未要求排放有毒物质；其二，考虑到未来自动监测设施监测的污染物范围可能会拓展,故该项的表述为“化学需氧量、氨氮、二氧化硫、氮氧化物等污染物”,以为未来的发展留有适当空间;其三,该项只是要求“篡改、伪造自动监测数据或者干扰自动监测设施”的同时“排放化学需氧量、氨氮、二氧化硫、氮氧化物等污染物”,即行为人篡改、伪造自动监测数据或者干扰自动监测设施的同时还在排放上述污染物即可,但并未要求超标排放。

此外,为便于司法适用,《解释》第十七条第二款专门规定:“本解释所称‘重点排污单位’,是指设区的市级以上人民政府环境保护主管部门依法确定的应当安装、使用污染物排放自动监测设备的重点监控企业及其他单位。”可见,重点监控企业属于重点排污单位的主要组成部分,具体包括国家重点监控企业、省级重点监控企业和市级重点监控企业。

6.减少支出、违法所得构成“严重污染环境”的情形。《解释》第一条将“违法减少防治污染设施运行支出一百万元以上”“违法所得三十万元以上”增加规定为“严重污染环境”的情形。实施环境污染犯罪的单位和个人多是为了谋取不法利益,增设以上两项规定,让行为人得不偿失,可以更有针对性地惩治和预防犯罪。

为有效防范污染,《环境保护法》要求对环境有影响的一切建设项目须执行“三同时”制度,第四十一条规定:“建设项目中防治污染的设施,应当与主体工程同时设计、同时施工、同时投产使用。防治污染的设施应当符合经批准的环境影响评价文件的要求,不得擅自拆除或者闲置。”从实践来看,有些企业虽然建有防治污染设施,但为减少运行成本,闲置、拆除防治污染设施或者使防治污染设施不正常运行的情况时有发生。经研究认为,擅自拆除或者闲置防治污染设施,或者通过不正常运行防治污染设施等逃避监管的方式违法排放污染物,社会危害性严重,也反映出行为人的主观恶性较大,对于情节严重的确有刑事规制的必要。而从实践来看,此类行为虽然不能直接获取收入,但能减少相应支出,且在一些案件中相对可操作。基于此,与《环境保护法》的相关规定相衔接,《解释》第一条第八项将“违法减少防治污染设施运行支出一百万元以上”规定为“严重污染环境”的具体情形之一。司法适用中需要注意的是,此处特指“违法减少”的支出,如果排污单位提供技术革新等合法途径减少防治污染设施运行支出,符合清洁生产、循环经济的要求,应予鼓励。

为进一步增强司法适用可操作性,《解释》第一条第九项将“违法所得三十万元以上”增列为“严重污染环境”的情形之一。这主要是考虑到实践中实施污染环境行为,除了客观上造成公私财产损失外,行为人的主要目的是牟利,而这通常表现为违法所得,而且,违法所得的计算在某些案件中更具可操作性。此外,《解释》第十七条第三款进一步规定:“本解释所称‘违法所得’,是指实施刑法第三百三十八条、第三百三十九条规定的行为所得和可得的全部违法收入。”

7. 造成生态环境损害构成“严重污染环境”的情形。中共中央、国务院在《生态文明体制改革总体方案》提出:“严格实行生态环境损害赔偿制度。强化生产者环境保护法律责任,大幅度提高违法成本……对造成生态环境损害的,以损害程度等因素依法确定赔偿额度;对造成严重后果的,依法追究刑事责任。”根据这一要求,《解释》明确将“造成生态环境严重损害”规定为“严重污染环境”的情形之一。《解释》第十七条第五款进一步规定:“本解释所称‘生态环境损害’,包括生态环境修复费用,生态环境修复期间服务功能的损失和生态环境功能永久性损害造成的损失,以及其他必要合理费用。”因此,实践中可以根据上述界定,准确判断污染环境行为造成生态环境损害的程度,对于达到严重损害程度的应当认定为“严重污染环境”。

在此基础上,《解释》第三条还对污染环境罪的结果加重情节“后果特别严重”的认定标准作了相应完善,增加规定“非法排放、倾倒、处置危险废物一百吨以上”“造成生态环境特别严重损害”的,应当认定为“后果特别严重”,处三年以上七年以下有期徒刑,并处罚金。

(二)其他环境污染犯罪的定罪量刑标准

除污染环境罪外,环境污染犯罪还涉及非法处置进口的固体废物罪、擅自进口固体废物罪、环境监管失职罪等罪名。为统一法律适用,《解释》第二条、第三条对上述罪名所涉及的“致使公私财产遭受重大损失或者严重危害人体健康”“致使公私财产遭受重大损失或者造成人身伤亡的严重后果”“后果特别严重”等定罪量刑标准作了明确。与《2013 年解释》相比,相关标准更加明确具体,可操作性更强,体现了从严惩治环境污染犯罪的精神。

(三)环境污染犯罪惩治的宽严相济

根据宽严相济刑事政策的基本要求,《解释》在依法设定环境污染犯罪定罪量刑标准的同时,还根据宽严相济刑事政策的要求专门设置了从重处罚情节和从宽处罚情节,以最大限度地发挥刑法对于环境污染犯罪的惩罚、威慑、教育功能,以有效减少和预防此类犯罪的发生,发挥刑法在推进生态文明建设方面的积极作用。

《解释》第四条规定,实施环境污染犯罪,具有下列情形之一的,应当从重处罚:(1)阻挠环境监督检查或者突发环境事件调查,尚不构成妨害公务等犯罪的。需要注意的是,对于环境保护工作负有监督管理职责的部门包括但不限于环境保护主管部门,其他行政管理部门也可能依法对特定领域的环境污染负有监督管理职责,如水污染的监督检查可以由水行政主管部门实施。(2)在医院、学校、居民区等人口集中地区及其附近,违反国家规定排放、倾倒、处置有放射性的废物、含传染病病原体的废物、有毒物质或者其他有害物质的。适用中需要注意的是,对于"在医院、学校、居民区等人口集中地区及其附近"的认定,宜根据具体情况把握,特别是对于人口集中地区附近的认定,应当根据人口集中地区的大小、人数以及距离等判断,以排放、倾倒、处置污染物能否直接影响人口集中地区作为标准。(3)在重污染天气预警期间、突发环境事件处置期间或者被责令限期整改期间,违反国家规定排放、倾倒、处置有放射性的废物、含传染病病原体的废物、有毒物质或者其他有害物质的。《中华人民共和国大气污染防治法》第九十三条第一款规定"国家建立重污染天气监测预警体系",并进一步规定了重污染天气预警期间的应急措施。在重污染天气预警期间,违反国家规定排放、倾倒、处置有放射性的废物、含传染病病原体的废物、有毒物质或者其他有害物质的,社会危害性更大。基于此,《解释》专门明确对上述情形应当从重处罚。(4)具有危险废物经营许可证的企业违反国家规定排放、倾倒、处置有放射性的废物、含传染病病原体的废物、有毒物质或者其他有害物质的。从实践来看,危险废物处置企业污染环境犯罪案件显现。当前,个别具有危险废物处置资质的企业唯利是图,为赚取正规处置和非正规处置间的巨额利差,将本应自行处置的危险废物转包给无处理资质的单位和个人,造成巨大环境安全隐患。较之于无资质企业和个人非法处置危险废物的行为，此类行为的社会危害性更为突出，应当从重处罚。

为贯彻落实"完善刑事诉讼中认罪认罚从宽制度"，考虑到司法实践中的复杂情况，《解释》第五条规定："实施刑法第三百三十八条、第三百三十九条规定的行为，刚达到应当追究刑事责任的标准，但行为人及时采取措施，防止损失扩大、消除污染，全部赔偿损失，积极修复生态环境，且系初犯，确有悔罪表现的，可以认定为情节轻微，不起诉或者免予刑事处罚；确有必要判处刑罚的，应当从宽处罚。"应当指出的是，上述规定的目的在于促使行为人在实施环境污染犯罪后及时采取措施，减少、弥补损害，充分发挥刑法的威慑和教育功能。

（四）环境污染共同犯罪的处理规则

实践中，一些单位和个人非法排放、倾倒、处置危险废物，以降低生产成本、牟取不法利益。而且，行为人分工明确、相互配合，呈现出明显的产业化迹象，甚至形成了"一条龙"作业。对于此类犯罪，不仅要依法惩治直接污染环境的行为人，更要打源头、追幕后，依法追究危险废物提供者的刑事责任。为此，《解释》第七条重申了对环境污染犯罪的共同犯罪处理规则，规定："明知他人无危险废物经营许可证，向其提供或者委托其收集、贮存、利用、处置危险废物，严重污染环境的，以共同犯罪论处。"需要注意的是，考虑到此种情形可能构成非法经营罪的共同犯罪，故未再限制为"以污染环境罪的共同犯罪论处"。

（五）环境污染犯罪竞合的处理原则

环境污染犯罪行为可能同时触犯多个罪名，如违规排放、倾倒、处置含有毒害性、放射性、传染病病原体等物质的污染物，可能同时触犯污染环境罪与投放危险物质罪。为进一步加大对环境污染相关犯罪的惩治力度，《解释》第八条明确规定了"从一重罪"处断原则，即排放、倾倒、处置含有毒害性、放射性、传染病病原体等物质的污染物，同时触犯数个罪名的，择一重罪处断。

（六）环境污染关联犯罪的法律适用

除环境污染犯罪外，《解释》还对环境影响评价领域可能涉及的提供虚假证明文件罪、出具证明文件重大失实罪，破坏国家环境质量监测系统可能涉及的破坏计算机信息系统罪等关联犯罪的法律适用问题作了规定。

1. 环境影响评价领域所涉犯罪的适用。环境影响评价对于预防因规划和建设项目实施后对环境造成不良影响,促进经济、社会和环境的协调发展,具有关键作用。但是,实践中环评造假或者严重失实的现象时有发生。为从源头上有效预防环境污染犯罪,《解释》第九条规定:"环境影响评价机构或其人员,故意提供虚假环境影响评价文件,情节严重的,或者严重不负责任,出具的环境影响评价文件存在重大失实,造成严重后果的,应当依照刑法第二百二十九条、第二百三十一条的规定,以提供虚假证明文件罪或者出具证明文件重大失实罪定罪处罚。"需要注意的是,由于目前环境影响登记表审批改为备案,只有环境影响报告书和报告表需要审批,故此处的"环境影响评价文件"通常是指环境影响报告书、报告表。

2. 破坏国家环境质量监测系统所涉犯罪的适用。环境监测数据是环境决策的重要基础。个别地方破坏环境质量监测系统,影响监测系统正常运行,欺骗公众,影响政府公信力,甚至误导环境决策,危害严重。根据《最高人民法院、最高人民检察院关于办理危害计算机信息系统安全刑事案件应用法律若干问题的解释》(以下简称《危害计算机信息系统安全犯罪解释》)第十一条的规定,计算机信息系统是指具备自动处理数据功能的系统,包括计算机、网络设备、通信设备、自动化控制设备等。据此,国家环境质量监测系统亦属于计算机信息系统的范畴,对其进行破坏的行为可能构成破坏计算机信息系统罪。经研究认为,对于采用物理方式妨害自动监控系统采样、稀释采集的污染物样本等行为,实际上是对计算机信息系统功能进行干扰,造成计算机不能正常运行,符合刑法第二百八十六条第一款的规定;而对于采用无形方式删除、修改、增加计算机信息系统中存储、处理或者传输的数据和应用程序的,符合刑法第二百八十六条第二款的规定。总之,对于上述两种行为,造成严重后果的,均可以破坏计算机信息系统罪论处。故而,《解释》第十条第一款规定:"违反国家规定,针对环境质量监测系统实施下列行为,或者强令、指使、授意他人实施下列行为的,应当依照刑法第二百八十六条的规定,以破坏计算机信息系统罪论处:(一)修改参数或者监测数据的;(二)干扰采样,致使监测数据严重失真的;(三)其他破坏环境质量监测系统的行为。"需要注意的是,《解释》对破坏环境质量监测系统的定罪量刑作了专门规定，按照司法解释适用时间效力的规定，对于此类行为原则上应当适用《解释》，而非适用《危害计算机信息系统安全犯罪解释》。

重点排污单位篡改、伪造自动监测数据，排放污染物的行为，可能同时构成污染环境罪和破坏计算机信息系统罪。因此，《解释》第十条第二款明确："重点排污单位篡改、伪造自动监测数据或者干扰自动监测设施，排放化学需氧量、氨氮、二氧化硫、氮氧化物等污染物，同时构成污染环境罪和破坏计算机信息系统罪的，依照处罚较重的规定定罪处罚。"

此外，根据《解释》第十条第三款的规定，从事环境监测设施维护、运营的人员实施或者参与实施篡改、伪造自动监测数据、干扰自动监测设施、破坏环境质量监测系统等行为的，应当从重处罚。

（七）单位实施环境污染相关犯罪的定罪量刑标准

单位实施环境污染相关犯罪，往往具有更大的社会危害性，应当从严惩治。《解释》第十一条明确规定，对于单位实施环境污染相关犯罪的，适用与个人犯罪相同的定罪量刑标准。

（八）环境污染犯罪相关术语的界定

环境污染刑事案件专业性较强，涉及专门术语多。为统一相关案件的办理，《解释》对相关术语作了明确界定。

1. 关于"有毒物质"的界定。《2013 年解释》第十条对"有毒物质"专门作了界定。考虑到有关规范性文件的调整，《解释》对"有毒物质"的规定作出修改，删去"剧毒化学品、列入重点环境管理危险化学品名录的化学品，以及含有上述化学品的物质"的表述，在第十五条规定："下列物质应当认定为刑法第三百三十八条规定的'有毒物质'：（一）危险废物，是指列入国家危险废物名录，或者根据国家规定的危险废物鉴别标准和鉴别方法认定的，具有危险特性的废物；（二）《关于持久性有机污染物的斯德哥尔摩公约》附件所列物质；（三）含重金属的污染物；（四）其他具有毒性，可能污染环境的物质。"实际上，根据《国家危险废物名录（2016 版）》的规定，废弃危险化学品（包括剧毒化学品、重点环境管理危险化学品）均属于危险废物，可以直接根据《解释》第十五条第一项认定为"有毒物质"。

2. 关于"公私财产损失"的计算。对于环境监测费用是否可以纳入"公私财产损失”的计算范围,存在较大争议。《2013年解释》对此未作明确。而实践中已有对现场监测所产生的费用应否纳入“公私财产损失”计算范围存在争议的案件。《解释》起草过程中,经慎重研究认为,“公私财产损失”不包括日常环境监测费用,但因所涉行为导致的各类环境应急措施和应急处置费用(包括应急监测费用)可以列为“为防止污染扩大、消除污染而采取必要合理措施所产生的费用”。为消除司法实践中的争议,《解释》第十七条第四款明确“公私财产损失”包括处置突发环境事件的应急监测费用。

(九)监测数据的证据资格

为确保相关监测数据的客观、准确,确保相关案件公正处理,《2013年解释》第十一条第二款专门规定:“县级以上环境保护部门及其所属监测机构出具的监测数据,经省级以上环境保护部门认可的,可以作为证据使用。”这实际上是在“经省级以上环境保护部门认可”的前提下赋予县级以上环境保护主管部门及其所属监测机构出具的监测数据刑事证据资格。应当指出的是,《2013年解释》设定监测数据认可程序的现实情况是,当时办理环境污染刑事案件尚处于起步阶段,各地缺乏成熟经验。因此,“经省级以上环境保护部门认可”的程序设置,对于确保监测数据的准确,提升环境污染刑事案件的质量,确保此类案件办理的“不偏不倚”,发挥了重要的作用。当然,随着环境污染刑事案件办理的逐渐增多,监测数据认可程序不能完全适应办案实际需求的现象也开始显现。实践中,省级环境保护主管部门的认可通常只能进行形式审查,还可能导致程序冗杂、效率低下,不利于环境污染刑事案件的及时办理。基于此,根据刑事诉讼法第五十二条第二款“行政机关在行政执法和查办案件过程中收集的物证、书证、视听资料、电子数据等证据材料,在刑事诉讼中可以作为证据使用”的规定,《解释》第十二条第一款取消了环境监测数据的认可程序,明确规定:“环境保护主管部门及其所属监测机构在行政执法过程中收集的监测数据,在刑事诉讼中可以作为证据使用。”据此,环境保护主管部门及其所属监测机构在行政执法和查办案件过程中收集的监测数据具有刑事证据资格,不需要再经过省级以上环境保护主管部门的认可。实践中需要注意的是,第三方监测机构虽然不属于环境保护主管部门所属的监测机构,但只要是在环境保护主管部门或者所属监测机构的主持下从事相关监测活动或者提供技术支持，以环境保护主管部门或者所属监测机构名义作出的监测报告，也应当认为符合《解释》第十二条第一款的规定，在刑事诉讼中可以作为证据使用。

《2013 年解释》施行期间，对于公安机关在刑事立案后或者初查过程中提取污染物样品进行检测获取的数据，是否需要经过省级以上环境保护主管部门认可，才能作为刑事证据使用，实践中争议较大。经研究认为，根据刑事诉讼法和相关规定，公安机关作为刑事侦查机关，享有当然的刑事证据收集权力，其收集的证据作为刑事证据使用无须经过行政认可等其他程序。而且，近年来，公安机关办理环境污染刑事案件的取证能力大幅提升，能够满足有关技术规范的要求。基于此，《解释》第十二条第二款规定："公安机关单独或者会同环境保护主管部门，提取污染物样品进行检测获取的数据，在刑事诉讼中可以作为证据使用。"有必要强调的是，与环境保护主管部门获取监测数据适用行政执法的相关规定不同，无论是刑事立案后，还是初查过程中，公安机关获取检测数据都属于刑事侦查活动，应当适用刑事诉讼法的相关规范。当下较为适宜的方式是公安机关与环境保护主管部门执法联动，以充分利用公安机关控制现场的能力和环境保护主管部门的技术优势，确保相关证据的准确性。

（十）环境污染专门性问题的认定

鉴定难是困扰环境污染刑事案件办理的突出难题。《2013 年解释》确立了鉴定与检验"两条腿走路"的原则，第十一条第一款规定："对案件所涉的环境污染专门性问题难以确定的，由司法鉴定机构出具鉴定意见，或者由国务院环境保护部门指定的机构出具检验报告。"从《2013 年解释》实施情况来看，鉴定机构和环境保护部指定的检验机构仍然偏少，难以满足实际办案所需。为此，《解释》第十四条增加规定公安部亦可指定出具检验报告的机构，即规定："对案件所涉的环境污染专门性问题难以确定的，依据司法鉴定机构出具的鉴定意见，或者国务院环境保护主管部门、公安部门指定的机构出具的报告，结合其他证据作出认定。"

（作者单位：最高人民法院研究室）

最高人民法院
最高人民检察院
公　告

《最高人民法院、最高人民检察院关于办理非法采矿、破坏性采矿刑事案件适用法律若干问题的解释》已于2016年9月26日由最高人民法院审判委员会第1694次会议、2016年11月4日由最高人民检察院第十二届检察委员会第57次会议通过,现予公布,自2016年12月1日起施行。

最高人民法院

最高人民检察院

2016年11月28日

最高人民法院　最高人民检察院
关于办理非法采矿、破坏性采矿刑事案件适用法律若干问题的解释

(2016年9月26日最高人民法院审判委员会第1694次会议、2016年11月4日最高人民检察院第十二届检察委员会第57次会议通过,自2016年12月1日起施行)

法释〔2016〕25号

为依法惩处非法采矿、破坏性采矿犯罪活动,根据《中华人民共和国刑法》《中华人民共和国刑事诉讼法》的有关规定,现就办理此类刑事案件适用

法律的若干问题解释如下：

第一条 违反《中华人民共和国矿产资源法》《中华人民共和国水法》等法律、行政法规有关矿产资源开发、利用、保护和管理的规定的，应当认定为刑法第三百四十三条规定的“违反矿产资源法的规定”。

第二条 具有下列情形之一的，应当认定为刑法第三百四十三条第一款规定的“未取得采矿许可证”：

（一）无许可证的；

（二）许可证被注销、吊销、撤销的；

（三）超越许可证规定的矿区范围或者开采范围的；

（四）超出许可证规定的矿种的（共生、伴生矿种除外）；

（五）其他未取得许可证的情形。

第三条 实施非法采矿行为，具有下列情形之一的，应当认定为刑法第三百四十三条第一款规定的“情节严重”：

（一）开采的矿产品价值或者造成矿产资源破坏的价值在十万元至三十万元以上的；

（二）在国家规划矿区、对国民经济具有重要价值的矿区采矿，开采国家规定实行保护性开采的特定矿种，或者在禁采区、禁采期内采矿，开采的矿产品价值或者造成矿产资源破坏的价值在五万元至十五万元以上的；

（三）二年内曾因非法采矿受过两次以上行政处罚，又实施非法采矿行为的；

（四）造成生态环境严重损害的；

（五）其他情节严重的情形。

实施非法采矿行为，具有下列情形之一的，应当认定为刑法第三百四十三条第一款规定的“情节特别严重”：

（一）数额达到前款第一项、第二项规定标准五倍以上的；

（二）造成生态环境特别严重损害的；

（三）其他情节特别严重的情形。

第四条 在河道管理范围内采砂，具有下列情形之一，符合刑法第三百四十三条第一款和本解释第二条、第三条规定的，以非法采矿罪定罪处罚：

（一）依据相关规定应当办理河道采砂许可证，未取得河道采砂许可证的；

（二）依据相关规定应当办理河道采砂许可证和采矿许可证，既未取得河道采砂许可证，又未取得采矿许可证的。

实施前款规定行为，虽不具有本解释第三条第一款规定的情形，但严重影响河势稳定，危害防洪安全的，应当认定为刑法第三百四十三条第一款规定的“情节严重”。

第五条 未取得海砂开采海域使用权证，且未取得采矿许可证，采挖海砂，符合刑法第三百四十三条第一款和本解释第二条、第三条规定的，以非法采矿罪定罪处罚。

实施前款规定行为，虽不具有本解释第三条第一款规定的情形，但造成海岸线严重破坏的，应当认定为刑法第三百四十三条第一款规定的“情节严重”。

第六条 造成矿产资源破坏的价值在五十万元至一百万元以上，或者造成国家规划矿区、对国民经济具有重要价值的矿区和国家规定实行保护性开采的特定矿种资源破坏的价值在二十五万元至五十万元以上的，应当认定为刑法第三百四十三条第二款规定的“造成矿产资源严重破坏”。

第七条 明知是犯罪所得的矿产品及其产生的收益，而予以窝藏、转移、收购、代为销售或者以其他方法掩饰、隐瞒的，依照刑法第三百一十二条的规定，以掩饰、隐瞒犯罪所得、犯罪所得收益罪定罪处罚。

实施前款规定的犯罪行为，事前通谋的，以共同犯罪论处。

第八条 多次非法采矿、破坏性采矿构成犯罪，依法应当追诉的，或者二年内多次非法采矿、破坏性采矿未经处理的，价值数额累计计算。

第九条 单位犯刑法第三百四十三条规定之罪的，依照本解释规定的相应自然人犯罪的定罪量刑标准，对直接负责的主管人员和其他直接责任人员定罪处罚，并对单位判处罚金。

第十条 实施非法采矿犯罪，不属于“情节特别严重”，或者实施破坏性采矿犯罪，行为人系初犯，全部退赃退赔，积极修复环境，并确有悔改表现的，可以认定为犯罪情节轻微，不起诉或者免予刑事处罚。

第十一条 对受雇佣为非法采矿、破坏性采矿犯罪提供劳务的人员，除参与利润分成或者领取高额固定工资的以外，一般不以犯罪论处，但曾因非法采矿、破坏性采矿受过处罚的除外。

第十二条 对非法采矿、破坏性采矿犯罪的违法所得及其收益，应当依法追缴或者责令退赔。

对用于非法采矿、破坏性采矿犯罪的专门工具和供犯罪所用的本人财物，应当依法没收。

第十三条 非法开采的矿产品价值，根据销赃数额认定；无销赃数额，销赃数额难以查证，或者根据销赃数额认定明显不合理的，根据矿产品价格和数量认定。

矿产品价值难以确定的，依据下列机构出具的报告，结合其他证据作出认定：

（一）价格认证机构出具的报告；

（二）省级以上人民政府国土资源、水行政、海洋等主管部门出具的报告；

（三）国务院水行政主管部门在国家确定的重要江河、湖泊设立的流域管理机构出具的报告。

第十四条 对案件所涉的有关专门性问题难以确定的，依据下列机构出具的鉴定意见或者报告，结合其他证据作出认定：

（一）司法鉴定机构就生态环境损害出具的鉴定意见；

（二）省级以上人民政府国土资源主管部门就造成矿产资源破坏的价值、是否属于破坏性开采方法出具的报告；

（三）省级以上人民政府水行政主管部门或者国务院水行政主管部门在国家确定的重要江河、湖泊设立的流域管理机构就是否危害防洪安全出具的报告；

（四）省级以上人民政府海洋主管部门就是否造成海岸线严重破坏出具的报告。

第十五条 各省、自治区、直辖市高级人民法院、人民检察院，可以根据本地区实际情况，在本解释第三条、第六条规定的数额幅度内，确定本地区执行的具体数额标准，报最高人民法院、最高人民检察院备案。

第十六条 本解释自2016年12月1日起施行。本解释施行后，最高人民法院《关于审理非法采矿、破坏性采矿刑事案件具体应用法律若干问题的解释》（法释〔2003〕9号）同时废止。

《关于办理非法采矿、破坏性采矿刑事案件适用法律若干问题的解释》的理解与适用

喻海松

日前,最高人民法院、最高人民检察院发布《关于办理非法采矿、破坏性采矿刑事案件适用法律若干问题的解释》(法释〔2016〕25 号,以下简称《解释》),自 2016 年 12 月 1 日起施行。这是 1997 年刑法施行以来最高司法机关就矿产资源犯罪再次发布专门司法解释,体现了对矿产资源司法保护的高度重视,对于依法惩治矿产资源犯罪,进一步加大对矿产资源的司法保护必将发挥重要作用。为便于司法实践中正确理解和适用,现就《解释》的制定背景、起草中的主要考虑和主要内容介绍如下。

一、《解释》的制定背景与经过

1997 年刑法规定了非法采矿罪和破坏性采矿罪。第三百四十三条规定:"违反矿产资源法的规定,未取得采矿许可证擅自采矿的,擅自进入国家规划矿区、对国民经济具有重要价值的矿区和他人矿区范围采矿的,擅自开采国家规定实行保护性开采的特定矿种,经责令停止开采后拒不停止开采,造成矿产资源破坏的,处三年以下有期徒刑、拘役或者管制,并处或者单处罚金;造成矿产资源严重破坏的,处三年以上七年以下有期徒刑,并处罚金。违反矿产资源法的规定,采取破坏性的开采方法开采矿产资源,造成矿产资源严重破坏的,处五年以下有期徒刑或者拘役,并处罚金。"2003 年 5 月 16 日,最高人民法院审判委员会第 1270 次会议审议通过《关于审理非法采矿、破坏性采矿刑事案件具体应用法律若干问题的解释》(法释〔2003〕9 号,以下简称《2003 年解释》),主要对非法采矿和破坏性采矿行为的认定、造成矿

产资源破坏的认定和鉴定等问题作了明确规定,进一步加大了对矿产资源的刑事司法保护力度。

为了加大对非法采矿犯罪活动的惩治力度,刑法修正案(八)进一步完善了非法采矿罪的规定,将"经责令停止开采后拒不停止开采,造成矿产资源破坏"的要件修改为"情节严重",降低了入罪门槛;将升档处罚情节由"造成矿产资源严重破坏"修改为"情节特别严重"。据此,构成非法采矿罪不再要求"经责令停止开采后拒不停止开采",而只要求实施非法采矿行为,达到情节严重的程度。刑法修正案(八)施行后,司法实践对于"情节严重""情节特别严重"的具体情形认识不一,影响了相关案件的办理。

根据国土资源部的建议,最高人民法院会同最高人民检察院,依据法律修改情况,以《2003年解释》为基础,结合当前实践,启动了新的司法解释起草工作。起草过程中,水利部及有关部门也反映了非法采砂违法犯罪的有关问题,建议通过《解释》规定对非法采砂行为适用非法采矿罪,并明确定罪量刑标准和相关法律适用问题。在深入调研的基础上,经反复研究讨论形成了征求意见稿,分别征求了最高人民检察院、公安部、国土资源部、水利部、国家海洋局等中央有关单位的意见,并征求了最高人民法院有关审判庭和各高级人民法院的意见。2016年3月,最高人民法院研究室会同有关部门召开专家论证会,分别邀请刑法专家和矿产资源、水利专家对解释稿进行论证研讨。此后,根据专家论证会作了修改完善,形成新的征求意见稿,征求了全国人大常委会法工委意见,并根据法工委意见进一步征求了国务院法制办的意见。2016年9月26日最高人民法院审判委员会第1694次会议、2016年11月4日最高人民检察院第十二届检察委员会第57次会议审议通过了《解释》。

二、《解释》起草中的主要考虑

为确保《解释》的内容科学合理,能够适应形势发展、满足实践需要,在起草过程中,着重注意把握了以下几点:

一是从严惩治矿产资源犯罪。矿产资源属于不可再生资源,处于持续递减的消耗之中。非法采矿、破坏性采矿行为对矿产资源的破坏具有不可逆性,故而,对矿产资源犯罪刑事政策的基本取向应当是从严惩治。基于此,《解释》未因经济社会发展水平提高而大幅提升矿产资源犯罪的定罪量刑标准,以确保刑事惩治力度不减。当然,这并非意味着对矿产资源犯罪一律从重,而是仍然应当区分情况,突出惩治重点,体现宽严相济,充分发挥刑法的威慑和教育功能,以更为有效地保护矿产资源和生态环境。

二是注重对生态环境的保护。中共中央、国务院发布的《生态文明体制改革总体方案》提出:"严格实行生态环境损害赔偿制度。强化生产者环境保护法律责任,大幅度提高违法成本……对造成生态环境损害的,以损害程度等因素依法确定赔偿额度;对造成严重后果的,依法追究刑事责任。"根据这一要求,《解释》将生态环境损害因素纳入考量范围,针对非法采矿罪根据造成生态环境损害的程度设置了定罪量刑标准。

三是明确非法采砂犯罪的法律适用。实践中非法采砂对环境的危害日益严重,在刑法未针对非法采砂规定专门罪名的前提下,适用非法采矿罪对非法采砂行为进行规制,成为当下的选择。基于此,《解释》明确对非法采砂行为适用非法采矿罪,加大了对水资源的刑事司法保护力度。

三、《解释》的主要内容

《解释》根据法律规定和立法精神,结合近年来办理矿产资源犯罪案件的实际问题,对矿产资源犯罪的定罪量刑标准及有关法律适用问题作了全面、系统的规定。《解释》共十六个条文,大致可以归纳为如下八个方面的问题:

(一)"违反矿产资源法的规定"的含义

根据刑法第三百四十三条的规定,构成非法采矿罪、破坏性采矿罪的前提是"违反矿产资源法的规定"。经研究认为,为避免法律适用漏洞,对于"违反矿产资源法的规定",不宜限缩为违反《中华人民共和国矿产资源法》(以下简称《矿产资源法》)的规定,而应当包括违反《中华人民共和国水法》(以下简称《水法》)等其他法律、法规中关于矿产资源开发、利用、保护和管理规定的情形。基于此,《解释》第一条明确规定:"违反《中华人民共和国矿产资源法》《中华人民共和国水法》等法律、行政法规有关矿产资源开发、利用、保护和管理的规定的,应当认定为刑法第三百四十三条规定的'违反矿产资源法的规定'。"

(二)"未取得采矿许可证"的认定

对于刑法第三百四十三条第一款关于非法采矿罪客观行为方式的表述,从语言逻辑角度加以细究,"未取得采矿许可证"之后跟着三个"擅自……"的表述。而无论是"擅自采矿",还是"擅自进入国家规划矿区、对国民经济具有重要价值的矿区和他人矿区范围采矿",抑或是"擅自开采国家规定实行保护性开采的特定矿种",均应以"未取得采矿许可证"为前提。基于此,《解释》第二条在《2003年解释》第二条规定的基础上,对"未取得采矿许可证"的具体情形作了明确,即"具有下列情形之一的,应当认定为刑法第三百四十三条第一款规定的'未取得采矿许可证':(一)无许可证的;(二)许可证被注销、吊销、撤销的;(三)超越许可证规定的矿区范围或者开采范围的;(四)超出许可证规定的矿种的(共生、伴生矿种除外);(五)其他未取得许可证的情形。"其中,第二项"许可证被注销、吊销、撤销"的规定,系根据《矿产资源法》第四十七条"违法颁发的勘查许可证、采矿许可证、采矿许可证,上级人民政府地质矿产主管部门有权予以撤销"的规定,增加了"撤销"的情形;第三项"超越采矿许可证规定的矿区范围或者开采范围"开采矿产资源的规定,系根据非法采砂犯罪的情形增加了"开采范围"的表述。

实践中,一些矿山企业在被责令停产停业期间仍然擅自采矿的情况较为普遍,且往往是引发矿难的重大隐患。《最高人民法院、最高人民检察院关于办理危害矿山生产安全刑事案件具体应用法律若干问题的解释》(已失效)第八条第一款规定:"在采矿许可证被依法暂扣期间擅自开采的,视为刑法第三百四十三条第一款规定的'未取得采矿许可证擅自采矿'。"《解释》起草过程中,拟将上述规定吸收为认定"未取得采矿许可证"的情形,并考虑到可能因程序性瑕疵而被暂扣许可证,故限定为"因存在重大安全隐患而被暂扣许可证期间开采矿产资源"的情形。专家论证过程中,有意见提出,上述规定虽然具有实践合理性,但从法理层面而言不妥。主要表现为:(1)采矿许可证被暂扣的情形,不同于行为人自始未取得采矿许可证的情形,行为人实际上属于采矿权人,将此种情形下开采矿产资源的行为认定为"未取得采矿许可证”，恐有不妥。(2)就规范的保护目的而言，因存在重大安全隐患而暂扣许可证，所保护的是安全生产，而非法采矿罪保护的矿产资源。因此，对于违反因存在重大安全隐患而被暂扣许可证期间不得开采矿产资源的规定，擅自开采矿产资源的，适用非法采矿罪的规定，不符合规范的保护目的。(3)因存在重大安全隐患而被暂扣采矿许可证期间开采矿产资源的，排除适用非法采矿罪，但构成其他犯罪的，还可以按照其他犯罪处理，并不存在法律适用的漏洞。经研究认为，上述意见确有道理，予以采纳。

在《解释》起草过程中，对于采矿许可证到期后继续开采矿产资源的情形，是否宜认定为“未取得采矿许可证”，存在不同认识。经研究认为，实践中采矿许可证到期后继续开采矿产资源的情形十分复杂，一律认定为“未取得采矿许可证”恐有不妥。而且，对于其中情节严重的，可以吊销许可证，对于此后采矿的可以认定为《解释》第二条第二项规定的情形。因此，未将此种情形明确列为“未取得采矿许可证”的情形。此外，对于非法转让采矿权的，可以根据《矿产资源法》的相关规定吊销采矿许可证，进而将此后采矿的行为认定为《解释》第二条第二项规定的情形。

(三)非法采矿罪的定罪量刑标准

刑法修正案(八)对非法采矿罪作了重大完善，将入罪门槛由“造成矿产资源破坏”修改为“情节严重”，从而将非法采矿罪由结果犯调整为情节犯。根据法律修改的精神，不宜再将“情节严重”限制在造成实害后果的情形。基于此，在《2003年解释》规定的基础上，《解释》第三条明确了“情节严重”的具体情形。

1. 开采的矿产品价值或者造成矿产资源破坏的价值在10万元至30万元以上的。开采的矿产品价值是衡量非法采矿行为社会危害性的基础因素，也是认定非法采矿“情节严重”的基本标准。据统计，从2003年至2015年，我国煤、铁、金、银、铜、铅、锌、铝、锡等主要矿产品的市场价格平均上涨将近1倍。因此，经综合考虑矿产品价格上涨因素，将非法采矿罪的入罪标准设定为开采的矿产品价值在10万元至30万元以上。

2. 在国家规划矿区、对国民经济具有很重要价值的矿区采矿，开采国家规定实行保护性开采的特定矿种，矿产品价值或者造成矿产资源破坏的价值在5万元至15万元以上的。该项标准体现了对“两矿区一矿种”的特殊保护。《矿产资源法》第十七条规定:“国家对国家规划矿区、对国民经济具有重要价值的矿区和国家规定实行保护性开采的特定矿种,实行有计划的开采;未经国务院有关主管部门批准,任何单位和个人不得开采。”根据《中华人民共和国矿产资源法实施细则》(以下简称《矿产资源法实施细则》)第六条的规定,对“两矿区一矿种”的范围应作如下把握:(1)国家规划矿区,是指国家根据建设规划和矿产资源规划,为建设大、中型矿山划定的矿产资源分布区域。(2)对国民经济具有重要价值的矿区,是指国家根据国民经济发展需要划定的,尚未列入国家建设规划的,储量大、质量好、具有开发前景的矿产资源保护区域。(3)国家规定实行保护性开采的特定矿种,是指国务院根据国民经济建设和高科技发展的需要,以及资源稀缺、贵重程度确定的,由国务院有关主管部门按照国家计划批准开采的矿种。根据有关规定,具体包括黄金、钨、锡、锑、离子型稀土。

3.二年内曾因非法采矿受过两次以上行政处罚,又实施非法采矿行为的。一方面,实践中出现“蚂蚁搬家”式的非法采矿行为,在被查获后行为人往往否认在被抓获前存在开采行为,而被查获的矿产品达不到入罪标准。而且,此种情形的矿产品交易往往采取现金交易的方式,收集交易单据等其他证据也十分困难。因此,对于此种行为,只能予以行政处罚,对屡罚屡犯者难以起到效果。另一方面,实践中一些犯罪分子是长期从事非法采矿的惯犯,特别是其中有一些在受过多次行政处罚甚至刑事处罚后还屡教不改,继续进行非法采矿,应加大对该类人员的打击力度,以起到震慑效果。因此,以因非法采矿受过的行政处罚次数作为考量情节,将多次实施者认定为“情节严重”,纳入刑事处罚范围。

需要注意的是,借鉴《最高人民法院、最高人民检察院关于办理走私刑事案件适用法律若干问题的解释》第十七条“刑法第一百五十三条第一款规定的‘一年内曾因走私被给予二次行政处罚后又走私’中的‘一年内’,以因走私第一次受到行政处罚的生效之日与‘又走私’行为实施之日的时间间隔计算确定”的规定,“二年内”宜以第一次违法行为受到行政处罚的生效之日与又实施相应行为之日的时间间隔计算确定。此外,“两次以上行政处罚”,

包括但不限于国土资源主管部门的行政处罚，只要是有关部门依法对非法采矿行为给予的行政处罚即可。

4. 造成生态环境严重损害的。《解释》第三条将“环境价值”明确纳入判断“情节严重”的考量因素。实践中应当根据造成生态环境损害的程度判断是否达到“情节严重”的标准，对于达到严重损害程度的应当以非法采矿罪定罪处罚。

5. 其他情节严重的情形。《解释》第三条第一款第五项为兜底项，需要在司法实践中根据具体情况裁量适用。司法适用中，既要敢于根据具体案情适用兜底项，同时也要持慎重态度，考虑与前述具体情形之间的相当性。

此外，《解释》第三条第二款明确了“情节特别严重”的认定标准。通常情况下，“情节特别严重”和“情节严重”之间为5倍的倍数关系。造成生态环境特别严重损害的，也可以认定为“情节特别严重”。

（四）破坏性采矿罪的定罪量刑

1.“采取破坏性的开采方法开采矿产资源”的认定。《2003年解释》第四条规定：“刑法第三百四十三条第二款规定的破坏性采矿罪中‘采取破坏性的开采方法开采矿产资源’，是指行为人违反地质矿产主管部门审查批准的矿产资源开发利用方案开采矿产资源，并造成矿产资源严重破坏的行为。”《2003年解释》以违反矿产资源开发利用方案作为认定破坏性的开采方法的依据，有其合理性。但是，从司法适用的情况来看，也存在不足之处：其一，现行法律并未规定“矿产资源开发利用方案”，只有《矿产资源开采登记管理办法》第五条规定采矿权申请人申请办理采矿许可证中提及“矿产资源开发利用方案”。而《矿产资源开采登记管理办法》属于行政法规，效力位阶不如法律。其二，在开采过程中，受制于地质等因素影响，采矿权人可能违反矿产资源开发利用方案，但未必会造成矿产资源严重破坏，故以矿产资源开发利用方案作为认定破坏性的开采方法的依据，可能存在不妥。《解释》起草过程中，有意见提出，有关法律明确提及“矿山设计”，如《矿产资源法》第十五条规定：“设立矿山企业，必须符合国家规定的资质条件，并依照法律和国家有关规定，由审批机关对其矿区范围、矿山设计或者开采方案、生产技术条件、安全措施和环境保护措施等进行审查；审查合格的，方予批准。”《中华人民共和国煤炭法》(2013年修正)第十八条规定,开办煤矿企业,应当有符合煤矿安全生产和环境保护要求的矿山设计。因此,建议以违反矿山设计作为认定破坏性的开采方法的依据。但是,对此也存在不同认识。而且,就技术层面而言,对于破坏性的开采方法的认定,可能会随着技术的发展而不断完善。经慎重研究,《解释》暂不对“采取破坏性的开采方法开采矿产资源”的认定标准作出明确。但是,考虑到其认定的专业性较强,为确保相关案件依法得到稳妥、正确处理,《解释》第十四条仍对其认定程序作出明确,即对是否属于破坏性的开采方法难以确定的,依据省级以上人民政府国土资源主管部门出具的报告,结合其他证据作出认定。

2. 破坏性采矿罪的定罪量刑。根据刑法第三百四十三条第二款的规定,非法采矿罪只设有一个法定刑档次,即造成矿产资源严重破坏的,处五年以下有期徒刑或者拘役,并处罚金。在适当考虑矿产品价格上涨因素的基础上,《解释》对入罪标准作了适当提升,同时突出了对“两矿区一矿种”的特殊保护,在第六条规定:“造成矿产资源破坏的价值在五十万元至一百万元以上,或者造成国家规划矿区、对国民经济具有重要价值的矿区和国家规定实行保护性开采的特定矿种资源破坏的价值在二十五万元至五十万元以上的,应当认定为刑法第三百四十三条第二款规定的‘造成矿产资源严重破坏’。”

(五)非法采砂犯罪的法律适用

对于非法采砂行为的定性,司法实践中存在较大的认识分歧。而且,地方法院曾就非法采砂行为的定性问题请示最高人民法院。为统一法律适用,有必要通过司法解释对河道非法采砂和非法采挖海砂的定性作出明确。经反复征求意见和慎重研究,《解释》明确对非法采砂行为适用非法采矿罪,并对定罪量刑标准及有关法律适用问题作了规定。

1. 非法采矿罪行为的定性。《矿产资源法实施细则》第二条第一款规定:“矿产资源是指由地质作用形成的,具有利用价值的,呈固态、液态、气态的自然资源。”砂属于矿产资源,可以成为非法采矿罪的对象。例如,河(江)砂属河流相沉积天然石英砂,主要化学成分为二氧化硅,经长期地质作用形成。《矿产资源分类细目》将河(江)砂归属到非金属矿产天然石英砂中。可见,砂受矿产资源法的调整,可以成为非法采矿罪的对象。而且,《水法》第三十九条第一款规定“国家实行采砂许可制度”。《中华人民共和国河道管理条例》第二十五条规定,在河道管理范围内进行采砂活动,必须报经河道主管机关批准,涉及其他部门的,由河道管理机关会同有关部门批准。因此,对于未取得许可证非法采砂的行为,实质上是“未取得采矿许可证擅自采矿”,应当适用非法采矿罪。

2.“未取得采矿许可证”的认定。从实践来看,对非法采砂适用非法采矿罪,可能适用的客观行为方式主要为“未取得采矿许可证擅自采矿”。为避免法律适用的漏洞,《解释》第四条第一款、第五条第一款对刑法第三百四十三条第一款规定的“采矿许可证”作扩大解释,将开采河砂需要申请的采矿许可证、河道采砂许可证和开采海砂需要申请的采矿许可证、海砂开采海域使用权证均涵括在内。

《水法》第三十九条第一款规定:“国家实行河道采砂许可制度。河道采砂许可制度实施办法,由国务院规定。”目前,国务院尚未对河道采砂许可制度实施办法作出统一规定,仅通过《长江河道采砂管理条例》明确了长江宜宾以下干流河道内从事开采砂石的许可办法。《长江河道采砂管理条例》第九条第一款、第二款规定:“国家对长江采砂实行采砂许可制度。河道采砂许可证由沿江省、直辖市人民政府水行政主管部门审批发放;属于省际边界重点河段的,经有关省、直辖市人民政府水行政主管部门签署意见后,由长江水利委员会审批发放;涉及航道的,审批发放前应当征求长江航务管理局和长江海事机构的意见。省际边界重点河段的范围由国务院水行政主管部门划定。”据此,长江干流河道采砂实行“一证”,即长江河道采砂许可证由长江水利委员会和沿江省、直辖市人民政府水行政主管部门审批发放(省际边界重点河段由长江水利委员会发放)。

近年来,为扭转河道采砂秩序混乱、非法采砂活动猖獗的现象,在国务院对河道采砂许可制度实施办法作出具体规定前,各地理顺管理体制,加强河道采砂管理工作。经对省级地方性法规、政府规章及规范性文件进行梳理,河道采砂许可情况如下:(1)由水行政主管部门发放采砂许可证。对此有的通过省级地方性法规作出规定,有的通过省级政府规章作出规定,还有的通过规范性文件作出规定。(2)发放采砂许可证和采矿许可证。

开采海砂需要取得海砂开采海域使用权证(由海洋主管部门发放)和采矿许可证(由国土资源主管部门发放)。《中华人民共和国海域使用管理法》第三条第二款规定:"单位和个人使用海域,必须依法取得海域使用权。"《矿产资源开采登记管理办法》第三条第一款明确规定,开采领海及中国管辖的其他海域的矿产资源,由国务院地质矿产主管部门审批登记,颁发采矿许可证。因此,开采海砂的,除了申请海砂开采海域使用权证外,还应向国土资源部申请采矿许可证。

如前所述,《解释》将刑法第三百四十三条规定的"采矿许可证"扩大解释为除采矿许可证外,还涵括采砂许可证、海砂开采海域使用权证等开采河砂、海砂所应取得的许可证。由此带来的问题是,如何准确认定"未取得采矿许可证擅自采矿"。对于实行"一证"管理的区域,这一问题并不存在。但是,对于实行"两证"管理的区域,由于"两证"之间没有先后之分,取得其中一个证并非申领另一个证的前置程序,且实践中经常会出现取得其中一个证但无法取得另一个证的情形。例如,行为人已经申领了开采海域使用权证,并缴纳了海域使用金;但是行为人继而向有关部门申领采矿许可证,未被批准。经研究认为,这一现象与现行的采砂管理体制不无关系,如果统一许可证发放或者明确两证之间的衔接关系,则完全可以避免上述现象。此种情况下对行为人开采海砂的行为以非法采矿罪追究刑事责任,并不合适。总之,不应由行为人承担由于现行采砂管理体制带来的不利后果,上述情形不宜认定为刑法第三百四十三条第一款规定的"未取得采矿许可证擅自采矿",不应以非法采矿罪论处。

基于上述考虑,《解释》第四条第一款规定:"在河道管理范围内采砂,具有下列情形之一,符合刑法第三百四十三条第一款和本解释第二条、第三条规定的,以非法采矿罪定罪处罚:(一)依据相关规定应当办理河道采砂许可证,未取得河道采砂许可证的;(二)依据相关规定应当办理河道采砂许可证和采矿许可证,既未取得河道采砂许可证,又未取得采矿许可证的。"第五条第一款规定:"未取得海砂开采海域使用权证,且未取得采矿许可证,采挖海砂,符合刑法第三百四十三条第一款和本解释第二条、第三条规定的,以非法采矿罪定罪处罚。”申言之，对于实行“一证”管理的区域，以是否取得该许可证为认定非法采矿的标准；对于实行“两证”管理的区域，只要取得一个许可证的，则不能认定为非法采矿，不宜以非法采矿罪论处。

需要注意的是，由于《解释》第二条对“未取得采矿许可证”作了明确，故第四条第一款、第五条第一款明确对于采砂领域“未取得采矿许可证擅自采矿”的认定要适用第二条的规定。对此司法实务要注意把握。例如，在实行“一证”管理的区域，虽然取得了河道采砂许可证，但是许可证被注销、吊销、撤销后继续采砂的，符合《解释》第二条第二项、第三项的规定，也应当认定为“未取得采矿许可证擅自采矿”。

3. 非法采砂犯罪的定罪量刑标准。非法采砂是非法采矿的类型之一，自然应当适用非法采矿罪的定罪量刑标准。故而，《解释》第四条第一款、第五条第一款明确规定，对非法采砂的定罪量刑适用第三条关于非法采矿罪的定罪量刑标准。

此外，非法采砂行为具有特殊性。对在河道管理范围内非法采砂行为予以刑事规制，除了其对砂资源的破坏外，更为重要的是非法采砂行为对河势稳定和防洪安全的危害。严格规范河砂开采的目的，不仅仅是维护其经济价值，更重要的是维护防洪安全和生态安全等公共利益。因此，不应单纯以矿产品价值作为非法采砂的入罪标准，还应当同时考虑非法采砂行为对防洪安全的危害。为了有效防范非法采砂对防洪安全的危害，应当实现刑法防线的适度前移，在非法采砂行为影响河势稳定，危害防洪安全，但尚未达到危害公共安全程度时加以规制。基于上述考虑，《解释》第四条第二款规定：“实施前款规定行为，虽不具有本解释第三条第一款规定的情形，但严重影响河势稳定，危害防洪安全的，应当认定为刑法第三百四十三条第一款规定的‘情节严重’。”

同理，非法采挖海砂不仅破坏矿产资源，还可能严重破坏海岸线。特别是在入海口、滨海湿地、海岛、红树林、珊瑚礁、濒危海洋栖息地等典型、敏感海域开采海砂，极易造成海岸线改变。基于对海岸线和海洋生态环境的特殊保护，《解释》第五条第二款规定：“实施前款规定行为，虽不具有本解释第三条第一款规定的情形，但造成海岸线严重破坏的，应当认定为刑法第三百四十三条第一款规定的'情节严重'。"

（六）矿产资源犯罪所得之物与所用之物的处理

为了规范矿产资源犯罪所得之物、所用之物的处理，《解释》第十二条规定："对非法采矿、破坏性采矿犯罪的违法所得及其收益，应当依法追缴或者责令退赔。对用于非法采矿、破坏性采矿犯罪的专门工具和供犯罪所用的本人财物，应当依法没收。"

（七）矿产资源犯罪专门性问题的认定

办理非法采矿刑事案件，通常涉及非法开采的矿产品价值计算等专门性问题。《解释》第十三条、第十四条通过总结司法经验，对相关专门性问题认定规则作了明确。具体而言：

1. 非法开采的矿产品价值的认定规则。根据《解释》第十三条的规定，非法开采的矿产品价值，根据销赃数额认定；无销赃数额，销赃数额难以查证，或者根据销赃数额认定明显不合理的，根据矿产品价格和数量认定。矿产品价值难以确定的，依据下列机构出具的报告，结合其他证据作出认定：（1）价格认证机构出具的报告；（2）省级以上人民政府国土资源、水行政、海洋等主管部门出具的报告；（3）国务院水行政主管部门在国家确定的重要江河、湖泊设立的流域管理机构出具的报告。

2. 其他专门性问题的认定规则。根据《解释》第十四条的规定，对案件所涉的有关专门性问题难以确定的，依据下列机构出具的鉴定意见或者报告，结合其他证据作出认定：（1）司法鉴定机构就生态环境损害出具的鉴定意见；（2）省级以上人民政府国土资源主管部门就造成矿产资源破坏的价值、是否属于破坏性开采方法出具的报告；（3）省级以上人民政府水行政主管部门或者国务院水行政主管部门在国家确定的重要江河、湖泊设立的流域管理机构就是否危害防洪安全出具的报告；（4）省级以上人民政府海洋主管部门就是否造成海岸线严重破坏出具的报告。

（八）矿产资源犯罪其他问题

根据司法实践的情况，《解释》还对矿产资源犯罪的其他问题作了明确：

1. 掩饰、隐瞒犯罪所得的矿产品及其收益的处理。从司法实践来看，矿产资源犯罪形成了利益链条，后续的窝藏、转移、收购、代为销售等环节成为此类犯罪蔓延的重要原因。为有效惩治此类犯罪,保护国家矿产资源,《解释》第七条规定:“明知是犯罪所得的矿产品及其产生的收益,而予以窝藏、转移、收购、代为销售或者以其他方法掩饰、隐瞒的,依照刑法第三百一十二条的规定,以掩饰、隐瞒犯罪所得、犯罪所得收益罪定罪处罚。实施前款规定的犯罪行为,事前通谋的,以共同犯罪论处。”

司法适用中需要注意的是,《解释》对掩饰、隐瞒犯罪所得的矿产品及其产生的收益行为未单独规定定罪量刑标准,故应当适用《最高人民法院关于审理掩饰、隐瞒犯罪所得、犯罪所得收益刑事案件适用法律若干问题的解释》(法释〔2015〕11 号,以下简称《掩饰、隐瞒犯罪所得、犯罪所得收益罪解释》)的规定。对此,有两个问题需要特别注意:(1)《掩饰、隐瞒犯罪所得、犯罪所得收益罪解释》第八条第一款规定:“认定掩饰、隐瞒犯罪所得、犯罪所得收益罪,以上游犯罪事实成立为前提。”据此,对于掩饰、隐瞒犯罪所得的矿产品及其产生收益行为的入罪以非法采矿、破坏性采矿行为构成犯罪为前提。对于上游行为未达到入罪标准的,即使后续的掩饰、隐瞒行为达到入罪标准,也不能认定为犯罪。(2)对于掩饰、隐瞒犯罪所得的矿产品及其产生的收益行为的量刑,特别是升档量刑,应当注意与作为上游犯罪的非法采矿罪、破坏性采矿罪的量刑平衡。

2. 多次实施矿产资源违法犯罪的价值数额累计。《解释》第八条对矿产资源犯罪的价值数额累计规则作了明确,规定:“多次非法采矿、破坏性采矿构成犯罪,依法应当追诉的,或者二年内多次非法采矿、破坏性采矿未经处理的,价值数额累计计算。”根据这一规定,对于矿产资源犯罪的价值数额累计应当区分情况处理:(1)二年内多次非法采矿或者破坏性采矿未经处理的,价值数额累计计算。对于实施非法采矿、破坏性采矿违法行为,每次均未达到定罪量刑标准,如果未经处理的,应当以二年为限进行累计计算,如果累计数额构成犯罪的,则应当依法定罪处罚。(2)多次非法采矿或者破坏性采矿构成犯罪,依法应当追诉的,价值数额累计计算。申言之,此种情形的数额累计不受两年的限制,而应当适用犯罪追诉期限的规定。

3. 单位实施矿产资源犯罪的处理。为了统一裁判尺度,《解释》第九条对单位矿产资源犯罪的定罪量刑标准作了明确。基于严厉惩治矿产资源犯罪、切实保护矿产资源的考虑,《解释》规定对单位实施非法采矿罪、破坏性采矿罪,与自然人犯罪适用统一的定罪量刑标准。

4.矿产资源犯罪惩治的宽严相济。根据宽严相济刑事政策的要求,《解释》根据矿产资源犯罪的具体情况,实行区别对待,突出惩治重点。其中,第十条规定:"实施非法采矿犯罪,不属于'情节特别严重',或者实施破坏性采矿犯罪,行为人系初犯,全部退赃退赔,积极修复环境,并确有悔改表现的,可以认定为犯罪情节轻微,不起诉或者免予刑事处罚。"第十一条规定:"对受雇佣为非法采矿、破坏性采矿犯罪提供劳务的人员,除参与利润分成或者领取高额固定工资的以外,一般不以犯罪论处,但曾因非法采矿、破坏性采矿受过处罚的除外。"该两条规定可谓办理矿产资源犯罪案件贯彻宽严相济刑事政策的直接体现,司法适用中应当注意妥善把握。

(作者单位:最高人民法院研究室)

最高人民法院　最高人民检察院 公安部　司法部 关于对因犯罪在大陆受审的台湾居民依法适用缓刑实行社区矫正有关问题的意见

法发〔2016〕33 号

为维护因犯罪在大陆受审的台湾居民的合法权益，保障缓刑的依法适用和执行，根据《中华人民共和国刑法》《中华人民共和国刑事诉讼法》和《社区矫正实施办法》等有关规定，结合工作实际，制定本意见。

第一条　对因犯罪被判处拘役、三年以下有期徒刑的台湾居民，如果其犯罪情节较轻、有悔罪表现、没有再犯罪的危险且宣告缓刑对所居住社区没有重大不良影响的，人民法院可以宣告缓刑，对其中不满十八周岁的人、怀孕的妇女和已满七十五周岁的人，应当宣告缓刑。

第二条　人民检察院建议对被告人宣告缓刑的，应当说明依据和理由。

被告人及其法定代理人、辩护人提出宣告缓刑的请求，应当说明理由，必要时需提交经过台湾地区公证机关公证的被告人在台湾地区无犯罪记录证明等相关材料。

第三条　公安机关、人民检察院、人民法院需要委托司法行政机关调查评估宣告缓刑对社区影响的，可以委托犯罪嫌疑人、被告人在大陆居住地的县级司法行政机关，也可以委托适合协助社区矫正的下列单位或者人员所在地的县级司法行政机关：

（一）犯罪嫌疑人、被告人在大陆的工作单位或者就读学校；

（二）台湾同胞投资企业协会、台湾同胞投资企业；

（三）其他愿意且有能力协助社区矫正的单位或者人员。

已经建立涉台社区矫正专门机构的地方,可以委托该机构所在地的县级司法行政机关调查评估。

根据前两款规定仍无法确定接受委托的调查评估机关的,可以委托办理案件的公安机关、人民检察院、人民法院所在地的县级司法行政机关。

第四条 司法行政机关收到委托后,一般应当在十个工作日内向委托机关提交调查评估报告;对提交调查评估报告的时间另有规定的,从其规定。

司法行政机关开展调查评估,可以请当地台湾同胞投资企业协会、台湾同胞投资企业以及犯罪嫌疑人、被告人在大陆的监护人、亲友等协助提供有关材料。

第五条 人民法院对被告人宣告缓刑时,应当核实其居住地或者本意见第三条规定的有关单位、人员所在地,书面告知被告人应当自判决、裁定生效后十日内到社区矫正执行地的县级司法行政机关报到,以及逾期报到的法律后果。

缓刑判决、裁定生效后,人民法院应当在十日内将判决书、裁定书、执行通知书等法律文书送达社区矫正执行地的县级司法行政机关,同时抄送该地县级人民检察院和公安机关。

第六条 对被告人宣告缓刑的,人民法院应当及时作出不准出境决定书,同时依照有关规定办理边控手续。

实施边控的期限为缓刑考验期限。

第七条 对缓刑犯的社区矫正,由其在大陆居住地的司法行政机关负责指导管理、组织实施;在大陆没有居住地的,由本意见第三条规定的有关司法行政机关负责。

第八条 为缓刑犯确定的社区矫正小组可以吸收下列人员参与:

(一)当地台湾同胞投资企业协会、台湾同胞投资企业的代表;

(二)在大陆居住或者工作的台湾同胞;

(三)缓刑犯在大陆的亲友;

(四)其他愿意且有能力参与社区矫正工作的人员。

第九条 根据社区矫正需要,司法行政机关可以会同相关部门,协调台湾同胞投资企业协会、台湾同胞投资企业等,为缓刑犯提供工作岗位、技能培训等帮助。

第十条 对于符合条件的缓刑犯,可以依据《海峡两岸共同打击犯罪及司法互助协议》,移交台湾地区执行。

第十一条 对因犯罪在大陆受审、执行刑罚的台湾居民判处管制、裁定假释、决定或者批准暂予监外执行,实行社区矫正的,可以参照适用本意见的有关规定。

第十二条 本意见自 2017 年 1 月 1 日起施行。

最高人民法院

最高人民检察院

公安部

司法部

2016 年 7 月 26 日

美国交叉询问制度的考察报告

裴显鼎 等

日前，最高人民法院审判委员会专职委员、刑二庭庭长裴显鼎率团[①]赴美国西雅图华盛顿大学参加首届中美刑事法治论坛，重点考察了交叉询问制度。现将有关情况报告如下：

一、出访情况

中美刑事法治论坛由中国刑事诉讼法学研究会与美国华盛顿大学法学院合作举办，本届论坛主题为“交叉询问的理论和实践”。在西雅图期间，出访团成员听取了美国专家学者、法官、律师所作的关于交叉询问制度的 6 场讲座，观摩了华盛顿州金郡高级法院刑事庭审，并围绕交叉询问等主题与美方人员进行了交流研讨。

二、美国交叉询问制度简况

1. 交叉询问的基本含义

交叉询问制度起源于英美法系的法庭调查程序，集中体现了对抗式诉讼模式的特征。交叉询问有广义和狭义之分。广义的交叉询问，是指由双方当事人主导、对本方及对方证人进行询问的法庭言词证据调查制度，包括主询问（亦称直接询问）、反询问、再主询问、再反询问等阶段。狭义的交叉询问，仅指一方当事人对对方证人进行的反询问。这里的证人，也包括专家

① 最高人民法院出访团成员：裴显鼎、滕伟、周加海、李俊、孟伟、刘静坤、李静然。

证人、被害人及放弃沉默权出庭作证的被告人。为免概念混乱,本报告在广义上使用“交叉询问”一词。

通过对证人的交叉询问,实现对证人证言的有效质证,有助于法官和陪审团对证人证言的真实性作出准确评价。交叉询问对于查明案件事实具有重要价值,被称为“发现事实的最伟大的法律装置”。同时,交叉询问还有重要的正当程序意义。美国宪法第六修正案规定,在所有的刑事指控中,被告人享有与不利于自己的证人进行对质的权利。交叉询问制度实际上是被告人对质权的具体体现。尽管纠问式庭审模式也能发现事实,甚至有时更加有效,但应当说,交叉询问制度对被告人的权利保障体现得更加充分,对正当程序原则贯彻得更加彻底。

2. 交叉询问的一般顺序

交叉询问需要严格按照主询问—反询问—再主询问—再反询问的顺序交替进行,每一阶段都有不同的侧重点。一是举证方主询问。请求传唤证人的一方首先对本方证人进行询问,主要目的是支持本方的诉讼主张与待证事实。二是对方反询问。针对主询问中证人陈述的纰漏或弱点,对方对该证人进行质疑、质询,这是交叉询问的关键环节,也是其精髓所在。反询问的目的是攻击对方的主张,降低对方证人证言的可信性,削弱对方证人证言的证明力,引起法官或陪审团对证人证言和待证事实的合理怀疑。三是举证方再主询问。反询问结束后,举证方可以再次询问,目的是对反询问中出现的问题、质疑进行解释说明或者补充修改,以维护和恢复证言的证明力,抵消反询问引发的不利影响。为保证庭审效率,通常将再主询问的内容限定在主询问和反询问的事项范围之内,经过法庭许可的则不受此限。四是对方再反询问。再主询问完毕后,对方可以针对证人在再主询问时陈述的事项进行再反询问。

由于美国刑事诉讼采取的是当事人主义,控辩双方平等对抗,法官居中裁判,因此双方开展交叉询问时,法官的主要职责是引导交叉询问顺利进行,并在双方对具体事项发生争议时进行裁决,一般不会对提问进行干涉,只有在交叉询问难以发挥作用或者浪费诉讼时间等情形下,法官可以依职权予以干预。

3. 交叉询问的主要规则

传闻证据排除规则。对案件事实有所了解的证人在庭审现场以外通过制作笔录(包括警方制作的被告人供述笔录、证人证言笔录等)或以录音等方式提交的证言都不得作为证据使用,只有在法庭上接受控辩双方交叉询问的证人证言(含被告人供述)才能作为证据使用。传闻证据排除规则是交叉询问最重要的基础性配套规则。正是因为排除了庭前书面证言的证据资格,才使证人出庭变得必要和可能,进而为交叉询问奠定基础。传闻证据排除也存在例外,如死者生前所作的陈述、控辩双方均无异议的传闻证据、在先前诉讼中提供的证据、官方记录等,并非一律排除。

禁止询问无关问题规则。交叉询问的内容,必须集中于控辩双方的争议焦点问题,避免因询问与案件无关联的事实而误导证人、影响诉讼效率。对于控辩双方认为对方发问内容与本案无关而提出异议的,法官应当判明情况并予以支持或者驳回。如果法官认为控辩双方的提问与案件无关、重复,可以予以提示或者制止。

禁止诱导性主询问规则。所谓诱导性询问,是指发问一方并不通过提出开放性问题的方式对被询问人进行询问,而是使用诱导性或暗示性的询问语言,从而有目的地让被询问人作出发问者预期的回答。简单来讲,诱导性询问的问题包含了答案,被询问人可以用"是"或者"不是"来回答。一般来说,主询问禁止诱导性询问,这是因为,被询问人是本方证人,与发问人持合作态度,发问人不通过诱导性询问也可以得到想要的答案。而反询问则可以进行诱导性询问,此举有助于寻找对方证人证言的破绽并加以反驳。如果证人经过诱导性询问仍然坚持原来的证言,并对反询问人提出的质疑作出合理解释,其证言的真实性通常会得到认可,否则就会大打折扣。但据美方专家介绍,以及我们观摩庭审发现,主询问一方以诱导方式发问,只要对方未提出反对,法官也不会干涉。这是由于主询问一方使用诱导性问题进行发问,有诱导证人嫌疑,实际上不利于客观展现本方证人的证言,但此举并不损害对方的诉讼利益,只要对方不提出反对,法官就不会制止。实践中,除经验不足的律师外,主询问一方通常不会使用诱导性问题。

控辩双方主导规则。在对抗式诉讼模式下,法官的主要职责是主持法庭审判,对控辩双方的异议依法作出处理。控辩双方通过言词辩论方式,积极主动地向法官和陪审团论证己方的诉讼主张。对于程序性事项,如主询问一方提出诱导性问题的,只要对方不提出异议,法庭通常不会主动干涉。这要求控辩双方必须始终关注对方的举证和辩论,一旦发现对方违反法律规定或者法定程序,就应当及时提出异议,否则就会被视为放弃异议权。当然,法官并不是超然的“看客”,其既要主持庭审,认真听取控辩双方的论辩,以便依法对控辩双方的异议作出处理,防止陪审团接触不应当接触的信息,也要浏览书记员同步记录的法庭笔录,确保法庭依法规范进行。

4. 反询问的内容与技巧

主询问结束后,对方可以对证人进行反询问。反询问的主要目的并不是通过证人证言证明某项事实的存在,而是试图发现证言的瑕疵、错漏,使法官或陪审团对该证言的可信度产生怀疑,或者降低该证言对法官或陪审团可能产生的影响。为质疑证人证言的可信度,反询问可从以下方面着手:向法庭表明证人具有某种偏见或者与案件存在利害关系,甚至可能伪造、掩饰其证言;表明证人在感知、精神方面存在缺陷,以至于可能影响其证言的客观性;表明证人有不诚实性格或者不良记录;表明证人当庭证言与其以往证言存在矛盾;通过证明证言存在错误直接加以反驳。此外,对于专家证人,还可以从其专业资质、专业能力以及其研究领域是否与本案专门问题相关等方面展开反询问。

我们旁听了金郡高级法院对一起故意杀人案件的部分庭审过程。该案其中一项关键证据是在被害人家床单上检出包含被告人 Y - STR 基因分型的生物物质,控方申请传唤两名鉴定人作为专家证人到庭。控辩双方在交叉询问时重点对两个问题展开了交锋:(1)控方在主询问时强调专家证人有相应的专业能力和专业资质,可以作出科学准确的鉴定;辩方在反询问时指出一名鉴定人曾经在一个被吊销执照 10 个月的 DNA 鉴定实验室工作过,说明该鉴定人的专业能力存疑;之后控方在再主询问时澄清,该鉴定人进行本案鉴定时所在的实验室,与其之前所在的曾被吊销执照的实验室不是同一个实验室,而且吊销执照的原因与该鉴定人完全无关。(2)针对 DNA 鉴定意见,辩方强调其并不具有排他性,在鉴定人所在实验室的数据库中还有其他人符合该基因分型,根本无法排除合理怀疑。此外,辩方还提出,该鉴定人出庭作证62次,其中59次是作为控方证人,只有3次是作为辩方证人,质疑其存在偏见。

美国律师特别重视反询问的技巧与策略。强调反询问的核心任务是引导法官和陪审团质疑对方证人,所有的问题都要服务于这一目的;强调要精心准备,整理好询问思路,明确重点和争点,当然也要随机应变;要适可而止,多一次发问就多一次风险,得到自己想要的答案后就立即停止,而不宜出于精益求精或者炫耀的心态继续追问,以免画蛇添足、功亏一篑;要换位思考,准确把握法官和陪审团的心态,例如,把最重要的问题放在第一个,次重要的问题放在最后,给法官和陪审团留下深刻印象;要注意发问方式,反询问虽然允许诱导性发问,但也要适度,否则重要信息都来自发问者,不利于法官和陪审团形成内心确信;要尊重证人,发问时不可咄咄逼人,避免与证人发生争执,以免引起法官和陪审团的反感,等等。

5. 交叉询问的配套保障制度

每一项制度的顺利运行都离不开其他相关制度措施的配合保障。在美国刑事诉讼领域,交叉询问制度的配套保障措施主要包括:

证人出庭制度。不言而喻,交叉询问的前提是证人到场,通过一问一答的形式来展现案件事实。基于传闻证据排除规则,证人的庭前证言不具有可采性,控辩双方必须努力确保本方证人出庭作证。证人出庭作证,是维护被告人质证权,确保法庭准确判断证人证言可信度的基本要求。当然,为节约司法资源,对证人因路途遥远不便出庭的情形,可以通过视频方式作证。在我们旁听的故意杀人案庭审中,一名在异地工作的鉴定人就是通过视频方式作证,并接受控辩双方的交叉询问的。

律师辩护制度。被告人在刑事诉讼中一般处于弱势地位,为解决控辩失衡问题,实现平等对抗,需要律师为被告人提供辩护。律师帮助权,是被告人享有的宪法权利,是维护诉讼程序公正的基本要求。在辩护律师的参与下,复杂的诉讼程序和证据规则才得以顺利实施,被告人的诉讼权利才得到切实有效的法律保障。

庭前证据开示制度。证据开示的作用在于让控辩双方及时获得与案件相关的信息,进行必要的诉讼准备,避免证据突袭,进而在庭审中进行有针对性的交叉询问,更客观更全面地反映整个案件的真实情况。庭审的集中持续进行,以及法庭审理的实质化,都是以控辩双方在庭前的充分准备为前提的。在我们旁听的故意杀人案庭审中,控方当庭出示了一张现场照片,目的是证明被告人可以从自家翻越阳台爬到被害人家。辩方立即提出异议,主张该照片并非证据开示时交换的照片,而是证据开示后控方到现场拍摄的新照片,要求法庭予以排除。控方对此作出解释称,之所以到现场重新拍摄照片,只是为了更清楚地展示现场情况,该照片并非新证据。

三、思考和建议

通过此次考察交流,我们认为,美国的交叉询问制度有一些做法和经验,值得我们重视和适当借鉴,但同时也要充分认识到,两国司法制度和法律文化差异较大,必须坚持立足国情,一切从实际出发,研究中国实践,解决中国问题。

1. 要通过扎实推进庭审实质化,积极推进以审判为中心的刑事诉讼制度改革。尽管考察时间短暂,但通过与美方交流,特别是观摩庭审,我们深深感到美国的刑事诉讼较充分地体现了审判中心主义。在美国,庭前警方也会对被告人进行讯问、对证人进行询问并制作笔录,但与我们不同的是,在通常情况下,这些笔录并不具有证据资格,不能直接作为指控和定案的根据。负责侦查活动的警察以及了解案件情况的证人出庭,在接受交叉询问过程中所作的证言,才能作为证据使用。庭前的侦查取证实际是为庭审做准备,且只能起到准备作用,其最终成效必须接受庭审交叉询问的检验。这使庭审真正成为调查事实、采信证据和确定法律适用的决定性环节,使审判真正成为整个刑事诉讼的中心环节。反思我国刑事案件法庭审判的现状,被告人自我辩护能力普遍较弱,如果无律师帮助,交叉询问很难有效开展;如果证人不出庭,交叉询问没有基础,书面证言仍可作为证据甚至定案的根据使用,庭审势必仍然会走过场;庭审之后如果不能及时裁判,依靠庭后阅卷而不是庭审调查定案,庭审也没有实际意义。目前,我国正在推进以审判为中心的刑事诉讼制度改革,这一改革具有重塑我国刑事审判、刑事诉讼乃至整个刑事法治的重大意义。只有扎实推进庭审实质化,努力提高律师辩护率、证人出庭率和当庭宣判率,切实解决庭审只见卷不见人、流于形式等问题,才能真正发挥庭审功能,真正树立审判权威,真正建立以审判为中心的刑事诉讼新格局。

2. 完善证据规则,通过规范举证质证程序推进庭审方式改革。在美国,由于严格实行传闻证据排除规则,证人出庭是理所当然的要求,而在我国,证人出庭始终是一个老大难问题。我国刑事诉讼法关于证人出庭制度和庭审程序的规定,体现了直接言词原则的精神,但由于并未确立传闻证据排除规则,庭前书面证言、书面鉴定意见和办案机关的说明材料可以当庭出示,导致证人、鉴定人、侦查人员出庭制度难以落到实处。为有效解决这一问题,有必要研究确立传闻证据排除规则,对于庭前收集的证据材料,控辩双方存在争议、影响定罪量刑的,应当由相关人员出庭作证。例如,对于存在争议的关键证人证言、鉴定意见,应当由证人、鉴定人出庭作证;对于存在争议、存在瑕疵的关键物证等证据材料,应当由收集证据的侦查人员出庭作证或者说明情况。如果上述人员不出庭作证,无法解决证据争议,不能确认证据真实性、可靠性的,有关证据材料就不得作为定案的根据。严格实行传闻证据排除规则,能够督促控辩双方积极履行举证责任,安排、协助有关人员出庭作证。同时,要通过强化法治宣传、实行远程视频作证、落实证人保护机制等途径,多管齐下,努力提高证人、鉴定人、侦查人员出庭作证率。

3. 完善交叉询问程序,通过规范证人作证流程提高庭审的质量和效率。美国作为对抗式诉讼模式的代表性国家,交叉询问程序较为发达,控辩双方询问证人的顺序、范围等具有系统完善的规则可循,这方面可以适当参考和借鉴美国的经验做法。一是积极借鉴交叉询问的技术性规则,规范证人出庭作证的程序。通过规范控辩双方的询问方式,提高控辩双方的询问技巧,有助于发挥交叉询问在核实证人证言、查明事实方面的积极功能。二是要发挥好法官对庭审的指挥、把控作用,提高证人作证的成效。美国刑事诉讼特别强调正当程序,证人出庭既是为了维护被告人的质证权,也是为了查明案件事实真相,但这里的事实真相限定为通过正当程序所发现的事实真相,即法律真实。美国的交叉询问特别强调技巧和策略,控辩双方主导整个证人作证过程,试图说服陪审团相信己方的主张,法官只是主持庭审,处理控辩双方争议,并不对证人进行询问,最终是由陪审团来评估证人可信度,进而认定案件事实。我国不实行陪审团制度,法官既要主持庭审,又要查明案件事实,这决定了法官在证人作证环节要发挥更加积极的作用。具体言之,法官首先要审查证人出庭作证的必要性,对控辩双方存在争议、影响定罪量刑的证人证言,应当通知证人出庭作证。其次,证人出庭后,控辩双方询问证人过程中遇有争议,法庭应当依法作出处理,确保交叉询问围绕案件争点有效进行。更重要的是,法官对证人证言有疑问的,或者对于控辩双方交叉询问过程中没有注意的问题,可以主动询问证人,核实有关事实证据情况。

4. 完善法律援助制度,进一步强化法庭对辩护权的法律保障。美国法庭的审判过程精彩纷呈,控辩双方在法庭上唇枪舌剑、激烈交锋,这要得益于发达的辩护制度和法律援助制度。如果被告人没有能力聘请律师,政府将为其指定法律援助律师,这些法律援助律师工作非常敬业,他们在法庭上的表现和业绩也是决定其职业前景的重要因素。借鉴美国经验,为实现控辩双方平等对抗,有必要进一步完善法律援助制度,对不认罪的被告人,应当为其指定法律援助律师,唯有如此,才能有效维护被告人的辩护权,确保法庭审理实质性展开。同时,法庭要充分保障律师的辩护权,使辩护律师在法庭上有真正的用武之地。我国刑事诉讼的架构与美国有所不同,被告方与公诉方相比处于弱势地位,法庭应当更加重视维护辩护律师询问证人、发表意见等诉讼权利。在庭审实质化改革背景下,应当给控辩双方尤其是辩护律师更大的展示舞台、更自由的发挥空间,依法处理控辩双方的异议,充分听取控辩双方意见,除非确有必要,否则不应轻易打断一方的发言,使法庭真正成为以看得见的方式保障司法公正、实现公平正义的“殿堂”。

5. 完善简化审理程序,兼顾审判程序的公正与效率。在刑事诉讼中,公正始终是第一位的要求,但效率也绝非可有可无。美国绝大多数刑事案件都是通过辩诉交易程序处理的,之所以没有经过交叉询问、陪审团审判等正式审判程序,主要是因为正式审判程序往往极其烦琐。我们在金郡高级法院旁听的故意杀人案,庭审已经陆陆续续进行了 3 个月,这种审判效率和司法资源投入是我们难以想象的。反观我国刑事案件的庭审程序,一方面面对疑难复杂案件庭审精细化不够,另一方面对简单轻微案件庭审精简化不够。借鉴美国经验,对于不同类型的案件,要在审判程序上体现区别对待,构建有效的繁简分流机制,使简者更简,繁者更繁,以更加精密的程序处理疑难复杂案件,以更加简便的程序处理大量简单轻微案件,积极构建速裁程序、简易程序、普通程序有序衔接、繁简分流的多层次诉讼制度体系。

刑事证据裁判的规则与方法

——基于聂树斌案再审判决书的考察

于同志*

聂树斌案(以下简称聂案)再审判决书共计 1.4 万余字,其中约 1.2 万字在阐述证据的审查与运用,尽可能“让证据说话”是其最大特色。证据是证明犯罪的唯一渠道,从这一意义上讲,证据裁判应是刑事审判的核心环节。从司法实践来看,作为证明案件事实的材料,证据本身时常纷繁复杂,甚至真假混杂,这不仅要求法官首先练好内功,锻造出火眼金睛从而能去伪存真,更要在规范层面明确证据裁判的具体要求,为个案办理提供指引。聂案再审判决的法治意义无疑是多方面的,而其细化和确立的证据裁判规则与方法,尤为值得法学理论及实务部门研究和借鉴。

一、全面裁量证据

依法全面收集能够证明被告人有罪或无罪、罪重或罪轻的各种证据,是刑事诉讼法对案件办理的基本要求。如果严格贯彻执行刑事诉讼法关于收集证据的规定,通常一个案件容易出现有利于被告人的证据和不利于被告人的证据共存的局面。客观、公正地进行证据裁判,必然要求对被告人有利与不利的两方面证据都要充分考虑,不能顾此失彼。而对一个已经作出生效有罪判决的刑事案件来说,重新审判并推翻原判决,需要原判决“在认定

* 作者为最高人民法院审判员,法学博士、博士后。

事实上或者适用法律上确有错误”。认定原判决在认定事实方面确有错误，要么是有新的事实或证据，要么是通过重新裁判原有证据得出新的结论。无论是哪一种情况，推翻原判都要有足够的理由和依据。对于聂案这样的被告人多年前已被执行死刑的案件，推翻原判，宣告无罪，更要慎之又慎。在没有新证据出现的情况下，通过重新裁判原有证据得出新结论，必然要求更为全面、客观和细致地分析与论证原审的所有证据材料。

在聂案中，既有证明被告人有罪的证据，也存在一些与有罪证据相矛盾的反证，正如再审判决所指出的，“本案缺乏能够锁定聂树斌作案的客观证据，聂树斌作案时间不能确认，作案工具花上衣的来源不能确认，被害人死亡时间和死亡原因不能确认”，“聂树斌有罪供述的真实性、合法性存疑，有罪供述与在卷其他证据供证一致的真实性、可靠性存疑”等。再审判决既高度重视审查不利于被告人的证据，也高度重视审查有利于被告人的证据。不仅如此，在原审作出有罪判决，申诉人多年坚持无罪申诉，同级检察机关认为原审判决认定事实不清、证据不足的情况下，更是加大了对定罪的反证性证据的审查力度。比如，将视线投射到被告人归案后前5天作出的含有无罪辩解的讯问笔录，虽该笔录已经缺失，但合议庭通过分析在卷材料和调查研究，确认被告人曾作过无罪辩解，因此仍对此反复审查并进行判断。由此，该案再审在证据裁判上不仅针对在卷的所有证据，还注意审查相关证据与线索显示的其他材料或信息。这就拓展了证据裁判的范围。

聂案再审判决充分说明，运用证据认定案件事实时，对有利于被告人的证据(特别是证明无罪的反证)不仅不能忽视，还要给予更多关注、重点审查，这是构建定案的严密证据体系所必需的。所谓千里之堤溃于蚁穴，定案的证据体系即是如此。从近年来纠正的刑事冤错案件来看，案卷材料中均不同程度地存在定罪的反证性证据或者疑点，而对于这些有利于被告人的证据材料或者信息，原审时法庭也大多不同程度地发现了问题，但都未能予以充分重视，亦未能采取有效措施，以致铸成大错。

定罪证据存疑，往往意味着该证据的真实性没有保障或者不能排除非法取证的可能，因此，该证据经审查后，要么不具有证据能力，要么不具有证明力或证明力极低而依法不能作为定案依据，进而导致案件的证据体系存在根本缺陷,无法达到“证据确实、充分”的证明标准。所以,只要是定罪上存在可能产生合理怀疑的“疑点”,就应当引起重视,绝不放过。要善于把反证放到全部证据中去分析、研判,既要从关联性、客观性和合法性入手进行审查,又要注重从其与相关证据材料的比对、印证方面进行判断,必要时还应依程序开展补查、补证工作,以确保定案的证据体系上不存在疑点或疑点都得以排除。

二、证据关联性审查

聂案再审判决指出原审定案证据体系存在九大问题,首要的便是聂树斌的抓获经过与康某被害案之间缺乏关联性。从证据裁判的要求来看,认定事实必须依据合格证据。“合格证据”有多重含义,其中之一便是该证据要与待证事实之间有“关联性”。如果缺乏关联性,则不是适格的证据,不可以进入诉讼中,更不得作为定案依据。所以,“关联性是证据进入诉讼的第一道‘门槛’,是证据的首要属性”。[①] 基于此,在刑事诉讼中运用每一项证据时,都应该像聂案再审那样,首先关注其有无关联性。其次,证据与待证事实之间的联系应是客观的,不以人的主观意志为转移的。对证据与待证事实关联程度的评判,虽然有个体认识的差异性,但绝不能脱离在案证据去臆测。聂案原审认定,侦查机关根据群众反映将聂树斌抓获从而将案件侦破,但原审卷宗内却没有群众反映聂树斌涉嫌实施本案犯罪的任何证据或线索,甚至具体是哪些群众反映的证据也没有。因此,聂树斌的抓获经过,显然不具有证据的适格性,也就不能据此确定其为犯罪嫌疑人。

此外,聂案再审判决从抓获经过入手解构原判证据体系,也有重要的方法论意义。其一,从实际来看,抓获经过通常是刑事案件侦破过程中侦查机关第一时间收集到的证据材料,也是所有证据中最为直接并相对更为客观的第一手材料,规范、客观、全面、细致的抓获经过,不仅直接关乎定案,而且对案件来源、立案时间、强制措施的运用等程序性事实,以及自首、坦白、悔罪等量刑情节都能起到重要证明作用。所以,刑事案件办理中应当重视对

① 马秀娟:《论证据的关联性及其判断》,载《政法学刊》2008 年第 6 期。

抓获经过的制作以及运用。其二,抓过经过虽然由侦查人员出具,但"没有人在自己的案件中被视为可靠的证人",如作为定案依据仍要经法定程序查证属实。其三,对抓获经过应当结合在案的其他相关证据综合审查判断,必要时通知侦查人员到庭作出说明。对于经审查缺乏其他证据或线索支持的"孤证",不得作为定案依据。

三、有罪供述审查

证据裁判要求认定事实必须依据查证属实的证据,换言之,定案证据应是客观真实的,证据的客观性审查是证据裁判的重要方面。通常来讲,对据以定案的每一项证据,都要依照法定程序审查其客观性。而对于客观证据缺乏,主要依据供证一致定案的案件,更要加大对被告人供述客观性的审查力度。就聂案原判而言,不能说定案全部依据被告人的有罪供述,毕竟还有现场提取的自行车、凉鞋、连衣裙、内裤等物证,尸体检验报告、现场勘查笔录和照片以及证人余某某、侯某某的证言等。但在锁定被告人作案这一关键事实的证明上,客观证据缺乏是不争事实,如果排除明显存疑的抓获经过,主要就是聂树斌的口供了。如果能够保证聂树斌有罪供述的真实性,那么结合其他在案证据,仍可依法作出有罪判决,但恰恰其有罪供述的真实性是存疑的。

再审判决至少从五个方面对此作了分析:(1)从供述本身入手,指出被告人对关键事实的供述前后矛盾、反复不定、随证而变、不合常理。(2)从供证一致入手,指出被告人的供述虽然与现场勘查笔录、尸体检验报告等内容基本一致,但由于存在先证后供等问题,难以保证供证一致的可靠性。(3)从取证合法性入手,指出有罪供述的取得,不能排除存在指供、诱供的可能。(4)从经验情理入手,指出被告人关于偷拿花上衣自穿等供述,不符合生活常识。(5)从供述完整性入手,指出聂树斌被抓获之前5天的讯问笔录缺失,由此严重影响了在卷讯问笔录的客观性等。上述对被告人有罪供述的审查思路,对其他刑事案件办理也有重要借鉴意义。

特别是,再审判决注意对供证一致区分出"先证后供"与"先供后证"两种不同情形。对于"先供后证"的案件,由于被告人供述在先,根据其供述、指认进一步取得其他物证、书证、证人证言等，有的还提取到隐蔽性强的客观性证据，由此既能建立被告人与这些证据之间的关联性，又能印证被告人的供述具有可靠性，所以“先供后证”所形成的供证一致体系，往往具有较强的证明力。但“先证后供”则不同，被告人归案前，侦查人员在侦破案件过程中已经掌握了相关证据情况，除非能够确保被告人供述的自愿性和合法性，否则很难确定其供述的真实性。故在此情形下，即便被告人的供述与在案其他证据形成印证关系，其证明价值也相对较小。从实践看，在“先证后供”的案件中，由于侦查人员根据相关证据或线索事先已经锁定了嫌疑人，一旦其归案拒不供认，个别侦查人员为突破口供，有可能采取指供、诱供甚至逼供等非法手段。纵观近年来纠正的刑事冤错案件，在侦查机关已经发现作案现场及被害人尸体的情况下，被告人对现场勘查、尸体检验等方面的一致性供述往往与侦查人员指供、诱供、逼供有关。所以，仅凭被告人的供述与现场勘验、检查、指认等笔录以及尸体检验情况一致就认定被告人作案，往往并不可靠。如果案件同时缺乏客观证据，供证一致又不能完全排除指供、逼供、诱供可能，在认定被告人有罪时务必慎之又慎，以免酿成错案。

聂案再审判决作出后，社会上仍有个别不同声音，认为原判认定聂树斌作案正确。主要理由是，聂树斌归案后作了有罪供述，并且其有罪供述与现场勘查笔录、尸体检验报告等内容基本一致。该意见既未能认识到聂树斌的有罪供述本身存在的前后矛盾、反复不定以及可能受指供、诱供等问题，也未能意识到本案作为“先证后供”案件在证据运用上所具有的特殊性，更是忽视了现场勘查、指认、辨认等笔录本身就存在不规范甚至违法并由此导致相关证据的证明能力丧失的问题。

当然，我们说“先证后供”对认定案件事实的价值低，并没有否定此类案件据此认定的可能性。对于“先证后供”的案件，只要证据确实充分、形成完整的证据锁链，仍然可以定案，特别是在有目击证人或者提取到了直接客观性证据的案件中，如现场遗留有被告人的血迹、指纹、足迹、精液等，以及抓获被告人时从其身上或住所查获了被害人的手机、银行卡、首饰等物品，由于在案证据充足，即使是先证后供，也不影响定案。而聂案显然不具有上述情形。

四、客观证据审查

刑事诉讼法学界根据证据内容的载体不同，将刑事证据分为主观证据与客观证据。主观证据是以人为证据内容载体的证据，包括犯罪嫌疑人、被告人的供述和辩解、被害人陈述、证人证言等。此类证据需要通过对人的调查来获取其所掌握的证据信息，由于人的认知会随着外部环境和内在动机的变化而发生改变，所以它具有较强的易变性和不稳定性，容易造假，故司法实践中一般都比较重视审查主观证据。

客观证据是指以人以外之物为证据内容载体的证据，包括物证、书证、鉴定意见、勘验、检查、辨认、侦查实验等笔录、视听资料和电子数据等。[①] 从证据裁判的角度，任何据以定案的证据都要经过法定程序查证属实。但由于客观证据的载体为客观之物，其外部特征、性状及具体内容等方面受人的主观意志影响较小，通常具有较强的稳定性和可靠性，故刑事诉讼中对其审查工作容易被忽视，不细加审查以及不知如何审查的问题在审判实践中较为突出。

而聂案再审特别重视对上述客观证据的审查：(1)从客观证据缺失入手，指出现场勘查未能找到直接证明被告人实施故意杀人、强奸犯罪的任何痕迹物证，导致案件缺乏锁定被告人作案的客观证据。(2)从证据关联性入手，指出现场勘查提取到的缠绕被害人尸体颈部的花上衣，其来源无法查清，由此该花上衣与被告人之间的联系难以确定。(3)从证据合法性入手，指出辨认程序没有依法进行，导致用于被告人辨认的花上衣与缠绕尸体颈部的衣物是否同一存在疑问，由此认定花上衣为被告人故意杀人的作案工具的证据不足。(4)从客观证据内容入手，指出原判据以定案的尸体检验报告没有提取、检验被害人的胃内容物以确定死亡时间，且法医亦未根据被害人尸体蛆虫情况对其死亡时间作出推断，由此导致被害人的死亡时间不能确认。(5)从客观证据之间印证入手，指出现场勘查笔录虽然记载花上衣缠绕被害人尸体颈部，尸体检验报告进一步记载被害人"符合窒息死亡"，但却

① 樊崇义、赵培显：《论客观性证据审查模式》，载《中国刑事法杂志》2014年第1期。

未能作出确定性的鉴定意见，由此导致被害人死亡的具体原因不明。(6)从客观证据与被告人供述、证人证言等证据比对入手，指出现场勘查笔录、尸体检验报告等证据与后者存在不协调甚至相矛盾的情况，由此不仅揭示了客观证据的局限性，也表明了被告人供述等言词证据的真实性存疑。基于上述由表及里、层层深入的分析论证，再审判决很自然地就得出了“本案存疑”的结论。这种对待客观证据的态度以及具体裁判思路，对一线办案无疑有着重要启示意义。

一方面，要重视审查客观证据。主观证据虽然在复述案件全貌方面有着得天独厚的优势，但其在证据内容的稳定性和可靠性上远不如客观证据，“严刑之下其造假的可能性很高”，“我们传统意义上所提到的‘口供中心主义’所产生的冤假错案中，起主要作用的正是被害人陈述，犯罪嫌疑人、被告人供述和辩解等主观性证据”。[①] 所以，有效防范冤假错案件，应当扭转长期存在的主观证据为中心、口供至上的倾向，树立客观证据优先的理念，高度重视和加强对客观证据的审查，进而引导侦查机关注重调取客观证据。另一方面，要提高审查客观证据的能力。客观证据虽然有较强的稳定性和可靠性，但也不能迷信客观证据，不经审查就直接采用。办案中不仅要保持好奇、求真的欲望，充分挖掘客观证据，善于从案件的边边角角中发现问题，还要重视对客观证据进行科学解释，全面、细致地把握证据蕴含的信息。对全案证据不仅要逐一进行审查判断，还要综合进行审查判断，无论是何种证据，只有经甄别后具备真实性、关联性、合法性的，才可作为定案根据。但逐一审查判断证据，并非孤立地进行，亦应将该证据与全案证据进行综合比较、分析，以便排查矛盾与疑点。

五、证据合法性审查

证据裁判所要求的据以定案的“合格证据”，不可能是非法证据，这决定了对证据的合法性审查是证据裁判的重要组成部分。但从实践来看，这方面仍存在不少突出问题：一是对证据不敢或不能进行合法性审查和判断；二

---

① 樊崇义、李思远：《刑事证据新分类：客观性证据与主观性证据》，载《南华大学学报》（社会科学版）2016年第1期。

是不清楚合法性审查的重点,甚至认为非法证据主要是刑讯逼供等手段获取的口供,从而忽视了其他非法证据类型;三是不知道如何进行合法性审查,包括审查方法和判断依据不明等。

聂案再审判决,第一,在摆事实讲道理的基础上明确地指出有关机关存在违规甚至违法办案的问题,包括现场勘查无见证人违反规定,辨认、指认不规范等,并由此判定原审所采信的指认、辨认笔录不具有证明力,可谓立场坚定,态度鲜明,充分体现了对程序公正和证据裁判理念的坚守;第二,不仅重点审查被告人供述的合法性,指出不排除指供、诱供的可能,被告人供述的真实性存疑,还审查了现场勘查及辨认、指认笔录等证据,由此将合法性审查作为每一项证据裁判不可或缺的环节,充分体现了对证据合法性审查的重视;第三,针对不同证据类型采取灵活多样的审查方式,对被告人供述主要从甄别其供述内容并结合其他相关证据或线索进行审查,对现场勘查及辨认、指认笔录主要从其有无违反程序规定的角度进行审查;第四,对是否存在非法取证立足于事实及证据进行判断,因没有发现原办案人员在制作讯问笔录时实施刑讯逼供的证据,而对申诉人的相关主张不予采纳等。上述对证据合法性审查的司法立场及裁判思路,同样具有指导意义。

从实践来看,非法取证是刑事案件办理中的"重大隐患"。近年来纠正的刑事冤错案件中,大多不同程度地存在非法取证行为。甚至可以说,"刑讯逼供、非法取证是导致冤假错案发生的主要原因"。① 所以,必须把证据的合法性审查放在更为突出的位置,切实通过审判环节强化对"证据合法"的要求,引导和督促侦查机关"合法取证"。

六、证据缺失裁判

证据裁判的基础是案件的全部证据。办案机关要依照法定程序,收集能够证明犯罪嫌疑人、被告人有罪或者无罪、犯罪情节轻重的各种证据,并将这些证据通过庭审举证等方式提交法庭。我国刑事诉讼法在1979年制定时就对此明确提出要求,其后的两次立法修改也都作了重申。但囿于各种

① 李婧:《官方称刑讯逼供非法取证是冤假错案主因》,载人民网,最后访问日期:2015年10月16日。

原因,实践中有一些案件的证据(特别是有利于被告人的证据)虽然已经提取到,但诉讼进行中被忽略甚至灭失而最终未能移交法庭裁判。例如聂案,被告人归案后前5天在侦查机关作过含有无罪辩解的供述,但相关笔录材料在原审卷宗中缺失。案发之后前50天内侦查机关对多名证人进行询问并制作了笔录,但这些证人证言也全部缺失。有证据证明聂树斌所在车间案发当月的考勤表已被公安机关调取,该考勤表详细记载了聂树斌的每日出勤情况,对认定其有无作案时间有重大价值,但原审卷宗中亦缺失该证据。上述证据曾经收集在案,但在原审卷宗中缺失而未能移送法院,显然不符合相关法律规定。并且,该证据缺失还严重影响对具体证据的裁判和事实认定。诚如再审判决书所指出的,"聂树斌被抓获之后前5天的讯问笔录缺失,严重影响在卷讯问笔录的完整性和真实性";"原审卷宗内案发之后前50天内证明被害人遇害前后情况的证人证言缺失,严重影响在案证人证言的证明力";"聂树斌所在车间案发当月的考勤表缺失,导致认定聂树斌有无作案时间失去重要原始书证"等。

从司法实践来看,证据缺失问题并非聂案所独有,至今在一些案件中仍然存在。由此带来的疑问是,如果案件的某些证据被忽略或遗失而未提交法庭该如何裁判?在有的案件中法庭可能根据公诉机关已提交的证据径行作出裁判,虽然此举不违背举证认证法则,但必然会给案件的证据采信和事实认定埋下隐患,严重影响刑事案件的审判质量。聂案再审判决开创性地提出:首先应由原办案机关作出合理解释,进而重新评估在案相关证据的证明力。当原办案机关对有关证据缺失不能作出合理解释时,法庭可以就缺失证据作出对被告人有利的裁判意见。这是一个有着重要现实意义的证据裁判规则,不仅为类似案件的办理提供了权威性的参照样本,也必将促进有关部门进一步规范诉讼行为、严格依法办案。

七、疑罪认定处理

聂案再审是按照疑罪从无原则宣告被告人无罪的。疑罪从无原则是一项基本司法原则。但对何谓"疑罪",理论及实务上至今仍有认识分歧。聂案再审判决指出:"原判据以定案的证据没有形成完整锁链,没有达到证据确实、充分的法定证明标准,也没有达到基本事实清楚、基本证据确凿的定罪要求。原审认定聂树斌犯故意杀人罪、强奸妇女罪的事实不清、证据不足。”由此也就明确了疑罪的认定标准。

所谓疑罪,就是指定罪的事实不清、证据不足。如果按照“两高三部”2010年发布的《关于办理死刑案件审查判断证据若干问题的规定》(以下简称《规定》)对“证据确实、充分”证明标准的界定,所谓定罪的事实不清、证据不足,是指据以定罪的证据之间、证据与案件事实之间存在矛盾,或者根据证据认定案件事实的过程不符合逻辑和经验法则,全案证据不能得出被告人有罪的唯一结论。该界定对疑罪的范围作了限定,其一,排除了量刑上的事实不清、证据不足;其二,必须是定罪证据和主要案件事实上存在疑点,如果案件中存在一般的细枝末节问题和不影响定罪事实的疑点,不属于“疑罪”。

聂案发生于1994年,理应依据当时的“两个基本”来判断。“两个基本”是指认定有罪必须达到“基本事实清楚,基本证据确凿”。其中,基本事实是指按照刑事法律规定足以影响定罪量刑的事实,即决定被告人的行为是否构成犯罪、构成何罪、罪行轻重的事实;基本证据是指对案件的基本事实起决定性证明作用的证据,即直接关涉定罪量刑的证据。“两个基本”旨在强调,办案不要纠缠案件事实证据的细枝末节,而要卡死案件的基本事实和基本证据。这是对证明对象的缩小,不是证明标准的降低。所以,“两个基本”与1979年刑事诉讼法实施以来我国一贯坚持的“证据确实、充分”的证明标准并无实质差异,故参考《规定》对“定罪的事实不清、证据不足”的具体阐释,来理解和把握“两个基本”也无多大问题。

聂案再审判决对“疑罪”作了很好的注解。一方面,从证实的角度来看,检察机关承担证明被告人有罪的举证责任,应当提供确实、充分的证据来证实被告人有罪。如果其提供的证据不足以认定犯罪行为系被告人实施,就是我们讲的“疑罪”。换言之,疑罪是检察机关未能实现证明责任的结果,本身不以被告人是否认罪为前提。即使被告人笼统认罪,但如其有罪供述的真实性缺乏保障,在案证据未能达到确实、充分标准,也不能认定被告人有罪。另一方面,从证伪的角度来看,疑罪不同于存在无罪证据的案件,如果有证据证明被告人是无辜者(如能确认王书金系真凶),则案件不再属于疑罪,而应当依法宣告被告人无罪。这种无罪不是基于疑罪从无原则宣告的无罪,而是事实上的无罪。

基于以上分析,对刑事案件证明标准的理解,也应当从正反两个方面来把握。详言之,作出有罪认定,要能保证所有的证据都指向被告人,且没有证据指向其他人(即定案证据体系上没有疑点或疑点得以排除)。换言之,既要从正面证实的角度做到内心确信,又要从反面证伪的角度排除合理怀疑、得出唯一结论。而所谓的"疑罪",就是在案证据对被告人是否犯罪既不能证实也不能证伪的案件。这些案件,有的在司法证明上能够做到正面证实(在案证据都指向被告人),但未能实现反面证伪(案件尚有疑点,他人作案的可能性不能完全排除),有的干脆正反两方面都满足不了证明要求,这是作出有罪认定应予坚决避免的。

对于"疑罪",在一些案件中未能作无罪宣判,部分作了疑罪从轻、疑罪从挂的处理。这些处理本质上都是有罪推定的表现,不符合人权保障的要求,也极易导致冤错案件,无论是可能的风险还是现实的危害都很大。这方面可谓教训深刻!聂案再审按照党的实事求是、有错必纠的一贯方针,果断地依法宣判被告人无罪,坚定地实践了党的十八届四中全会提出的证据裁判、疑罪从无等法律原则,这在人民法院的刑事审判工作中具有里程碑意义。试想一下,对这样一起20余年前被告人已经被执行死刑的"历史悬案",都敢于按照疑罪从无原则宣告被告人无罪,在今后的刑事审判实践中,我们更要毫不顾虑地坚守疑罪从无!

八、综合裁判方法

聂案是一起"各方关注、重大复杂的历史疑案"。其再审工作的难度之大超乎想象,只要通读一遍再审判决书就会有深切感受。本案事发多年、证据残缺、信息较多、真假混杂等状况,决定了再审时证据裁判的立场、思路、视角和方法等,对案件正确认定具有重要意义。概括地讲,该案再审证据裁判做到了"坚守一个立场、遵循两个进路、立足三个视角、善用多种方法、坚持因材施法"。

"坚守一个立场",即实事求是。本案发生在20世纪90年代,受当时执法理念、执法条件、执法水平等因素的影响,办案中存在不少程序瑕疵、不规范甚至违反程序规定的做法,导致证据本身存在不少问题。本案再审时能够坚持以历史的眼光,实事求是、客观理性地看待,不纠缠于细枝末节,但是对其中严重违反法定程序,导致在案证据真实性、合法性存在重大疑问,证明力受到严重影响等关系到案件基本事实是否能够认定、基本证据是否确实充分的问题,不回避、不含糊,并坚持以案发当时的法律作为评判依据,力避以现行标准评价历史案件。

"遵循两个进路",即分别从证据能力和证明力入手,对原审定案的证据逐一进行审查,通过摆事实讲道理,认定有的证据属于缺乏关联性,不具有证据能力,从而不能作为定案依据;有的证据属于取证违规甚至违法,从而导致其证明力降低甚至丧失等。

"立足三个视角",即将证据的关联性审查、客观性审查和合法性审查结合,贯彻全面审查原则,不放过任何一个疑点。

"善用多种方法",是指聂案再审对证据审查不仅综合运用了个别甄别、同一认定、比较印证等评判方法,同时积极运用了实证调查的方法,赴案发地核实相关证据,察看案发现场、被害人上下班路线、聂树斌被抓获地点及其所供偷衣地点,询问部分原办案人员和相关证人,并就有关尸体照片及尸检报告等证据的审查判断咨询刑侦技术专家等。

"坚持因材施法",是指聂案再审针对不同的证据类型各有侧重地采取了相应的审查方法。概括地讲,对被告人供述、证人证言等主观证据侧重于从证据内容入手审查,对物证、鉴定意见、现场勘验、检查笔录等客观证据侧重于从证据形式入手审查。在具体分析思路上,首先进行单个证据的分解验证,继而对相关证据进行比对分析,最后立足于全案证据进行综合判断。正是坚持因材施法、对症下药、全面审查、客观评定,从而清晰地揭示出原审定案证据体系上存在的问题,并由此顺利地得出具有较强说服力的裁判结论。

需要特别指出的是,聂案再审还注重依照经验逻辑法则审查核实证据。例如,在评判本案原办案人员当年的行为和事后的解释时多次使用了"不合常理”这一表述；在对被告人供述进行客观性审查时，认为其关于偷拿花上衣自穿的供述不合常识，等等。这种运用经验常理裁判证据的理念，既有助于正确认定事实，也会提升社会公众对裁判的认同感，具有重要导向作用。

“从近年来纠正的冤假错案来看，很多案件从侦查之初，就不仅违背了法律规定的诉讼程序和办案规则，而且背离了常情常理，违背了生活的逻辑”，由此将案件的“侦查方向引入歧途，最后酿成冤错案件”。[①] 例如，呼格吉勒图案，被告人是一个刚成年且涉世未深的年轻人，在主动向公安机关报案时因害怕而精神有些紧张，本属正常，但是办案人员却据此认为他有犯罪嫌疑以致弄假成真。又如，浙江张氏叔侄案，二被告人是没有任何前科劣迹的正经生意人，且受熟人之托，顺道带一个女孩至杭州。按照生活常识，这种人不可能在光天化日之下将该搭便车的女孩先奸后杀，但办案人员却背离常识地认定叔侄二人系真凶，以致酿成冤错案件。再如，杜培武案，被告人作为一名警察，工作及生活均正常，没有表现出任何犯罪潜质和迹象，且案发时正潜心准备法律本科文凭考试，但却被认定故意持枪当面杀害自己的妻子及其警察同学并陈尸车上等。一个个鲜活的实例表明，背离司法良知和常识常情办案，就容易误入歧途。

“生活经验虽然不能像理论法则那样揭示事物之间联系的规律性，但它揭示的事物之间的某种常态联系、某种程度的可能性或盖然性，也可以作为审查判断证据的重要依据。”[②]所以，在审查运用证据认定案件事实时，一方面，我们绝不能仅凭“经验”就认定案件事实，无视证据规则的“唯经验论”是错误的；另一方面，证据裁判和事实认定也绝不能无视生活常识和常理。应当注意将法律上的程序及证据规则与经验层面的常识常理结合起来裁量。这也是聂案再审判决给予我们的一个重要启示！

余　论

裁判文书是对审判过程及结果的客观记载，其中证据裁判的内容，应当成为裁判文书制作的重点之一。但从实际来看，目前刑事裁判文书普遍重

① 胡云腾：《向群众和传统学习司法智慧》，载《中国审判》2016年第19期。

② 江健等：《客观性证据审查模式探索》，载《检察日报》2015年8月25日。

视记载证据裁判的结果,能够详细列出采纳了哪些证据定案,而对证据裁判的过程则反映不够。证据如何裁判,其意义不仅仅在于具体个案中能否对被告人定罪和处以刑罚,还在于品评侦查及公诉活动的质量与合法性等。放在以审判为中心的诉讼制度改革的大背景之下,证据裁判就有了更为广泛和深远的法治意义。所以,当前刑事裁判文书制作的改革方向之一,就是要把证据裁判作为一个重要方面,全面、客观地反映证据采信过程。而聂案再审判决书无疑是一个范例!

侵犯商业秘密刑事案件鉴定意见审查要点之解析

唐　震*

商业秘密是指不为公众所知悉，能为权利人带来经济利益，具有实用性并经权利人采取保密措施的技术信息和经营信息。根据刑法第二百一十九条之规定，非法获取、使用或者披露权利人的商业秘密，造成权利人重大损失的，构成侵犯商业秘密罪。由于商业秘密与专利权、商标权、著作权等类型的知识产权不同，不具有法定的权利外观，因此，权利人的信息需要经过法院确认为商业秘密之后才能得到知识产权司法保护。实践中，权利人主张作为商业秘密的信息内容繁杂，形式多样，且大多具有较强的技术性、专业性，从而使法庭对商业秘密权利的确认高度依赖于专门的鉴定意见以及专家出具的检验报告、咨询意见等。由于信息是否构成商业秘密是决定被告人罪与非罪的基础事实，故在侵犯商业秘密刑事案件中，鉴定意见的有效性不仅是控辩双方的争议焦点，更是法庭证据审查的重中之重，需要加以深入探讨。

一、关于鉴定机构和鉴定人的鉴定资质

根据《最高人民法院关于适用〈中华人民共和国刑事诉讼法〉的解释》（以下简称《刑事诉讼法解释》）第八十四条第一项，第八十五条第一项、第二项的规定，鉴定机构和鉴定人是否具有资质是对鉴定意见进行审查的重点内容，如果鉴定机构不具备法定资质或者鉴定人不具备法定资质，不具有相

* 作者为上海市高级人民法院审判管理办公室副主任，法学博士。

关专业技术及职称的,鉴定意见不得作为定案的根据。正是由于资质条件的重要性,鉴定机构和鉴定人的资质通常是法庭审查鉴定意见可采性的前提。

然而,在侵犯商业秘密刑事诉讼中,鉴定机构和鉴定人的资质并非一个能够一目了然予以判断的问题。困难在于:(1)2015年4月24日修订的《全国人民代表大会常务委员会关于司法鉴定管理问题的决定》(以下简称《司法鉴定管理决定》)第二条规定,国家对从事下列司法鉴定业务的鉴定人和鉴定机构实行登记管理制度:"(一)法医类鉴定;(二)物证类鉴定;(三)声像资料鉴定;(四)根据诉讼需要由国务院司法行政部门商最高人民法院、最高人民检察院确定的其他应当对鉴定人和鉴定机构实行登记管理的鉴定事项。"第三条规定:"国务院司法行政部门主管全国鉴定人和鉴定机构的登记管理工作。省级人民政府司法行政部门依照本决定的规定,负责对鉴定人和鉴定机构的登记、名册编制和公告。"第六条规定:"申请从事司法鉴定业务的个人、法人或者其他组织,由省级人民政府司法行政部门审核,对符合条件的予以登记,编入鉴定人和鉴定机构名册并公告。"据此可以确认,编入省级人民政府司法行政部门公告的鉴定人和鉴定机构名册的鉴定人和鉴定机构具备法定的鉴定资质。但是,时至今日,《司法鉴定管理决定》第二条第四项所规定的鉴定事项仍未商定,故编入鉴定人和鉴定机构名册的主要是从事法医类、物证类以及声像资料业务内容的鉴定人和鉴定机构,包括从事商业秘密鉴定在内的其他鉴定事项的鉴定人和鉴定机构尚未位列其中。因此,司法行政部门公告的鉴定人和鉴定机构名册并不能成为判断从事商业秘密鉴定的鉴定人和鉴定机构资质的有效依据。(2)从历史来看,诉讼活动中的司法鉴定工作曾经各自为政,公安机关、检察院、法院等司法部门以及司法行政部门的部分附属机构、部分科研院校均设有司法鉴定机构,导致出现鉴定机构中立性差、重复鉴定现象严重、鉴定意见权威性不够等问题。为了规范司法鉴定活动,全国人大常委会作出《司法鉴定管理决定》,对从事司法鉴定业务的鉴定人和鉴定机构实行登记管理制度,并明确法院和司法行政部门不得设立鉴定机构;公安、检察等侦查机关设立的鉴定机构,不得面向社会接受委托从事司法鉴定业务。但如前所述,《司法鉴定管理决定》第二条第四项所涉及业务范围尚未商定,包括商业秘密鉴定业务在内的其他司法鉴定事项并未纳入司法行政部门主管的登记管理制度之中,由此也导致了对从事除法医、物证以及声像资料鉴定业务外其他鉴定事项的鉴定人和鉴定机构的资质认证仍处于相关司法机关自行其是的局面。事实上,最高人民法院曾经于2001年11月16日、2002年3月27日、2004年2月9日先后发布《人民法院司法鉴定工作暂行规定》《人民法院对外委托司法鉴定管理规定》《人民法院司法鉴定人名册制度实施办法》等规定,明确人民法院经事前审查、批准、公示程序,将自愿接受法院委托鉴定的社会鉴定人(含自然人、法人)列入本级法院的鉴定人名册;经批准列入人民法院司法鉴定人名册的鉴定人,在《人民法院报》予以公告。在侵犯商业秘密刑事诉讼中,各级法院根据《人民法院报》上公告的人民法院司法鉴定人名册来确认鉴定人和鉴定机构的资质并无不当。但是,因为其后《司法鉴定管理决定》的颁布,前述规定的部分内容与《司法鉴定管理决定》确有矛盾之处,故尽管尚未失效,但据此确认鉴定人和鉴定机构的资质在权威性方面备受质疑。(3)商业秘密涉及的技术问题门类繁杂、专业性强,实践中的确存在需要委托鉴定的事项无法定的鉴定机构,既不在司法行政部门公告的名册之中,也不在人民法院公告的名册之中。但是,由于诉讼活动的需要,必须对相关专门性问题进行鉴定,由此进一步增加了对此类鉴定机构资质审查的难度。对此,《刑事诉讼法解释》第八十七条作了特别规定,即"对案件中的专门性问题需要鉴定,但没有法定司法鉴定机构,或者法律、司法解释规定可以进行检验的,可以指派、聘请有专门知识的人进行检验,检验报告可以作为定罪量刑的参考。"事实上,检验报告并不属于刑事诉讼法所规定的证据类别。在《刑事诉讼法解释》征求意见过程中,检验报告是否可以作为定罪量刑的参考是存在异议的。但是,起草小组经研究认为,有关检验报告的规定符合有关法律规定,符合实践需要,予以保留。主要考虑是,在我国刑事诉讼中存在部分需要鉴定的领域欠缺具有资质的司法鉴定机构的现象,导致刑事诉讼中的许多专门性问题无法获取有资质的鉴定人出具的鉴定意见,影响了对案件事实的查实和诉讼程序的顺利进行。因此,对于案件中某些专门性问题,没有法定司法鉴定机构或者法律、司法解释规定可以进行检验的,可以指派、聘请有专门知识的人进行检验,检验报告可以作为定罪量刑的参考,是解决这一问题的妥善方法。可以说,该条规定实质上解决了侵犯商业秘密刑事诉讼中客观上需要对商业秘密相关专门性问题进行鉴定却无法定鉴定机构的难题,同时也回避了有关鉴定机构资质审查的要求。不过,遗憾的是,尽管检验报告在实践中得到相当广泛的运用,但是,侦查机关大多将其冠以“鉴定意见”之名,导致名不符实的“鉴定意见”频频招致辩方之异议,并使法庭的证据审查陷入被动。

综上分析,笔者认为,在侵犯商业秘密刑事诉讼中,辩方常常提出的鉴定人和鉴定机构不在司法行政部门公告的鉴定人和鉴定机构名册之中,从而否定鉴定人和鉴定机构鉴定资质的抗辩事由并不能成立,原因在于相关鉴定事项尚未纳入司法行政部门的登记管理制度之中;在最高人民法院有关司法鉴定的规定现行有效的情况下,各级法院可以依据人民法院司法鉴定人名册来确认鉴定人和鉴定机构的资质;对于侦查机关提交的名为“鉴定意见”,实为“检验报告”的专家意见,应当根据《刑事诉讼法解释》第八十七条的规定还其本来面目,并据此审查其证据效力。

二、关于委托鉴定的具体内容

绝大多数侵犯商业秘密刑事诉讼均由国家发动刑事追诉程序,被害人的信息是否属于刑法所保护的商业秘密由控方提供证据(主要为鉴定意见)予以证实。毫无疑问,鉴定是专业机构受侦查机关委托进行的,因此,对鉴定意见的审查必然涉及委托鉴定的具体内容。

从实践情况来看,委托鉴定的具体内容大致分为两种:一是要求鉴定权利人的信息是否属于商业秘密;二是要求鉴定权利人的信息是否属于“非公知信息”。两者的区别在于前者是对权利人的信息作出了法律性质的认定;后者仅是对信息的“非公知性”作出了事实层面的判断。对此,目前较为一致的观点是:不属于专业技术问题的事项,如是否采取了保密措施、是否采取不正当手段的认定等,都不属于鉴定的范围。特别是,对于是否属于商业秘密的整体判断,属于法律问题和法官的职责,不属于提请鉴定的范围,倘若将该问题提请鉴定机构决定,等于放弃了法官的职责。笔者对此持赞同意见。因为专业鉴定是为了解决专门性问题,对于通过证据可以判断的事实无须鉴定;而运用法律规则去评价事实并得出结论的适法活动属于法官职责之履行,亦非专家之特长。

然而,对于侦查机关委托的前一种鉴定意见又当如何处理呢?有裁判观点认为,公安机关的委托鉴定是对信息是否构成商业秘密进行鉴定,即将秘密性、保密性、实用性都交鉴定机构进行鉴定,实际已把非技术性的、非专门问题交由鉴定人员进行判断,超出案件需要鉴定的事项范围。因此对于这种委托鉴定所得出的鉴定意见是不能予以采信的。笔者认为其不尽然。原因在于:信息是否属于商业秘密的鉴定内容涉及对商业秘密基本构成要件的把握,既有事实层面的判断,也有法律性质的认知,不能因为鉴定内容包含了法律性质的认知而断然否定事实层面判断的合理性。美国联邦第七巡回上诉法院就曾经指出,审判法院“不需要仅仅因为专家证言可能在一定程度上涵盖了普通陪审团理解范围内的事项而将其排除”。事实上,最高人民法院在上诉人广汉市三丰科技公司与被上诉人四川环保建设开发总公司等侵害技术秘密纠纷案判决书中亦指出,“原审法院在鉴定委托中将当事人所争议的技术是否为受法律保护的技术秘密也委托给专业技术人员,不尽妥当。但在本案鉴定中专业技术人员主要是对所争议的技术是否为公知公用技术作出判断,故一审法院的鉴定虽有不妥,但此点对本案的实体判决却没有影响。”由此可见,不宜采取非彼即此的态度处理鉴定机构作出的“信息是否属于商业秘密”的鉴定意见,而应当客观分析,区别对待。毕竟,鉴定意见同其他证据一样,并不具有更高的证明价值,必须通过审判人员综合全案证据审查判断,才能作为定案的根据。

三、关于鉴定检材的提交要求

检材是鉴定的基础,其来源和质量直接影响到鉴定意见的科学性和可靠性,直接影响到鉴定意见能否作为定案的根据。既然在商业秘密刑事诉讼中,鉴定是专业机构受侦查机关委托进行的,那么,专业机构鉴定所依赖的检材又应当满足什么样的要求呢?根据《刑事诉讼法解释》第八十五条第三项的规定,送检材料、样本来源不明,或者因污染不具备鉴定条件的,不得作为定案的根据。这是有关鉴定检材的原则性要求,对于侵犯商业秘密刑事诉讼司法鉴定是一体适用的。但是,由于侵犯商业秘密案件存在权利在先确认的特点,故鉴定检材的提交亦有其个性化的要求。

根据《公安机关办理刑事案件程序规定》第一百六十六条、第一百七十五条的规定,公安机关对于公民的报案,应当立即接受;经审查,认为有犯罪事实需要追究刑事责任,且属于自己管辖的,经县级以上公安机关负责人批准,予以立案。在侵犯商业秘密刑事诉讼中,权利人为侵犯商业秘密犯罪行为的受害人。对于权利人的报案,公安机关必须立即接受。然而,是否立案及启动随后的刑事侦查程序,则需要经过审查。权利人的有关信息是否构成刑法所保护的商业秘密则是其中审查的重点。因为如果权利人拥有的信息明显不构成商业秘密的话(如公知信息的简单组合),启动刑事侦查程序就毫无必要了。这就如同侵犯商业秘密民事诉讼一样,法庭首先需要确认原告的信息属于商业秘密,其后才审查被告的被控侵权行为是否成立;如果原告的信息不能作为商业秘密保护,则原告提起的侵权之诉就成了无本之木,法庭可以直接驳回诉请,而不必再审查侵权指控了。因此,商业秘密权利在先确认的特性,客观上要求侦查机关在立案审查时就必须固定权利检材(即权利人主张作为商业秘密保护的信息内容),且检材应当由权利人提交。这一要求与物证、声像资料等鉴定检材可以在立案之后提交以及检材可能从被害人、犯罪嫌疑人以及证人等相关主体中获得存在明显区别。原因在于:(1)侵犯商业秘密罪的犯罪对象为信息,信息内容容易被改变或灭失,犯罪嫌疑人又普遍具有专业技术背景,善于隐匿罪证,故绝大多数情况下,公安机关在侦查过程中需要对犯罪嫌疑人采取羁押措施。而一旦对犯罪嫌疑人采取羁押措施,权利人的信息若不能作为商业秘密保护的话,公安机关就会面临国家赔偿的现实压力。因此,在立案审查之时,就让权利人明确信息内容,并通过鉴定方式来判断其信息可否作为商业秘密保护就成为公安机关的必然选择。(2)权利人对有关信息采取保密措施亦是信息构成商业秘密的基本要件之一。这就意味着权利人自己将哪些信息作为商业秘密保护主观上是清楚的,客观上也是采取了必要措施的,完全应当有能力明确信息的具体内容。如果权利人不能明确具体内容的,反过来只能说明权利人对其主张作为商业秘密保护的信息并没有清晰认识,主观上的保护意识不强。商业秘密的司法保护本身就建立在权利人自我保护的基础之上,既然权利人本身消极对待其拥有的信息,司法就自然没有必要加以保护。据此而言,实践中出现的公安机关直接将犯罪嫌疑人处搜查所得的权利人的信息内容作为商业秘密权利鉴定的检材(当然可以作为比对同一性的检材)是不妥当的。因为即使犯罪嫌疑人处有权利人的信息资料,且该信息满足"非公知性"的要求,也可能因权利人对该信息并无保护的意识和措施,而不能作为商业秘密予以司法保护。例如,由于技术的发展,权利人的设备图纸时常升级换代。案发时权利人保护的对象为第三版图纸,对第一版、第二版图纸实际已经不采取保密措施,故即使被告人未经许可从权利人处获得第一版、第二版图纸,也不宜以侵犯商业秘密罪追究。而如果直接将犯罪嫌疑人处查获的第一版、第二版图纸作为权利检材(权利检材通常需要经过权利人确认),则由于利害关系的影响,权利人很可能扩大保护范围,将其已经放弃保护的信息内容或未曾保护的信息内容乃至公知信息均纳入其主张的商业秘密的保护范围,更何况通过制定内部的规章制度来作为保密措施对于权利人而言并非难事。

四、关于鉴定人的出庭作证

在我国刑事诉讼中,鉴定人向法庭提交书面意见,而不出庭接受询问的现象相当普遍。这既有长期以来鉴定人因其专业优势而被视为"科学的法官"的原因,也有现实环境下鉴定人人身安全保障机制不健全的原因。2012年修正的刑事诉讼法第一百八十七条第三款明确规定:"公诉人、当事人或者辩护人、诉讼代理人对鉴定意见有异议,人民法院认为鉴定人有必要出庭的,鉴定人应当出庭作证。经人民法院通知,鉴定人拒不出庭作证的,鉴定意见不得作为定案的根据。"这一规定确立了刑事诉讼鉴定人出庭作证的基本证据规则,侵犯商业秘密刑事案件自不例外。

然而,侵犯商业秘密刑事案件技术问题通常是由3名以上专家组成的专家组进行鉴定的,刑事诉讼法及《刑事诉讼法解释》均未明确鉴定人出庭是指全部鉴定人出庭还是鉴定人代表出庭。实践中,较为常见的是鉴定人代表出庭,并接受控辩双方交叉询问。这一方式的优势在于技术观点相对集中,意见表达较为清晰,便于法庭把握控辩双方技术争议焦点。但是,需要指出的是,技术问题尽管属于自然科学的范畴,但对一些技术问题的认知并非呈现出唯一性和绝对性,仍然可能出现仁者见仁、智者见智的结果(当然,这是符合人类对客观事物认知规律的)。毫无疑问,鉴定意见中的结论实质上是专家组按少数服从多数原则作出的,鉴定人代表出庭作证的意见是一致观点或多数观点,这就导致了进行技术鉴定时的少数观点无从发表,也影响了法庭对技术问题的客观判断。实践中,已经出现了鉴定专家在庭审时按照鉴定结论发表意见,个别持少数意见的专家通过写信、口头反映等方式向合议庭表达对鉴定持异议的现象。鉴于侵犯商业秘密刑事案件技术问题的重要性和复杂性,笔者主张法庭在技术听证时,鉴定人原则上应当全部出庭作证接受质询;不能全部出庭作证的,鉴定机构代表应当向法庭说明部分鉴定人不能出庭的理由并接受审查;如由鉴定人代表出庭作证的,应当陈述清楚结论意见是一致意见还是多数意见;如有少数意见的,鉴定人代表也应当当庭陈述,以增强辩方抗辩的有效性和法庭对技术问题审查的全面性。

五、关于"非公知性"的鉴定方式

"非公知性"是商业秘密最根本的属性,也是侵犯商业秘密案件技术鉴定的核心内容。根据《最高人民法院关于审理不正当竞争民事案件应用法律若干问题的解释》(以下简称《不正当竞争解释》)第九条第一款的规定,所谓"不为公众所知悉"(即非公知性),是指有关信息不为其所属领域的相关人员普遍知悉和容易获得。由于"不为普遍知悉"和"不为容易获得"均属于不确定性的法律概念,为了增强实践判断的准确性,最高人民法院还在第九条第二款中采用反面排除的方法列举了属于公众知悉信息的六种情形,即只要符合其中一种情形,就会破坏商业秘密的"非公知性"。具体包括:(1)该信息为其所属技术或者经济领域的人的一般常识或者行业惯例;(2)该信息仅涉及产品的尺寸、结构、材料、部件的简单组合等内容,进入市场后相关公众通过观察产品即可直接获得;(3)该信息已经在公开出版物或者其他媒体上公开披露;(4)该信息已通过公开的报告会、展览等方式公开;(5)该信息从其他公开渠道可以获得;(6)该信息无须付出一定的代价而容易获得。然而,在具体鉴定实务中,并无统一的鉴定标准,鉴定机构采用专利之新颖性认定标准来判断商业秘密之秘密性的现象极为常见。根据专利法第二十二条第二款的规定,所谓新颖性,是指该发明或者实用新型不属于现有技术;也没有任何单位或者个人就同样的发明或者实用新型在申请日以前向国务院专利行政部门提出过申请,并记载在申请日以后公布的专利申请文件或者公告的专利文件中。其中的"现有技术"是指申请日以前在国内外为公众所知的技术,具体包括在申请日(有优先权的,指优先权日)以前在国内外出版物上公开发表,在国内外公开使用或者以其他方式为公众所知的技术。应当指出,商业秘密的"非公知性"判断与专利的"新颖性"审查并不等同,两者判断的主体各异、标准不一,总体而言,专利的"新颖性"要求比商业秘密的"非公知性"要求更为苛严。比如,国内权利人可以通过对国外厂商产品的反向工程,获得相关技术信息,并采取保密措施,从而形成自己的商业秘密。但这种信息显然不符合专利"新颖性"标准。故一般认为,以专利的"新颖性"标准来判断商业秘密的"非公知性"不甚妥当。

笔者承认专利的"新颖性"标准要高于商业秘密的"非公知性"要求。然而,笔者进一步认为,在侵犯商业秘密刑事诉讼中,鉴定机构以专利的"新颖性"标准来判断商业秘密的"非公知性"的鉴定方式有其特殊意义,不宜简单否定。正如前述,专利的"新颖性"标准高于商业秘密的"非公知性"要求,根据"举重以明轻"的法律解释方法,如果有关信息能够满足专利的"新颖性"标准,则无疑能够满足商业秘密的"非公知性"要求。鉴定机构这种高标准的判断方式实际会产生"有利于被告人"的法律效果,符合刑事诉讼的基本原则。而如果鉴定机构认为有关信息不能达到专利的"新颖性"标准,并据此作出该信息不符合商业秘密"非公知性"要件的结论时,则可以通过权利人对于鉴定意见的质询和反驳来达到保护被害人权益的目的。比如,权利人可以主张其作为商业秘密保护的信息来源于其他领域的技术方案,而本领域相关人员并不能普遍知悉和容易获得。故即使不能达到专利的"新颖性"标准,但在本领域仍然可以满足商业秘密的"非公知性"要求。

中华人民共和国最高人民法院
刑事判决书

（2016）最高法刑再3号

原公诉机关河北省石家庄市人民检察院。

申诉人张焕枝，女，汉族，1944年12月13日出生，农民，住河北省石家庄市鹿泉区×××村。系原审被告人聂树斌母亲。

申诉人聂学生，男，汉族，1945年8月1日出生，退休工人，住址同上。系原审被告人聂树斌父亲。

申诉人聂淑惠，女，汉族，1972年1月31日出生，教师，住河北省石家庄市桥西区××街××号。系原审被告人聂树斌胞姐。

诉讼代理人李树亭，北京市天钰衡律师事务所律师。

原审被告人聂树斌，男，汉族，1974年11月6日出生，初中文化，原河北省鹿泉市冶金机械厂工人，捕前住河北省获鹿县（现石家庄市鹿泉区）×××村。1994年9月23日被传唤，9月24日被监视居住，10月1日被刑事拘留，10月9日被逮捕。1995年4月27日被执行死刑。

河北省石家庄市人民检察院指控被告人聂树斌犯故意杀人罪、强奸妇女罪一案，石家庄市中级人民法院于1995年3月15日作出（1995）石刑初字第53号刑事附带民事判决。宣判后，被告人聂树斌、附带民事诉讼原告人康某2分别提出上诉。1995年4月25日，河北省高级人民法院作出（1995）冀刑一终字第129号刑事附带民事判决，并根据最高人民法院授权高级人民法院核准部分死刑案件的规定，核准聂树斌死刑。

2005年1月,涉嫌犯故意杀人罪被河北省公安机关网上追逃的王书金,被河南省荥阳市公安机关抓获后自认系本案真凶。此事经媒体报道后,引发社会关注。2007年5月,申诉人张焕枝、聂学生、聂淑惠向河北省高级人民法院和多个部门提出申诉,请求宣告聂树斌无罪。2014年12月4日,根据河北省高级人民法院请求,本院指令山东省高级人民法院复查本案。

山东省高级人民法院依法组成合议庭,对本案进行全面审查后认为,原审判决缺少能够锁定聂树斌作案的客观证据,在被告人作案时间、作案工具、被害人死因等方面存在重大疑问,不能排除他人作案的可能性,原审认定聂树斌犯故意杀人罪、强奸妇女罪的证据不确实、不充分。建议本院启动审判监督程序重新审判,并报请本院审查。

本院对山东省高级人民法院的复查意见进行了审查,于2016年6月6日作出(2016)最高法刑申188号再审决定,提审本案。本院依法组成合议庭,根据《中华人民共和国刑事诉讼法》第二百四十五条第一款、《最高人民法院关于适用〈中华人民共和国刑事诉讼法〉的解释》第三百八十四条第三款之规定,依照第二审程序对本案进行了书面审理。审理期间,本院审查了本案原审卷宗、河北省高级人民法院和山东省高级人民法院复查卷宗;赴案发地核实了相关证据,察看了案发现场、被害人上下班路线、原审被告人聂树斌被抓获地点及其所供偷衣地点,询问了部分原办案人员和相关证人;就有关尸体照片及尸体检验报告等证据的审查判断咨询了刑侦技术专家,就有关程序问题征求了法学专家意见;多次约谈申诉人及其代理人,听取意见,依法保障其诉讼权利;多次听取最高人民检察院意见。就附带民事诉讼部分通知原附带民事诉讼原告人康某2,其近亲属告知,康某2已去世,并表示不再参与本案诉讼。本案现已审理终结。

石家庄市中级人民法院一审判决认定:1994年8月5日17时许,被告人聂树斌骑自行车尾随下班的石家庄市液压件厂女工康某1,至石家庄市郊区孔寨村的石粉路中段,聂树斌故意用自行车将骑车前行的康某1别倒,拖至路东玉米地内,用拳头猛击康某1的头部、面部,致康某1昏迷后将其强奸,而后用随身携带的花上衣猛勒康某1的颈部,致其窒息死亡。认定上述事实的依据是:石家庄市公安局郊区分局在侦破此案时,根据群众反映将聂树斌抓获后,聂树斌即交代了强奸后勒死康某1的犯罪经过,并带领公安人员指认了作案现场及埋藏被害人衣物的地点,与现场勘查一致;聂树斌对康某1生前照片及被害现场提取物进行了辨认,确认系被害人照片及所穿衣物;聂树斌所供被害妇女的体态、所穿衣物与被害人之夫侯某某、证人余某某所证一致。据此,一审法院认为,被告人聂树斌拦截强奸妇女,杀人灭口,手段残忍,情节和后果均特别严重,其行为已构成强奸妇女罪、故意杀人罪。对于辩护人提出的指控聂树斌犯强奸妇女罪证据不足的辩护意见,因有被告人聂树斌多次供述,且与现场勘查吻合,供证一致,不予采信。依照《中华人民共和国刑法》第一百三十九条、第一百三十二条、第五十三条、第三十一条及全国人大常委会《关于迅速审判严重危害社会治安的犯罪分子的程序的决定》之规定,以故意杀人罪判处被告人聂树斌死刑,剥夺政治权利终身;以强奸妇女罪判处其死刑,剥夺政治权利终身,决定执行死刑,剥夺政治权利终身。

一审宣判后,聂树斌上诉提出,其年龄小,没有前科劣迹、系初犯,认罪态度好,一审量刑太重,请求从轻处罚。

河北省高级人民法院二审判决认定的事实、证据与一审判决一致。二审法院认为,一审认定聂树斌故意杀人、强奸妇女的事实、情节正确,证据充分。聂树斌拦截强奸妇女,杀人灭口,情节和后果均特别严重。聂树斌所述认罪态度好属实,但其罪行严重,社会危害极大,不可以免除死刑。原判决对聂树斌犯故意杀人罪的量刑及民事赔偿数额适当,对强奸妇女罪量刑重。依照《中华人民共和国刑事诉讼法》第一百三十六条第一项、第二项之规定,判决维持对聂树斌犯故意杀人罪的定罪量刑,撤销对聂树斌犯强奸妇女罪的量刑,改判有期徒刑十五年,与故意杀人罪并罚,决定执行死刑,剥夺政治权利终身。根据最高人民法院授权高级人民法院核准部分死刑案件的规定,河北省高级人民法院核准聂树斌死刑。

本院再审期间,申诉人张焕枝提出,聂树斌系被错抓、错判,是冤枉的,请求宣告聂树斌无罪。主要理由是:(1)1994年9月23日聂树斌被抓获之后前5天的口供缺失,怀疑因对聂树斌有利而被办案机关销毁。(2)聂树斌供述勒死被害人的花上衣,是从废品堆、三轮车上拿的,但三轮车主根本就没有丢花上衣，作案工具不吻合。(3)聂树斌根本没有作案时间。考勤表被办案机关提取了，应该入卷，该考勤表可以证明聂树斌1994年8月5日是否上班，没有考勤表就不能认定聂树斌有作案时间。(4)王书金自认真凶，且供述出案发现场有串钥匙，本案是王书金所为。

诉讼代理人李树亭提出，原审认定聂树斌强奸妇女、故意杀人的事实不清、证据不足，应当依法宣告聂树斌无罪。主要理由是：(1)公安机关在没有掌握聂树斌任何犯罪事实和犯罪线索的情况下，仅凭主观推断，就将骑一辆蓝色山地车的聂树斌锁定为犯罪嫌疑人，对聂树斌采取监视居住，实际上是非法拘禁。(2)不能排除侦查人员采用刑讯逼供、指供、诱供方式收集聂树斌有罪供述的可能性。(3)聂树斌供述、证人证言和尸体检验报告均不能确定案发时间，被害人遇害时间不明，原审认定的聂树斌作案时间事实不清。(4)原审认定的作案工具事实不清，物证彩色照片上的半袖上衣极大可能在原始案发现场并不存在，是侦查人员为印证聂树斌供述的作案工具而编造出来的物证。(5)现场勘查笔录无见证人参与，不符合法律规定；尸体检验报告结论不具有科学性，真实性、合法性存疑，原审认定被害人系窒息死亡的证据不确实、不充分。(6)聂树斌1994年9月23日至9月27日的供述材料以及聂树斌的考勤表缺失，原办案人员的解释不合理，不排除公安机关隐匿了对聂树斌有利的证据。(7)证人余某某后来证明，被害人尸体被发现后公安机关立即展开调查，并形成了调查材料，但原审卷宗中余某某等人的多份初始证言缺失，去向不明，这些证言可能对聂树斌有利。(8)现有卷宗中存在签字造假等问题，不排除伪造或变造案卷的可能。(9)被害人落在案发现场的一串钥匙是本案中具有唯一性和排他性的隐蔽细节，聂树斌始终没有供出，使其所供作案过程真实性受到严重影响。(10)王书金异地归案后即主动交代了石家庄西郊玉米地强奸、杀人的犯罪事实，特别是供述出案发现场所留的一串钥匙，且其供述的作案时间、作案地点、作案过程以及抛埋衣物地点等都与本案情况相符，王书金的供述应视为本案出现了新证据，其作案的可能性远远大于聂树斌。李树亭还向本院提交了聂树斌的同学聂某某、仵某1、仵某2的证言，以证明聂树斌胆小、性格内向，思想比较保守，家庭经济状况较好，平时没有偷窃、打架等不良行为。

最高人民检察院向本院提交的书面意见提出,原审判决采信的证据中,直接证据只有聂树斌的有罪供述,现场勘查笔录、尸体检验报告、物证及证人证言等证据均为间接证据,仅能证明被害人康某1死亡的事实,单纯依靠间接证据不能证实康某1死亡与聂树斌有关,而聂树斌有罪供述的真实性、合法性存疑,不能排除他人作案可能。原审判决认定事实不清、证据不足,依据现有证据不能认定聂树斌实施了故意杀人、强奸妇女的行为,应当依法宣告聂树斌无罪。主要理由是:(1)被害人死亡原因不具有确定性,原审判决所采信的尸体检验报告证明力不足。(2)作案工具来源不清,原审判决认定花上衣系作案工具存在重大疑问。(3)聂树斌始终未供述出被害人携带钥匙的情节。(4)原审判决所采信的指认笔录和辨认笔录存在重大瑕疵,不具有证明力。(5)证实聂树斌实施强奸的证据严重不足。(6)聂树斌供述的真实性、合法性存在疑问。应当依法改判聂树斌无罪。

经再审查明:1994年8月5日17时许,河北省石家庄市液压件厂女工康某1(被害人,殁年36岁)下班骑车离厂。8月10日上午,康某1父亲康某2向公安机关报案称其女儿失踪。同日下午,康某2和康某1的同事余某某等人在石家庄市郊区孔寨村西玉米地边发现了被杂草掩埋的康某1连衣裙和内裤。8月11日上午,康某1尸体在孔寨村西玉米地里被发现。同日下午,侦查机关对康某1尸体进行了检验。

上述事实,有现场提取的自行车、凉鞋、连衣裙、内裤和钥匙等物证,证人康某2和余某某等人证明康某1失踪和发现康某1衣物情况、证人侯某某证明上述现场提取物品系康某1生前所用之物的证言,以及尸体检验报告、现场勘查笔录和照片等证据证实。本院予以确认。

原审认定原审被告人聂树斌于1994年8月5日17时许,骑自行车尾随下班的康某1,将其别倒拖至玉米地内打昏后强奸,而后用随身携带的花上衣猛勒其颈部,致其窒息死亡。本院认为,这一认定事实不清、证据不足,不予确认。具体评判如下:

一、聂树斌被抓获之时无任何证据或线索指向其与康某1被害案存在关联

原审认定,石家庄市公安局郊区分局在侦破此案时,根据群众反映将聂树斌抓获。诉讼代理人提出,公安机关没有掌握聂树斌任何犯罪事实和犯罪线索,仅凭主观推断锁定其为本案犯罪嫌疑人,并对其采取强制措施;检察机关认为,聂树斌到案经过与原案缺乏直接关联,确定其为犯罪嫌疑人缺乏充足依据。对此问题,本院经审查,评判如下:

1. 原审卷宗内没有群众反映聂树斌涉嫌实施本案犯罪的证据或线索。经查,离案发现场约 2 公里的石家庄市电化厂平房宿舍区有一个公共厕所,据公安机关出具的抓获证明记载,附近有群众反映,一名骑蓝色山地车的男青年常在附近闲转,看到有人就进厕所;破案报告记载,群众反映在电化厂平房宿舍周围有一名男青年经常出现,有流氓、盗窃行为,康某 1 被害案专案组遂组织人员在此蹲守。1994 年 9 月 23 日 18 时许,聂树斌骑一蓝色山地车路过时,侦查人员认为其像群众反映的男青年而将其抓获。因此,聂树斌被抓获仅因其疑似群众反映的男青年,并非因群众反映其涉嫌实施本案犯罪。聂树斌被抓获之前,办案机关并未掌握其实施本案犯罪的任何证据或线索。

2. 原审卷宗内无证据证实聂树斌系群众反映的男青年。经查,原审卷宗内仅有"群众反映"的表述,没有关于具体是何人反映的证据,也没有组织群众对聂树斌辨认的证据,更没有群众反映的那个男青年与康某 1 被害案存在关联的证据。

综上,对诉讼代理人提出的侦查机关抓获聂树斌时并不掌握其任何犯罪事实和犯罪线索的意见,对检察机关提出的确定聂树斌为犯罪嫌疑人缺乏充足依据的意见,本院予以采纳。

二、聂树斌被抓获之后前 5 天的讯问笔录缺失,严重影响在卷讯问笔录的完整性和真实性

从聂树斌 1994 年 9 月 23 日 18 时许被抓获,到 9 月 28 日卷内出现第一份有罪供述笔录,共有 5 天时间,原审卷宗内没有这 5 天的讯问笔录。申诉人及其代理人对此提出诸多质疑,认为缺失的笔录可能对聂树斌有利。检察机关也提出,从聂树斌到案至作出第一次有罪供述间隔 5 天时间,而卷内没有一份此间的讯问笔录,侦查机关没有作出合理解释。对此问题,本院经

审查,评判如下:

1. 聂树斌被抓获之后前5天办案机关曾对其讯问且有笔录。一是聂树斌在卷供述证明有讯问笔录。据二审期间的提讯笔录记载,审判人员当时问聂树斌,在其被抓获之后的前5天,侦查人员是否对其讯问并作了笔录,聂树斌回答,侦查人员将其带至郊区分局的当晚就审问了,其交代了强奸妇女的事,并说"记着可能作了(笔录)"。二是原办案人员证明有讯问笔录。本案复查和再审期间,经调查询问原办案人员,多人证实这5天有讯问并制作了笔录。此外,据原办案机关干警撰写并发表在1994年10月26日《石家庄日报》上的《青纱帐迷案》一文反映,聂树斌被抓获并被关进派出所后的一个星期内,办案机关一直在对其"突审"。

2. 聂树斌在该5天内,既有有罪供述,也有无罪辩解。一是聂树斌在卷供述可以证实。在1994年9月28日的讯问笔录中,办案人员在聂树斌供认有罪后问道:"为什么原来不讲实话?"聂树斌答:"我想隐瞒,抱着逃避打击的心理。"9月29日聂树斌在自书的《检查》中写道:"在审问时,我心里还隐着一些侥幸心理,想隐瞒过关。"在同年12月26日送达起诉书笔录中,送达人员问聂树斌什么时候交代的犯罪事实,聂树斌答:"一开始没交代,第二天晚上交代的。"二是原办案人员可以证实。有办案人员称:"聂树斌头一天只承认了一些偷看女人解手的流氓行为,到了第二天,开始陆陆续续交代了一些犯罪事实,到了27日就彻底交代清楚了。"此外,据《青纱帐迷案》一文反映,聂树斌刚被抓获时"只承认调戏过妇女,拒不交代其他问题",办案人员"巧妙利用攻心战术和证据,经过一个星期的突审",聂树斌终于供述了强奸杀人的事实。

3. 对原审卷宗内缺失该5天讯问笔录,原办案人员没有作出合理解释。本案复查和再审期间,河北省高级人民法院、山东省高级人民法院和本院均就前5天讯问笔录全部缺失的原因,询问了公安机关原办案人员,他们作了多种解释:一是聂树斌的供述断断续续,笔录不完整;二是这些笔录可能入了副卷,但由于搬家或时间长,副卷找不到了;三是当时存在对完整的讯问笔录入卷移送,不完整的讯问笔录不入卷移送的习惯做法等。

全面收集、移送包括讯问笔录在内的案件证据,是1979年刑事诉讼法和

1987 年公安部印发的《公安机关办理刑事案件程序规定》的明确要求；公安部 1991 年印发的《公安业务档案管理办法》对副卷的内容也有明确规定，犯罪嫌疑人的供述笔录不属于入副卷的材料；原办案人员在接受本院询问时也表示，当时石家庄市公安局郊区分局办理案件比较规范，即使前期嫌疑人不供述，也会把这些材料入卷。因此，聂树斌被抓获之后前 5 天讯问笔录没有入卷，既与当时的法律及公安机关的相关规定不符，也与原办案机关当时办案的情况不符。

综上，由于上述讯问笔录缺失，导致聂树斌讯问笔录的完整性、真实性受到严重影响。对申诉人及其代理人提出聂树斌被抓获之后前 5 天有讯问笔录，且缺失的笔录可能对聂树斌有利的意见，对检察机关提出缺失这 5 天讯问笔录存在问题的意见，本院予以采纳。对申诉人及其代理人提出办案机关故意销毁、隐匿讯问笔录、制造假案的意见，因无证据证实，本院不予采纳。

三、聂树斌有罪供述的真实性存疑，且不能排除指供、诱供可能

原审卷宗显示，自 1994 年 9 月 28 日出现第一份供述至 1995 年 4 月 27 日被执行死刑，聂树斌共有 13 份供述，其中有讯问笔录 11 份（侦查阶段 8 份，审查起诉、一审、二审阶段各 1 份），自书《检查》1 份，一审当庭供述笔录 1 份。申诉人及其代理人提出，这些供述不能排除系刑讯逼供、指供、诱供形成，合法性和真实性存在疑问。检察机关提出，聂树斌的有罪供述说法不一、前后矛盾，供述偷拿花上衣的情节因证人证言而变化，侦查机关讯问过程明显具有指供倾向，聂树斌供述的真实性、合法性存在疑问。对此问题，本院经审查，评判如下：

1. 聂树斌对关键事实的供述前后矛盾、反复不定。关于作案时间，先后有被车间主任葛某某批评后的第二天、当天、记不清和 8 月 5 日等说法；关于偷花上衣的具体地点，先后有三轮车上、破烂堆上等说法；关于脱去被害人内裤的时间，先后有将内裤脱下后实施强奸再捡起内裤带走、将内裤脱到膝盖下面即实施强奸再将内裤脱下带走等说法；关于被害人的自行车，先后有二六型、二四型等说法。此外，关于作案动机、被害人年龄和所穿连衣裙特

征等事实和情节，聂树斌的供述也前后不一。在卷供述中，聂树斌一方面始终认罪，另一方面又供不清楚作案的基本事实，特别是对关键事实的供述前后矛盾、反复不定，不合常理。

2. 供证一致的真实性、可靠性存疑。聂树斌供述的作案地点、藏衣地点、尸体上的白背心、颈部的花上衣及被害人凉鞋、自行车的位置等，虽然与现场勘查笔录、尸体检验报告等内容基本一致，但由于以上事实都是先证后供，且现场勘查没有邀请见证人参与，指认、辨认工作不规范，证明力明显不足，致使本案供证一致的真实性、可靠性存在疑问。

3. 不能排除指供、诱供可能。对办案机关是否存在刑讯逼供、指供、诱供等非法取证行为，经审查原审检察人员和审判人员讯问聂树斌的材料、一审开庭笔录、原审辩护人的有关证言以及原办案人员的解释，没有发现原办案人员在制作这些笔录时实施刑讯逼供的证据。但是，聂树斌曾经供述自己本来想不说，后在办案人员“劝说和帮助下说清整个过程”；聂树斌供述偷花上衣的地点存在随证而变的情形；一些笔录显示讯问内容指向明确；参与现场勘查的办案人员曾称被安排到讯问场所与聂树斌核对案发现场情况等，故不能排除存在指供、诱供的可能。

综上，对申诉人及其代理人提出聂树斌有罪供述的真实性、合法性存疑，不能排除指供、诱供可能的意见，对检察机关提出的侦查机关讯问过程明显具有指供倾向的意见，本院予以采纳。对申诉人及其代理人提出侦查机关存在刑讯逼供的意见，因无证据证实，本院不予采纳。

四、原审卷宗内案发之后前50天内证明被害人遇害前后情况的证人证言缺失，严重影响在案证人证言的证明力

原审卷宗显示，康某1丈夫侯某某、同事余某某在康某1失踪前曾与其见面，康某1失踪后还参与寻找，余某某和康某2最先发现了康某1的衣物。但是，从1994年8月11日发现康某1尸体到同年9月底聂树斌认罪，即从案发到破案，其间50天内办案机关收集的这些重要证人的证言，无一入卷，全部缺失。卷内显示，直到1994年10月1日才出现侯某某的首次证言，10月11日和10月21日才首次出现康某1同事王某某、余某某的证言。这些本应是破案重要线索的证人证言，却出现在聂树斌认罪并破案之后。申诉人及其代理人提出，办案机关隐匿了这些对聂树斌可能有利的证据。对此问题，本院经审查，评判如下：

1. 多名证人证明案发之后50天内，办案人员对其进行过询问并制作了笔录。证人余某某证实，找到康某1的尸体后，办案机关立即进驻康某1所在工厂，全面开展调查工作；1994年10月21日之前，办案人员曾多次找其取证，并作了记录。证人侯某某证实，在1994年10月1日之前，办案人员不止一次找过他，每次都有询问笔录，且明确说办案人员第一次对其询问是在其租住地孔寨村，而非首次询问笔录显示的留营派出所。

2. 多名原办案人员证实案发之后即作了询问证人笔录。在本案复查和再审期间，十多名原办案人员接受询问时证实，发现康某1尸体后立即分成多个工作小组，同时展开调查摸排，有的小组专门进驻死者单位。摸排范围包括被害人单位职工、现场附近两个村庄村民以及方圆数公里范围内的外来民工等相关人员。当时对康某1亲友和同事都进行了调查询问，询问内容包括死者何时上下班、何时失踪、最后见面的是何人等。多名原办案人员证实，对康某1亲友及同事这些重要证人的询问，肯定制作了笔录。此外，相关报道反映，案发之后办案机关即开展了大量调查摸排工作。据《青纱帐迷案》一文记述，石家庄市公安局郊区分局1994年8月11日即成立专案组，迅速展开侦破工作，办案人员"奔波于工厂、农村、居民区和田间地头认真调查访问，先后调查访问群众上千人次，经过一个多月的艰苦细致工作，终于获得了有价值的线索"。

3. 原办案人员对案发之后前50天内相关证人证言缺失原因没有作出合理解释。本案复查和再审期间，就原审卷宗内为何没有这50天的证人证言，询问了多名原办案人员，他们作出了两种解释：一种说法是当时摸排大多用笔记本记录，破案需要的材料才会整理，不需要就不整理，没有入卷可能是这个原因造成的；另一种说法是当时的办案习惯是侦查卷宗不装订，先送给预审科去挑，没有用的预审科就剔除，这些证人证言可能被预审科当作没有用的剔除了，入了副卷，副卷后来搬家时丢失。这些解释对于一般的摸排对象是合乎情理的，但是对于询问与本案有直接关系的证人，明显不符合常理,也不符合当时的办案规范和惯常做法。首先,侯某某、余某某是本案重要证人,对其询问应当按照当时的刑事诉讼法和公安部1987年《公安机关办理刑事案件程序规定》,规范制作笔录入卷,并随案移送。其次,侯某某、余某某等人在案发之后前50天所作的证言,是初始证言,是确定被害人遇害时间和被告人有无作案时间的重要依据,是侦破本案的重要线索。即使当时有将材料送预审科挑选的做法,对于这些重要的证人证言也不应当剔除。

综上,案发之后前50天内多名重要证人证言全部缺失不合常理,且关键证人侯某某后来对与康某1最后见面时间的证言作出重大改变,直接影响对康某1死亡时间和聂树斌作案时间等基本事实的认定,导致在案证人证言的真实性和证明力受到严重影响。原办案人员对有关证人证言缺失的原因没有作出合理解释,故对申诉人及其代理人提出的这些缺失证据对聂树斌可能有利的意见,本院予以采纳。

五、聂树斌所在车间案发当月的考勤表缺失,导致认定聂树斌有无作案时间失去重要原始书证

本案复查和再审期间,申诉人及其代理人提出,聂树斌所在车间有一份考勤表,该考勤表可以证明聂树斌1994年8月5日是否上班,没有考勤表就不能认定聂树斌有作案时间,认为这张对聂树斌有利的考勤表被办案机关有意隐匿。对此问题,本院经审查,评判如下:

1. 有证据证明考勤表确实存在且已被公安机关调取。本案复查期间,证人葛某某证实,聂树斌出事后,办案机关找他问了聂树斌的出勤情况,并拿走了这份考勤表,他曾经让办案人员用后归还,但办案机关没有退还。本案再审期间,原办案人员也承认,当年曾对葛某某调查走访,见到并应当提取了考勤表。

2. 考勤表对证明聂树斌有无作案时间具有重要证明价值。葛某某证实,考勤表记载了聂树斌所在车间员工的每日出勤情况,他当年作证时是"照着考勤表说的"聂树斌出勤情况。当时办案人员还曾问他考勤表上的"√"和"×"是什么意思,他解释说"√"表示出勤,"×"表示没有出勤。因此,考勤表是证明聂树斌1994年8月出勤情况和有无作案时间的重要原始书证。

3. 原办案人员对考勤表未入卷没有作出合理解释。对于考勤表的下落,原办案人员都说记不清了,但认为有两种可能:一种可能是当时证明作案时间的材料要求有公章,聂树斌单位出具了盖有公章的出勤证明,该证明比考勤表更重要,所以考勤表没有入卷;另一种可能是在预审阶段被剔除出来入了副卷,后来副卷丢失了。经审查,这些解释不属于合理解释。考勤表是原始证据,更能客观、真实反映聂树斌的出勤情况,而单位出具的出勤证明是传来证据。即使在单位出具盖有公章的出勤证明后,也应当将考勤表一并入卷,以便核对传来证据和原始证据是否一致。考勤表是证明聂树斌有无作案时间的重要原始书证,根据公安部1987年《公安机关办理刑事案件程序规定》,应当认真登记、妥为保管,考勤表不入卷不符合相关规定。

综上,考勤表的缺失,导致认定聂树斌有无作案时间失去原始书证支持。对申诉人及其代理人提出的考勤表系对聂树斌可能有利的证据,本院予以采纳。对申诉人及其代理人提出的原办案机关故意隐匿考勤表的意见,因无证据证实,本院不予采纳。

六、原审认定的聂树斌作案时间存在重大疑问,不能确认

原审认定,聂树斌于1994年8月5日将康某1强奸、杀害。申诉人提出,聂树斌根本没有作案时间;诉讼代理人提出,原审认定的作案时间事实不清。检察机关提出,聂树斌并没有供述出作案的具体日期,而其对作案时间的供述在葛某某对其进行批评后第二天和受到批评的当天之间不断变化,前后存在多次反复。对此问题,本院经审查,评判如下:

1. 聂树斌的供述不能证实系1994年8月5日作案。聂树斌在卷的13次有罪供述中,共有9次供及作案时间。在侦查阶段,聂树斌对作案日期的6次供述反复不定,且始终没有供述具体的作案日期。在1994年9月28日的首次讯问笔录中,称是在8月初上班被葛某某批评后的次日作案;在9月29日书写的《检查》中,称系在被葛某某批评的当日作案;在10月1日供述中,又称是被批评的次日作案;自10月17日开始,再次改称系被葛某某批评的当日作案。自审查起诉阶段起,聂树斌的3次供述均明确称是8月5日作案。聂树斌到案初期,无法供出作案具体日期,数月之后反而能够明确、稳定供述,聂树斌为何能从记忆不清到记忆清晰,卷内没有任何解释或说明,故聂树斌关于8月5日作案的供述不足采信。

2. 聂树斌被葛某某批评的日期不能确定是1994年8月5日。聂树斌供述的作案日期是被葛某某批评的当日或次日,查清聂树斌被批评的具体日期至关重要。聂树斌在侦查阶段多次供称,虽然记不清8月初上班的具体日期,但确定8月初歇了两天没去上班,第三天去上班被葛某某批评,是在被批评的当日或次日作案;葛某某证实,1994年8月3日聂树斌是上班的,4日没有上班,记不清是5日还是6日聂树斌来上班时被其批评,聂树斌一气之下离开单位;办案机关调取的出勤证明证实,8月4日至11日聂树斌未到厂上班,印证了聂树斌8月3日是上班的。因此,聂树斌所供的歇了两天没上班应当是8月4日、5日,而第三天到单位被葛某某批评则应当是8月6日。如果聂树斌是被批评的当日作案,应当是8月6日;如果是被批评的次日作案,应当是8月7日。原审认定聂树斌8月5日作案,与在案证据存在重大矛盾。

3. 证人侯某某后来的证言对与被害人最后见面时间作出重大改变。原审卷宗内侯某某的两份证言均称,其妻康某1于1994年8月5日中午1时差5分离家上班,后未再见面。而在本案复查和再审期间,侯某某多次称,当年他的证言中有关与其妻最后见面的时间肯定不对,他8月5日晚上11时许还与其妻见了最后一面。经查,侯某某在原审卷宗内的两份证言分别形成于1994年10月1日、10月27日,第一份证言询问人不明,第二份证言系在预审阶段作出,此前的证言全部缺失,严重影响这两份证言的证明力。现其证言又发生重大改变,导致原审认定的聂树斌作案时间产生重大疑问。

综上,原审认定聂树斌于1994年8月5日作案的证据不确实、不充分。对申诉人及其代理人质疑原审认定的聂树斌作案时间的意见,对检察机关提出的聂树斌关于作案时间的供述前后存在多次反复,真实性、合法性存在疑问的意见,本院予以采纳。对申诉人及其代理人提出办案机关有意隐匿考勤表的意见,因无证据证实,本院不予采纳。

七、原审认定的作案工具存在重大疑问

现场勘查笔录记载，在康某1尸体颈部缠绕一件短袖花上衣，原审将其认定为聂树斌故意杀人的作案工具。申诉人及其代理人提出，上述事实不能认定，该花上衣根本不存在；检察机关提出，花上衣来源不清，现场提取的花上衣与让聂树斌辨认、随案移送的花上衣是否同一存疑，聂树斌供述偷花上衣的动机不合常理，原审判决认定花上衣系作案工具存在重大疑问。对此问题，本院经审查，评判如下：

1. 聂树斌供述偷取一件破旧短小的女式花上衣自穿不合常理。根据聂树斌供述及相关证人证言，聂家当时经济条件较好，聂树斌骑的是价值四百余元的山地车，月工资有几百元，并不缺吃少穿，衬衣就有多件。平时除了上班有些散漫外，无任何证据证明聂树斌此前有过偷盗等劣迹，也无任何证据表明其对女士衣物感兴趣，而涉案上衣是一件长仅61.5厘米且破口缝补的女式花上衣，显然不适合聂树斌穿着，故聂树斌所供偷拿该花上衣自穿，不合常理。

2. 花上衣的来源不清。据聂树斌供述，该花上衣是其从石家庄市郊区张营村一收废品处偷取。经查，收废品人梁某的证言与聂树斌供述明显不符，聂树斌所供偷取花上衣的具体地点前后矛盾，该花上衣究竟来源何处，缺乏证据证实。一是花上衣是否系梁某所丢，没有得到梁某证言的证实。卷内仅有聂树斌供述其从张营村一收废品处偷拿了一件花上衣，但梁某称其捡垃圾、拾废品多年，捡回来的东西没有数，丢没丢也说不清楚。因此，梁某对是否有过、丢过该件花上衣不能确定。二是聂树斌所供偷取花上衣的具体地点前后不一，有多种说法，不能确定，甚至在改变了此前所供的偷衣地点并作出解释之后，再次供述又出现反复，不合常理。三是聂树斌所供偷衣地点与梁某证言存在矛盾。梁某证实其捡来的衣物均放在道边晾晒，而聂树斌多次供称是从三轮车上偷取的衣服，并在绘制的方位图上标注了“偷拿衣服处的三轮车”，二者明显不符。四是聂树斌供述存在随梁某证言改变供述内容的情形。梁某9月29日作出捡来的衣物均在道边晾晒的证言之后，聂树斌10月1日供述的偷衣地点即从三轮车上改为垃圾

堆上。

3. 对花上衣的辨认笔录缺乏证明力。原审卷宗中用于辨认的花上衣照片,与现场照片显示的尸体颈部的衣物存在明显差别,原办案人员事后解释称,从尸体颈部提取的花上衣因受到雨水及尸体腐液侵蚀,为方便辨认,对花上衣进行了清洗。但在卷内对此没有记载和说明,以致用于辨认的花上衣与尸体颈部的衣物是否同一存在疑问。而且,据辨认笔录记载,让聂树斌对花上衣进行辨认时,用作陪衬的3件上衣,有2件系长袖,与辨认对象差异明显,另1件虽系短袖但新旧状况不明,且辨认物均无照片附卷。辨认有失规范,辨认笔录缺乏证明力。

综上,对申诉人及其代理人、检察机关提出的花上衣来源不清,将其认定为作案工具存在重大疑问的意见,本院予以采纳。但经审查现场勘查笔录及照片、尸体检验报告等在案证据,可以认定被害人尸体颈部缠绕一件短袖花上衣,故诉讼代理人提出的原始现场并不存在花上衣、该作案工具是侦查人员编造出来的物证的意见,与在案证据明显不符,本院不予采纳。

八、原审认定康某1死亡时间和死亡原因的证据不确实、不充分

原审认定康某1于1994年8月5日17时许在下班途中被聂树斌强奸后勒颈致死。申诉人及其代理人提出,康某1遇害时间不明,原审认定康某1系窒息死亡的证据不确实、不充分;检察机关提出,康某1死因不具有确定性,原审判决所采信的尸体检验报告证明力不足。对此问题,本院经审查,评判如下:

1. 尸体检验报告对康某1死亡时间没有作出推断。本案因案发时尸体高度腐败,法医在尸体检验时没有提取、检验康某1的胃内容物以确定死亡时间。现场勘查时,尸体及周围布满蛆虫,但法医未根据尸体蛆虫情况对死亡时间作出推断。

2. 在案证言不能证实康某1死亡时间。证人余某某、王某某等人的证言仅能证实1994年8月5日下午康某1仍在厂正常上班,下班后离厂,之后再未见面,但并不能据此认定康某1于8月5日下班后即遇害身亡,不能将康某1的失踪时间认定为死亡时间。

3. 尸体检验报告关于康某1死亡原因的意见不具有确定性。尸体检验报告记载“康某1符合窒息死亡”，同时记载这只是“分析意见”，不是确定的鉴定结论。对此，当年检验尸体的法医在本院再审期间解释称，检验时尸体已经高度腐败，失去了很多检验条件，无法作出明确的鉴定结论，只能作出倾向性分析意见。山东省高级人民法院两次咨询法医学专家，专家对康某1死亡原因均未作出确定性结论，只是认为死于机械性窒息的可能性较大或者是不能排除机械性窒息死亡。

综上，对申诉人及其代理人提出的原审认定康某1死亡时间和原因的证据不够确实、充分的意见，对检察机关提出的康某1死亡原因不具有确定性、尸体检验报告证明力不足的意见，本院予以采纳。

九、原办案程序存在明显缺陷，严重影响相关证据的证明力

申诉人及其代理人提出，聂树斌被抓获后，被违法采取强制措施，所谓的监视居住实际上是非法拘禁；现场勘查违反法律规定；卷宗中存在签字造假等问题，不排除伪造或变造案卷的可能。检察机关提出，原审判决所采信的指认、辨认笔录存在重大瑕疵，不具有证明力。对此问题，本院经审查，评判如下：

1. 对聂树斌监视居住违反规定。办案机关在没有掌握聂树斌任何犯罪线索的情况下就将其抓获，对其采取监视居住措施，且监视居住期间一直将其羁押于派出所内，违反了1979年刑事诉讼法及公安部1987年《公安机关办理刑事案件程序规定》的有关规定。

2. 现场勘查无见证人违反规定。本案现场勘查没有邀请见证人参与，且勘查笔录除记录人外，其他参加勘验、检查人员本人均未签名，违反了1979年刑事诉讼法、1979年《公安部刑事案件现场勘查规则》及公安部1987年《公安机关办理刑事案件程序规定》的有关规定。

3. 辨认、指认不规范。原审卷宗显示，办案机关组织聂树斌对现场提取的花上衣、自行车和康某1照片进行了辨认，对强奸杀人现场、藏匿康某1衣物现场进行了指认，并制作了5份笔录，但所有辨认、指认均无照片附卷；对现场提取的连衣裙、内裤和凉鞋，未组织混杂辨认，只是在讯问过程中向聂树斌出示;对花上衣、自行车虽然组织了混杂辨认,但陪衬物与辨认对象差异明显;对康某1照片的混杂辨认,卷内既未见康某1照片,也未见两张陪衬照片。上述问题,致使辨认、指认笔录证明力明显不足。

综上,对申诉人及其代理人提出的聂树斌归案后被违法采取强制措施、现场勘查违反法律规定的意见,对检察机关提出的指认、辨认笔录不具有证明力的意见,本院予以采纳。经鉴定,原审卷宗内的送达起诉书笔录、一审宣判笔录及多份送达回证上聂树斌的签名虽系办案人员代签,但指印均为聂树斌本人所留,故对诉讼代理人提出的办案机关伪造或变造卷宗的意见,本院不予采纳。

本院认为,原审认定原审被告人聂树斌犯故意杀人罪、强奸妇女罪的主要依据是聂树斌的有罪供述,以及聂树斌的有罪供述与在案其他证据印证一致。但综观全案,本案缺乏能够锁定聂树斌作案的客观证据,聂树斌作案时间不能确认,作案工具花上衣的来源不能确认,被害人死亡时间和死亡原因不能确认;聂树斌被抓获之后前5天讯问笔录缺失,案发之后前50天内多名重要证人询问笔录缺失,重要原始书证考勤表缺失;聂树斌有罪供述的真实性、合法性存疑,有罪供述与在卷其他证据供证一致的真实性、可靠性存疑,本案是否另有他人作案存疑;原判据以定案的证据没有形成完整锁链,没有达到证据确实、充分的法定证明标准,也没有达到基本事实清楚、基本证据确凿的定罪要求。原审认定聂树斌犯故意杀人罪、强奸妇女罪的事实不清、证据不足。根据1979年《中华人民共和国刑事诉讼法》的相关规定,不能认定聂树斌有罪。对申诉人及其代理人、最高人民检察院提出的应当改判聂树斌无罪的意见,本院予以采纳。对申诉人及其代理人提出的王书金系本案真凶的意见,因王书金案不属于本案审理范围,本院不予采纳。依照《中华人民共和国刑事诉讼法》第二百四十五条第一款、第二百二十五条第一款第三项及《最高人民法院关于适用〈中华人民共和国刑事诉讼法〉的解释》第三百八十四条第三款、第三百八十九条第二款之规定,判决如下:

一、撤销河北省高级人民法院(1995)冀刑一终字第129号刑事附带民事判决和石家庄市中级人民法院(1995)石刑初字第53号刑事附带民事判决。

二、原审被告人聂树斌无罪。

本判决为终审判决。

审 判 长　胡云腾
审 判 员　夏道虎
审 判 员　虞政平
审 判 员　管应时
审 判 员　罗智勇

二〇一六年十一月三十日

法官助理　赵春晓
法官助理　刘　志
书 记 员　杨艳明
书 记 员　纪微微

【编者按】

本案被告人黄婉琪集资诈骗5.2亿余元，犯罪事实复杂，社会影响较大。第一审从被告人黄婉琪投资项目入手，以投资项目为主线确定集资款的去向，以随意投资而无力归还集资群众本息确定被告人主观上非法占有集资款的目的，以报案群众的报案数额及最终的审计报告确定被告人集资诈骗的犯罪数额。一审刑事判决书结构合理，详略得当，对审理查明的事实论述清楚，层次清晰，逻辑严谨；对辩护人提交的7组证据及辩护意见逐一归纳列示，对是否采纳及不采纳的理由均作出回应；说理部分既有驳论又有立论，既援引事实证据又援引法律规定，论理充分、条理清晰。特予刊登，供参考。

河南省安阳市中级人民法院

刑 事 判 决 书

(2014)安中刑一初字第20号

公诉机关河南省安阳市人民检察院。

被告人黄婉琪，曾用名黄燕，女，1966年7月27日出生，汉族，大专文化，安阳市隆骐置业有限公司法定代表人，住安阳市文峰区北马道12号院1号楼4单元402号。因涉嫌犯非法吸收公众存款罪，于2011年10月28日被取保候审，2012年3月3日被刑事拘留，同年4月6日被逮捕。现羁押于安阳市看守所。

辩护人袁秀荣，河南奥博律师事务所律师。

辩护人陈晓峰，北京智维律师事务所律师。

安阳市人民检察院以安检刑一诉〔2014〕27号起诉书指控被告人黄婉琪犯集资诈骗罪，于2014年5月26日向本院提起公诉。其间，安阳市人民检察院于2014年8月25日、12月25日两次建议延期审理，补充侦查。本院依法组成合议庭，公开开庭审理了本案。安阳市人民检察院指派检察员殷瑞林、牛涛出庭支持公诉，被告人黄婉琪及其辩护人袁秀荣、陈晓峰到庭参加诉讼。现已审理终结。

安阳市人民检察院指控，2010年以来，被告人黄婉琪以非法占有为目的，在未经有关部门依法批准的情况下，以安阳市隆骐置业有限公司名义，以投资开发房地产为由，以高额利息、返点为诱饵，向不特定社会公众非法集资，涉及13 185人次，实收金额681 716 840元，实际诈骗金额531 040 390元。公诉机关向法庭提供了被告人黄婉琪的供述和辩解、被害人陈述、证人证言、鉴定意见等证据，认为被告人黄婉琪之行为触犯了《中华人民共和国刑法》第一百九十二条、第一百九十九条的规定，构成集资诈骗罪，提请本院依法判处。

被告人黄婉琪辩称，其集资是为了合法经营，没有诈骗的主观故意，也没有实施诈骗的行为，其行为不构成集资诈骗罪。

辩护人陈晓峰、袁秀荣提出，被告人黄婉琪的行为不构成集资诈骗罪，而是构成非法吸收公众存款罪，且有自首情节，集资款项主要用于正常的生产经营，罪行较轻，应从轻判处。理由：1. 司法审计报告显示隆骐公司集资实得资金32 181.0216万元，投入生产经营的资金39 507.73万元，应退未退金额为52 993.6619万元，用于生产经营的支出占比为74.55%（即39 507.73万元/52 993.6619万元），集资款项主要用于正常的生产经营活动，故指控黄婉琪犯集资诈骗罪缺少事实根据；2. 司法审计报告显示黄婉琪实得集资款32 181.0216万元，而指控的诈骗金额为52 993.6619万元，差额约2亿元的性质不明，指控黄婉琪集资诈骗的数额不清；3. 黄婉琪有实体经营项目，集资时没有编造谎言、捏造或者隐瞒事实真相欺骗集资群众，没有挥霍集资款，没有携带集资款潜逃行为，故不能认定黄婉琪以非法占有为目从事非法集资。

经审理查明：被告人黄婉琪于2002年注册成立了安阳市隆骐实业有限责任公司（以下简称隆骐实业公司），2007年7月黄婉琪以隆骐实业公司名义投资约5800万元建设了滑县中澳双语学校(以下简称中澳学校)。建设资金由黄婉琪自筹,其中有部分资金来源是银行贷款和向个人高息借款。2009年12月起,黄婉琪以隆骐实业公司名义,以月息3分,6个返点(即每存1万元返给集资户或中间介绍人600元好处费),期限半年的融资方式开始向社会公众融资约2亿元,并用部分所融资金归还建设中澳学校时的借款和贷款本息约3875万元。由于融资利息高、期限短,黄婉琪一方面为维持资金链不断,另一方面为融到手的巨额资金谋求投资出路,于2010年6月17日注册成立了安阳市隆骐置业有限公司(以下简称隆骐置业公司),谋划投资房地产业。隆骐置业公司成立后,黄婉琪即以隆骐置业公司投资房地产为由,继续向不特定的社会公众非法集资。集资仍然采取了月息3分,期限半年的方式,而返点却跟着当时大量涌现的集资现象而产生的竞争由8个点涨至15个点。黄婉琪隐瞒了其用集资款归还筹建中澳学校时借款的事实,隐瞒了中澳学校赢利远远无法归还巨额融资本息的事实,隐瞒了用后面的集资款归还前面已到期的集资款本息的事实,放任并利用一些资金掮客,向社会公众宣传隆骐置业公司有中澳学校、有地块、有在建房地产项目,夸大公司有足够实力归还到期的本息,不计成本、不计后果地大量向社会集资。根据隆骐公司原始记录资料统计,截至2011年10月,非法集资累计18亿余元,归还到期本金累计9.7亿余元,支付高息和返点累计5亿余元,集资款剩余3.2亿余元。

黄婉琪巨额集资款到手后,边集资边随意支配集资款。2010年9月以约7800万元集资款受让了三门峡中泰公司及中泰公司待开发的地块,开始开发建设鹏泰国际花园小区,投资总计约1.29亿元;2010年8月以王秦明(黄婉琪的朋友)的名义购买郑州升龙凤凰城写字楼支出约1400万元;2010年9月购买郑州永和铂爵写字楼支出约850万元;2010年8月出借给谭宝会3000万元(后来收回1000万元,尚欠2000万元未归还);2011年1月购买安阳市光明路以东文昌大道南侧土地,交款5280万元(案发后已追回款项);2011年2月以其女儿朱蕊的名义购买安阳市洹上名门门面房,交款2000万元(案发后已追回款项);2011年3月购买三门峡门面房,交款320万元,装修花费150万元;2010年8月购买安阳市甜水井街住房,交款17万元;2010 年 7 月购买奔驰商务车 1 辆,交款 43.8 万元;2010 年 11 月购买路虎汽车 1 辆,交款 101.8 万元;为郑州、安阳、三门峡三地的公司购置办公家具花费 118 万元,等等。

自 2010 年 7 月 16 日至 2011 年 10 月 31 日期间,参与集资的群众有 13 173 人次报案登记,登记的票面金额为 79 853 万元,其中已退还的本金为 6746.76 万元(2012 年 1 月给报案的集资群众兑付集资本金的 12%),已支付给集资群众的利息及返点为 8274.945 万元,实得集资款 68 066.564 万元。将已支付给参与集资的报案群众的利息、返点数额折抵本金后,黄婉琪实际诈骗所得 52 993.6619 万元。

案发后,公安机关依法查封和冻结了被告人黄婉琪及相关公司名下和相关人员名下的财产和银行存款,经评估资产价值总计 31 159.9364 万元。被告人黄婉琪以隆骐置业名义非法集资不能如期兑付本息后,集资群众向政府有关部门举报。2011 年 10 月 28 日,黄婉琪应政府相关负责人约谈时主动到案,随后向公安机关如实供述了非法集资的事实。

以上事实,有下列证据予以证实:

1. 被告人黄婉琪供述:我先注册成立了隆骐实业公司,在 2007 年以隆骐实业公司的名义在滑县筹建中澳双语学校,投资 5800 多万元。建设资金有我以前做生意积累的资金,向银行贷款一部分,向亲朋好友借了一部分,后来都还清了债务。我以隆骐实业公司的名义集资了一部分,这些钱都退清了,账也销毁了。2010 年我注册成立了隆骐置业公司搞房地产开发,当年 7 月开始向社会融资,利息是月息 3 分,半年期限,集资返点最低 8 个点,最高 15 个点,平均是 13 个点。每天下班时员工把当天融资总额汇总给我,大部分集资款都存入了我的个人账户,有的也存入了公司会计的账户,会计再通过银行转给我。自 2010 年 7 月以来,实际收到集资款大约 7.9 亿元,一部分支付了返点和利息,约 4 亿元;购置安阳东区土地用了 5300 万元;购洹上名门门面房用了 2000 万元;买中泰公司和地块用了 7800 万元;后续投资鹏泰花园小区 1.7 亿元左右;购置三门峡门面房用了 320 万元;购置郑州凤凰城写字楼和永和铂爵写字楼用了 2100 万元;借给谭宝会 2000 万元;王秦明名下的路虎轿车(豫 A1777G)花了 100 万元等。案发后,我以隆骐置业公司和个人名义向河南博诚投资担保有限公司、三门峡金鑫旺公司借款几千万元用于兑付安阳的集资款，鹏泰小区预售房款一部分也用于兑付安阳的集资款。

2. 被害人韩晶、杨永新、于艳丽、王莉娟等4000余人，陈述了被骗存款的经过、存款的数额、获得的利息等情况；并共有13 173人次进行了报案登记，提交了相应的存款手续和借款合同。

3. 证人证言

（1）证人张高峰（隆骐置业公司资金掮客）证言，证实隆骐置业公司在安阳市集资，其在该公司存款一百多万元，还介绍集资群众存款六七百万元。公司除给集资户利息外，每存1万元钱还奖励800元到1000元钱，也叫返利8个到10个点。

（2）证人邓根生（隆骐置业公司资金掮客）证言，证实其于2010年10月到隆骐置业公司上班，主要是从事集资工作，介绍客户到公司存钱。刚开始隆骐置业公司给其6个返点，后来给8个返点，2011年3月10日以后涨到10个返点，后期涨到13个返点。其报酬是从隆骐置业公司给集资户的返点中提成。

（3）证人李丽亚（隆骐置业公司资金掮客）证言证明，其在2011年年初通过一个同事介绍认识了黄婉琪，听说黄婉琪在滑县有学校，在三门峡开发房地产，便开始往公司存钱，并介绍群众到公司存钱。当时黄婉琪在她自己家中设点收钱，其就在她家待着介绍客户存钱，后来黄婉琪在东风路北段三医院南面租了房子挂上隆骐置业公司的牌子，继续集资。

（4）证人刘振英（隆骐置业公司资金掮客）证言，证实黄婉琪在2010年7月15日隆骐置业公司成立时让其去公司给她帮忙，其在公司负责接待来存钱的群众，向客户介绍公司运转很好，在安阳市买有地，在三门峡开发有楼盘，让客户相信公司有偿还能力。

（5）证人陈志迎（隆骐置业公司副总经理）证言，证实其于2010年12月份到隆骐置业公司上班，黄婉琪让其担任副总经理，主要负责跑土地、联系工商局、土地局等工作。张运花、赵静波、郭秀花、崔文芹是公司融资会计。当时有存款到期或不到期的集资群众来问公司状况，其就对这些群众介绍说公司在安阳东区买了一块73.031亩的地,在滑县有一所价值1亿多元的中澳双语学校,在三门峡有8座在建楼盘价值不低于6个亿,公司有实力,群众听后感觉公司能兑付存款,也就都回去了。

(6)证人刘焕英(隆骐置业公司资金掮客)证言,证实隆骐公司给储户的月利息3分,存期6个月,而且是先给存款户前三个月利息,后三个月到期再给,即1万元钱存6个月先给三个月的利息是900元,到期后再给后三个月的利息900元。返点是存钱的当时就给,即1万块钱给1100元至1400元。其介绍集资户存1万元钱提一二百元钱。通过其存的钱有1000多万元,其从中得到返点好处有100多万元。

(7)证人杨亮云(隆骐置业公司资金掮客)证言,证实戚春兰、王小静、朱英平、李丽亚、邓根生、张高峰、马新等都是隆骐置业公司的资金掮客,公司最高给其12个返点,最低给9个返点,其给集资群众的返点有多有少。

(8)证人赵静波(隆骐置业公司员工)证言,证实其于2010年7月到隆骐置业公司上班,每天的工作就是接待来存钱的群众,清点现金,登记存款金额和支付利息情况,给客户开借款手续,每天将自己登记的情况和所收的集资款汇总后交给黄婉琪。

(9)证人郝琳琳(隆骐置业公司员工)证言,证实2010年7月,隆骐置业公司在黄婉琪的家中设有一个集资点,其当时在那里上班,接待存钱的群众,清点现金,有时也给客户开借款手续。后来又搬到北大街口的工商银行二楼,在那里设立了一个集资点。一个多月后又搬到东工路北段的隆骐置业公司继续集资。每天除了接待存钱的客户,还要接待合同到期的客户,对到期的合同进行兑付利息和本金。

(10)证人郭秀花(隆骐置业公司员工)证言,证实隆骐置业公司集资,1万元起存,月息3分,存款数额不封顶,公司与每个集资户签一份合同、签一份借据。

(11)证人张润花(隆骐置业公司员工)证言,证实其于2010年7月经刘振英介绍到隆骐置业公司工作,负责给集资户开收据、收钱,集资月息3分,存1万元至5万元的是3个返点,存5万元以上的是8个返点。

(12)证人高振清(黄婉琪的委托人)证言,证实其受黄婉琪委托考察谭宝会的公司后，黄婉琪借给谭宝会3000万元。后来听黄婉琪说，谭宝会还了她1000万元，还有2000万元没有还。

(13)证人谭宝会证言，证实其向黄婉琪借款3000万元的事实。

(14)证人王志成(三门峡中泰公司负责人)证言，证实其在中泰公司负责工地上各种原材料的招标工作，鹏泰国际花园小区总共投资了近2亿元，包括购买土地、支付建筑商的资金等各项费用。

(15)证人张静(三门峡中泰公司销售负责人)证言，证实公司大概已预定出去45套房，每套房的预定款1万元至3万元。四号楼销售均价是每平方米3750元，已交首付的有20多套，首付款10万元、20万元不等。

(16)证人王秦明(黄婉琪朋友)证言，证实其名下的郑州升龙凤凰城写字楼和郑州永和铂爵写字楼都是黄婉琪出资购买的。其名下有3部轿车也是黄婉琪购买的。

(17)证人秦学诗(洹上名门小区开发商)证言，证实黄婉琪以她女儿朱蕊的名义在其公司开发的洹上名门小区购置1165.482平方米的门面房，已缴纳预付款2000万元。

(18)证人朱蕊(黄婉琪女儿)证言，证实洹上名门的门面房不是其自己筹资购买的。

(19)证人张秀英(隆骐公司资金掮客)证言，证实其2010年到黄婉琪的公司工作，公司名称开始是隆骐实业公司，后来改成了隆骐置业公司。隆骐实业融资利息是月息3分，返点不等，有3个点的，也有6个点的。

(20)证人姜爱芬、崔亚利、刘焕英、徐龚等证言，证实隆骐实业公司于2010年年初在中原宾馆附近黄婉琪家中开始集资，月息3分，返点3个至5个不等。

(21)证人魏宝红、高振清、郝承龙、马兰收、郝保山证言，证实黄婉琪筹建滑县中澳双语学校期间向他们借款，后来本息已还清的情况。

4.书证、物证

(1)被告人黄婉琪的户籍证明。

(2)中国银行业监督管理委员会安阳监管分局办公室函，证明未同意安阳隆骐置业公司、黄婉琪吸收公众存款。

(3)隆骐置业公司营业执照、隆骐置业公司集资点照片。

(4)黄婉琪购买三门峡中泰公司手续。

(5)黄婉琪筹建滑县中澳双语学校手续。

(6)查封、扣押、冻结黄婉琪涉案房产、汽车、资金、公司账目等手续。

(7)资产追缴情况说明,证明黄婉琪购买安阳东区的土地款5300万元和洹上名门门面房预付款2000万元被追回,用于兑付安阳集资群众本金;扣押的豫AUF667奔驰轿车、豫E11356海马轿车、隆骐置业办公用品已处置拍卖,拍卖款交于北关区处置办公室隆骐专案账户;上述款项用于兑付安阳报案集资户本金的12%,共计6746.76万元,目前专案账户剩余资金579.8821万元。

(8)安阳市公安局北辰分局案件侦查大队侦查员胡现军、孙金宝出具的被告人黄婉琪归案情况说明,证明2011年10月28日,黄婉琪应政府相关负责人约谈时主动到案,并供述了非法集资的事实。

5. 鉴定意见

安阳相州会计师事务所出具的司法鉴定意见书及补充说明:(1)依据集资户核实登记表和询问笔录资料,2010年7月16日至2011年10月31日,集资涉及13 173人次,票面金额共计79 853万元,集资户实交金额68 066.564万元;集资户收到后续利息、返点共计8274.945万元;集资户收到隆骐置业公司退还的本金6746.76万元;隆骐公司应退未退集资户金额52 993.6619万元。(2)根据隆骐置业公司原始资料统计,从2009年12月开始至2011年10月吸收集资户资金累计180 704.53万元,集资款到期返还本金累计97 704.53万元,减去在集资期间支付给集资户的利息、返点50 818.9784万元,剩余集资款32 181.0216万元;若按集资户报案核实登记的票面金额79 853万元计算,则剩余集资款为29 034.0216万元。(3)黄婉琪及相关公司投资、支出情况,经统计为25 807.0547万元。(4)黄婉琪在建设经营中澳双语学校期间累计支付给相关人员的借款本金及利息共2933.1万元,归还银行贷款本金800万元,利息141.9553万元,共计3875.0553万元。

6. 相关涉案资产的鉴定、评估意见

(1)新兴评鉴字[2013]第0504号评估报告,对滑县中澳双语学校资产评估价值为73 213 577.68元；

（2）新兴评鉴字［2013］第0105号评估报告，对郑州市升龙凤凰城A区7层701－709房屋评估价值为25 571 610元；

（3）新兴评鉴字［2013］第0105号、第0601号评估报告，对郑州市永和铂爵写字楼1203、1204房屋评估价值为13 559 990元；

（4）新兴评鉴字［2013］第0303号评估报告，对三门峡海洋新天域32号楼0101、0201号房屋评估价值为5 445 849元；

（5）新兴评鉴字［2013］第0602号评估报告，对三门峡中泰公司售楼部资产评估价值为1 591 596元；

（6）同德评报字［2014］第058号评估报告，对扣押的黑龙江安达市牛都名苑小区34套房屋评估价值为5 916 421元；

（7）同德评报字［2014］第010号评估报告，对三门峡鹏泰国际花园小区项目评估，参考价值为180 157 100元；

（8）安北价认字［2013］29号评估报告，对安阳市文峰区甜水井办事处北门东马道房屋评估价值为344 400元。

上述证据均经庭审举证、质证，查明属实，本院予以确认。

庭审中，被告人黄婉琪的辩护人向本院提供了下列7组证据：1.隆骐实业公司、隆骐置业公司、中澳学校、三门峡中泰房地产公司的营业执照副本等书证，以证明黄婉琪成立的有关公司证照齐全，三门峡中泰公司具有房地产开发销售资质；2.案发后，被告人黄婉琪发表的希望政府批准恢复三门峡中泰房地产公司生产经营及早日偿还借款的《声明》《申请》，黄婉琪授权王秦明、刘新福、袁秀荣与政府沟通协商恢复生产、债权债务处置的授权书等证据，以证明案发后黄婉琪为尽快恢复生产和偿还集资款态度积极；3.黄婉琪的受托人向政府处置办负责人呈报的《生产自救方案》《中泰公司合作开发项目实施债务清偿的提案》《关于恢复项目生产自救的请示》等文案，以证明政府相关负责领导在案发后消极不作为，企业未能恢复生产运营并及时偿还集资户的集资款，责任在于政府处置办的相关负责人；4.公诉机关已提交法庭的司法鉴定意见书，以证明集资款全部用于企业生产经营活动；5.司法机关已提交法庭的查扣黄婉琪相关公司资产的价格评估意见，以证明黄婉琪有偿还债务的能力;6. 部分集资户签名的请求政府恢复鹏泰国际花园小区建设的材料,以证明政府处置办消极不作为;7. 安阳市北关区人民法院致北关区人民检察院的公函,北关区处置非法集资联席会议办公室向安阳市处置办公室出具的《请求协调市人民检察院和市中级人民法院提前介入并受理隆骐公司涉嫌集资诈骗案件的紧急请示》等,以证明北关区政府以党委、政法委名义干预司法。

针对辩护人提交的上述证据及辩护观点,经审查,本院认为:证据组 1 与本院查明的事实不冲突,被告人黄婉琪成立的相关公司证照齐全在本案中不影响对黄婉琪集资诈骗事实的认定;证据组 2 仅表明被告人黄婉琪在案发后希望已投资的部分经营继续下去的愿望,并不能否定黄婉琪案发前已实施的集资骗局;证据组 3 关于黄婉琪的受托人在案发后自拟自救方案向政府提交,仅说明受托人受黄婉琪之托也在谋求政府帮助,并不影响本案对案发前黄婉琪集资诈骗事实的认定;证据组 4 是本案认定黄婉琪集资诈骗事实证据链条的一部分,辩护人仅凭司法鉴定意见就得出黄婉琪集资款全部用于企业生产经营活动,该辩护观点以偏概全,也与本院审理查明的事实不符,不能成立;证据组 5 系对黄婉琪涉案资产的评估意见,也是本案证据链条的一部分,但得不出辩护人所提出的黄婉琪有偿还债务能力的结论;证据组 6 仅能证明部分集资户希望政府恢复鹏泰国际花园小区建设的愿望,但证明不了政府处置办消极不作为;证据组 7 反映了北关区处置非法集资联席会议办公室负责领导本着实事求是的态度向上级机关反映黄婉琪涉嫌集资诈骗犯罪的事实,刑事诉讼法规定任何单位和个人发现有犯罪事实,有权利也有义务向司法机关报案或者举报,该组证据不能得出地方党委、政府干预司法的结论。故辩护人举证证明事项均不能成立,辩护人意见不予采纳。

关于被告人黄婉琪的行为是否构成集资诈骗罪的问题。1. 从已查明的被告人黄婉琪非法集资的过程来分析,黄婉琪在 2007 年开始筹建中澳学校,其间其向个人高息借款和向银行贷款。投资学校并非快速高收益的行业,黄婉琪为了归还所欠本息,自 2009 年 12 月起开始以隆骐实业公司名义,以支付高息为诱饵向社会公众非法集资,此时其已向公众隐瞒了集资资金的用途,隐瞒了没有归还能力的事实。经对隆骐公司账目审计,自 2009 年 12

月1日后黄婉琪归还早期的个人借款本息和银行贷款本息高达3875万元。为进一步筹集资金,维系资金链不断,黄婉琪在2010年6月注册成立了隆骐置业公司,以隆骐置业公司开发房地产为由,7月份即开始大肆向社会非法集资,集资月息3分,先扣除前3个月的利息,存款期限半年,同时以6个返点的形式吸引群众存款,对群众极具利诱性。其间,为了大量集资,黄婉琪还放任十几名资金掮客往隆骐置业公司拉存款,许诺给资金掮客的返点越来越高,最高达到15个返点,资金掮客从中提取好处费,黄婉琪以半年期限为滚动周期,不计后果地以高成本集资。黄婉琪向集资群众隐瞒了用后期集资款归还前期集资款本息的事实,通过资金掮客的介绍,让集资群众对黄婉琪有实力完全能归还集资款的本息信以为真。该集资骗局,终将随着后续资金来源的减少而发生资金链的断裂,发生不能归还后期集资款本息的严重后果。鉴定意见也说明了此问题。根据隆骐实业公司和隆骐置业公司原始资料统计,从2009年12月开始至2011年10月吸收资金累计180 704.53万元,集资款到期返还本金累计97 704.53万元,减去在集资期间支付给集资户的利息、返点50 818.9784万元,实得集资款32 181.0216万元。不到两年的时间,该集资骗局的结果是集资180 704.53万元,而实得资金只有32 181.0216万元。案发后报案的后期参与集资的群众尚有本金5.2亿余元得不到归还,即使将黄婉琪所有集资款支出2.58亿元算作能归还的资金,参与集资群众得不到归还的本金还有2.62亿元。该后果的产生应当归因于黄婉琪向集资群众隐瞒了没有归还能力,隐瞒了集资资金主要用于归还前期集资款高息,也隐瞒了其通过资金掮客高成本集资的事实。从以上分析可以得出黄婉琪隐瞒事实真相非法集资的结论。2.黄婉琪面对到手的巨额集资款,一边归还着前期的本息,继续营造着有实力能及时归还集资款的假象,一边随意投资。2010年9月以约7800万元集资款受让了三门峡中泰公司及中泰公司待开发的地块,开始开发建设鹏泰国际花园小区,总计投资约1.29亿元。房地产项目相对于黄婉琪仅有半年期限的集资滚动周期来说赢利周期相对较长。对于半年期限的高息高成本集资借款,黄婉琪不但无法据此项目扭转集资骗局,反而以隆骐置业公司在三门峡有房地产项目为由,继续向公众宣传公司有实力,大肆向社会非法集资。该集资模式决定了黄婉琪要用大量后期集资款归还前期的集资款本息,而不能完全用于房地产项目的建设。实际上,至案发,黄婉琪投入鹏泰国际花园小区项目的建设资金仅有1.29亿元,与隆骐公司账目显示的集资款18亿元完全不成比例,与审理查明的自2010年7月16日以来黄婉琪实收集资款6.8亿元,也不成比例。据此,可以得出黄婉琪集资后用于生产经营活动与筹集资金规模明显不成比例的结论。3.黄婉琪除向鹏泰国际花园项目投资了1.29亿元外,还将部分集资款挪作他用,如2010年8月以王秦明的名义花费约1400万元购买郑州升龙凤凰城写字楼;2010年8月出借给谭宝会3000万元,导致2000万元至今未能归还;2011年2月以其女儿朱蕊的名义花费2000万元购买安阳市洹上名门门面房;2011年3月交款320万元购买三门峡门面房,并花费150万元用于装修;还以王启明名义购买奔驰商务车1辆,交款43.8万元;路虎轿车1辆,交款101.8万元等,反映出黄婉琪对集资款支配的随意性,甚至用他人之名隐匿性支出,购买房产和豪车挥霍性支出。综上分析,黄婉琪的行为符合集资诈骗罪的构成要件,已构成集资诈骗罪。被告人黄婉琪及其辩护人认为黄婉琪的行为不构成集资诈骗罪而构成非法吸收公众存款罪的辩解和辩护意见均不予采纳。

关于辩护人提出“司法审计报告显示隆骐公司集资实得资金32 181.0216万元,投入生产经营的资金39 507.73万元,应退未退金额为52 993.6619万元,用于生产经营的支出占比为74.55%(即39 507.73万元/52 993.6619万元),集资款项主要用于正常的生产经营活动,故指控黄婉琪犯集资诈骗罪缺少事实根据”的辩护意见,经查,首先辩护人认为黄婉琪投入生产经营的资金为39 507.73万元,与查明事实不符,黄婉琪实际投入鹏泰国际花园小区约1.29亿元,本案查明黄婉琪实收集资款为68 066.564万元,投入房地产的经营资金与实收集资款总额明显不成比例,辩护人的计算方法没有事实和法律依据,不予采纳。

关于辩护人提出“司法审计报告显示黄婉琪实得集资款32 181.0216万元,而指控的诈骗金额为52 993.6619万元,差额约2亿元的性质不明,指控黄婉琪集资诈骗的数额不清”的辩护意见,经查,被告人黄婉琪非法集资案发后,有13 173人次报案登记,经司法鉴定该部分被害人实交集资款68 066.564

万元,未退还集资款本金52 993.6619万元,根据《最高人民法院关于审理非法集资刑事案件具体应用法律若干问题的解释》"集资诈骗的数额以行为人实际骗取的数额计算,案发前已归还的数额应予扣除。行为人实施集资诈骗活动而支付的广告费、中介费、手续费、回扣,不予扣除。行为人为实施集资诈骗活动而支付的利息,除本金未归还可以折抵本金以外,应当计入诈骗数额"的规定,黄婉琪集资诈骗的数额清楚,辩护人认为诈骗数额不清的辩护意见不能成立。至于辩护人提出约2亿元差额的问题,实为黄婉琪集资骗局"以后款还前款、支付高利息、支付高返点"造成的集资诈骗费用,应当计入诈骗数额,并非如辩护人所称该2亿元差额性质不明。

本院认为,被告人黄婉琪以非法占有为目的,隐瞒集资款的真实用途,以高额利息为诱饵,骗取集资款79 853万元,实际集资诈骗52 993.6619万元,数额特别巨大,其行为已构成集资诈骗罪。公诉机关指控罪名成立。黄婉琪集资诈骗给国家和人民利益造成了特别重大损失,应予严惩。被告人黄婉琪及其辩护人提出,黄婉琪的行为应认定为非法吸收公众存款罪,不构成集资诈骗罪的意见,与本院查明的事实及法律规定不符,本院不予采纳。被告人黄婉琪能自动归案,如实供述主要犯罪事实,属自首,予以从轻处罚。依照《中华人民共和国刑法》第一百九十二条、第一百九十九条、第五十六条第一款、第五十七条第一款、第六十七条第一款、第六十四条和《最高人民法院关于审理非法集资刑事案件具体应用法律若干问题的解释》第四条第一款、第二款第一项和第二项、第五条第一款和第三款的规定,判决如下:

一、被告人黄婉琪犯集资诈骗罪,判处死刑,缓期二年执行,剥夺政治权利终身,并处没收个人全部财产。

二、公安机关扣押在案的被告人黄婉琪的涉案资产滑县中澳双语学校、郑州市升龙凤凰城A区7层701号至709号房屋、郑州市永和铂爵写字楼1203号、1204号房屋、三门峡海洋新天域32号楼0101号和0201号房屋、三门峡中泰公司售楼部资产、黑龙江省安达市牛都名苑小区34套房屋、三门峡鹏泰国际花园小区项目资产、安阳市文峰区甜水井办事处北门东马道房屋予以追缴,依法处置后返还被害人,其余非法所得继续予以追缴。

如不服本判决,可在接到判决书的第二日起十日内,通过本院或者直接向河南省高级人民法院提出上诉。书面上诉的,应当提交上诉状正本一份,副本二份。

审　判　长　廖奇志
审　判　员　郭丕亮
代理审判员　申江波

二〇一五年四月二十三日

书　记　员　闫瑞芳

附:相关法律条文

《中华人民共和国刑法》(节录)

第一百九十二条　以非法占有为目的,使用诈骗方法非法集资,数额较大的,处五年以下有期徒刑或者拘役,并处二万元以上二十万元以下罚金;数额巨大或者有其他严重情节的,处五年以上十年以下有期徒刑,并处五万元以上五十万元以下罚金;数额特别巨大或者有其他特别严重情节的,处十年以上有期徒刑或者无期徒刑,并处五万元以上五十万元以下罚金或者没收财产。

第一百九十九条①　犯本节第一百九十二条规定之罪,数额特别巨大并且给国家和人民利益造成特别重大损失的,处无期徒刑或者死刑,并处没收财产。

第五十六条第一款　对于危害国家安全的犯罪分子应当附加剥夺政治权利;对于故意杀人、强奸、放火、爆炸、投毒、抢劫等严重破坏社会秩序的犯罪分子,可以附加剥夺政治权利。

第五十七条第一款　对于被判处死刑、无期徒刑的犯罪分子,应当剥夺政治权利终身。

第六十七条第一款　犯罪以后自动投案,如实供述自己的罪行的,是自首。对于自首的犯罪分子,可以从轻或者减轻处罚。其中,犯罪较轻的,可以免除处罚。

第六十四条　犯罪分子违法所得的一切财物,应当予以追缴或者责令退赔;对被害人的合法财产,应当及时返还;违禁品和供犯罪所用的本人财物,应当予以没收。没收的

① 该条已被《中华人民共和国刑法修正案(八)》《中华人民共和国刑法修正案(九)》废止。

财物和罚金,一律上缴国库,不得挪用和自行处理。

《最高人民法院关于审理非法集资刑事案件具体应用法律若干问题的解释》(节录)

第四条第一款 以非法占有为目的,使用诈骗方法实施本解释第二条规定所列行为的,应当依照刑法第一百九十二条的规定,以集资诈骗罪定罪处罚。

第二款 使用诈骗方法非法集资,具有下列情形之一的,可以认定为“以非法占有为目的”:

(一)集资后不用于生产经营活动或者用于生产经营活动与筹集资金规模明显不成比例,致使集资款不能返还的;

(二)肆意挥霍集资款,致使集资款不能返还的;

(三)携带集资款逃匿的;

(四)将集资款用于违法犯罪活动的;

(五)抽逃、转移资金、隐匿财产,逃避返还资金的;

(六)隐匿、销毁账目,或者搞假破产、假倒闭,逃避返还资金的;

(七)拒不交代资金去向,逃避返还资金的;

(八)其他可以认定非法占有目的的情形。

第五条第一款 个人进行集资诈骗,数额在10万元以上的,应当认定为“数额较大”;数额在30万元以上的,应当认定为“数额巨大”;数额在100万元以上的,应当认定为“数额特别巨大”。

第三款 集资诈骗的数额以行为人实际骗取的数额计算,案发前已归还的数额应予扣除。行为人为实施集资诈骗活动而支付的广告费、中介费、手续费、回扣,或者用于行贿、赠与等费用,不予扣除。行为人为实施集资诈骗活动而支付的利息,除本金未归还可予折抵本金以外,应当计入诈骗数额。

REFERENCE TO CRIMINAL TRIAL

CONTENTS

（翻译:北京外国语大学法学院　刘晨阳）

征 稿 启 事

《刑事审判参考》是最高人民法院刑事审判第一、二、三、四、五庭共同主办、法律出版社出版、面向国内外公开发行的刑事司法业务指导和研究性出版物。

为能够以最前沿的视野、最权威的高度和最贴近刑事司法实践的方式编辑本书,欢迎读者向本书以下栏目提供稿件:

1. 指导案例。在认定事实、采信证据和适用法律、司法解释定罪处刑问题上具有研究价值和指导意义的典型、疑难案件,并须附寄加盖人民法院院印的一审、二审裁判文书。

2. 经验交流。地方司法机关制定的刑事司法规范性文件及其背景说明;地方人民法院院长、副院长在刑事审判工作会议上的讲话,等等。

3. 实务探讨。对某一类实务问题提出的解决方案。

4. 裁判文书。具有较强说理性、体现法官适用普遍的法律规范解决具体的疑难、复杂案件的智慧的优秀裁判文书。

5. 编辑部答疑。读者在刑事司法实践中遇到法律适用方面的疑难、复杂问题。

6. 审判实务释疑。针对刑事审判实务中的争议问题进行分析、探讨。

7. 疑案争鸣。针对刊登的疑难案例争议问题进行分析,发表观点。

来稿请注明作者的联系方式(包括地址、邮编和电话)。除“编辑部答疑”和“疑案争鸣”外,来稿一经采用,按著作权法的规定支付稿酬。凡在本书发表的文章,自发表之日起一年内,作者如在其他书刊、媒体发表,须经本书编辑部同意。凡收录在本书中的文章,作者同意将作品的复制权、发行权、汇编权、信息网络传播权等权利许可给本书主办方、法律出版社行使。来稿一律不退，如需退稿，请声明并附足邮资。

来稿（案例须附裁判文书，裁判文书请书面邮寄正本）可向以下任何一位执行编辑投递：

北京市东城区北花市大街9号最高人民法院刑一庭　赵俊甫

zhaojunfu81@163.com

北京市东城区北花市大街9号最高人民法院刑二庭　于同志

cankaoytz@163.com

北京市东城区北花市大街9号最高人民法院刑三庭　周　川

xingsanting@sohu.com

北京市东城区北花市大街9号最高人民法院刑四庭　陆建红

Lu_jianhong@126.com

北京市东城区北花市大街9号最高人民法院刑五庭　方文军

fwjzgf@sina.com

邮编：100062

特别提示：为避免各庭之间采稿重复，来稿不可同时多投。

最高人民法院刑事审判第一、二、三、四、五庭